文献中的古桂林郡

谢寿球　徐亚娟　蓝　武　蓝磊斌　谢中国／编著

民族出版社

序

谢寿球等编著的《文献中的古桂林郡》是一部迄今最为完备的古桂林郡文献训诂类书籍。以往的桂林郡文献，各叙一端，难觅全貌，且常常与当今的桂林城混淆，让人弄不明白谁是谁非。《文献中的古桂林郡》则几乎囊括了涉及桂林郡的古今文献记载，使读者从中鸟瞰桂林郡的全貌。其中提到经类古文献、史类文献、子类文献、集类文献、丛书类文献、古方志、壮族古籍文献七类，而以引述史类、古方志为多。

如何运用相关古籍文献，作者提出了存史、辨真、抓要、解疑、求新的方法。存史是最重要的举措，无论读者对解疑有何不同的看法，但因存史，这就给读者以思考释义的空间，从不同的角度了解桂林郡。本书每个条目都先“存史”，注明原文，一字不易，并说清来源于何古籍。而后对这段文献进行翻译，这是古籍训诂所没有的，一般训诂尽管详细释义，但都没有译文。《文献中的古桂林郡》增加译文，读者省去释义，利于理解原文。特别是古壮字原文，译文就更加必要，否则其他民族很难理解，影响到对文献的运用。译文之后是解读，非常重要。本书在解读中，涉及古桂林郡定位和相当数量的地方民族风情，使自身成为桂林郡和郁林郡的重要资料汇编、阐发之书。在解读中，纠正了不少过去对古籍的曲解、误解，这是非常重要的举措。

《文献中的古桂林郡》有多方面的价值。首先是厘清了“桂林郡”的含义和辖地。今人接触到“桂林”一词，一般都会马上想到临桂东边的桂林城，极少联系到贵港和玉林。《文献中的古桂林郡》告诉我们，当年秦始皇在贵港建立桂林郡治时，今桂林城还叫做“始安”。“桂林郡”后来又为什么改称“郁林郡”，也得到了解释。说明在秦代和西汉，广西的政治中心不在桂林城，也不在南宁，而在港北区、港南区构成的贵港市城区，当年称为“布山”。《文献中的古桂林郡》中解释“布”为“蒲”，意思是祖母、女王，故“布山”即“祖母山”“骆越女王山”，这是第一次对“布山”做正确的解释。

书中对桂林郡的四至进行探讨，明确了东至广东西部，南接象郡，西接句町，北达湘南，辖地广阔。桂林郡改称郁林郡以后，南接合浦郡。在这广阔的地域之内，早期居住着路、桂国、损子、产里、百濮、九菌等骆越先民，骆越方国时期，骆越人是主体民族。他们主要是壮族的祖先。

往下，书中对布山的桂林郡的中心政治功能、经济功能、交通功能、文化功能做了阐述，通过对布山的阐述，古桂林郡作为当时政治中心的定位和特征，作为中央王朝下的郡县的关系等，都得以阐明。秦越战争后，中央王朝在岭南的统治中心在番禺，西江、浔江、桂江、漓江、灵渠、湘江成为维护岭南在大中华中命脉的通道，而岭西的政治中心不在桂北，而在布山。岭西与中原的联系，以今贵港为中心，沿着郁江往来。进贡给中央王朝的土特产，囤积在贵港，沿着郁江北运。罗泊湾发现的岭西规模空前的王级墓葬，就说明这一带当时是岭西中心。

桂林郡的时间较短，郁林郡的时间较长，在桂林郡和郁林郡期间，发生了若干重要事件，包括秦越之战、路博德和马援南征、陆绩政绩，其中本书对马援南征着笔最多。历史上对马援南征的评价有褒有贬，本书则重在赞扬马援的功绩，这很重要。赵佗称王时，已在交趾立有交趾、九真二郡，说明在路博德于前 111 年统一南越方国时，交趾和九真就属于中华国土。到宋代 1010 年时交趾彻底脱离中国，交趾、九真属于中华国土已经有 1121 年。所以二征起兵无论是属于反压迫或是地方首领扩土，马援南征二征，都属于中华国内政事。有人说二征起兵是“反侵略”，这种说法是违背历史事实的。本书也批评了马援将铜鼓熔化铸为马式的破坏文物行为。又赞陆绩雄伟勇武，博学识广，通晓天文、历法、算数，造福一方，对其政绩给予首肯。

《文献中的古桂林郡》对郁林郡生态环境、经济生活、宗教特点进行了阐释。描摹了它的“金钩落玉盘”的特殊地形，论述郁水为古桂林郡文化之源。由于骆越稻作中心东移，布山成了稻作文化中心之一，骆越人可以饭稻羹鱼；水运发达，系广西内河重要一港。文中对“都广之野”“膏”做了正确的解释，“都”即“垌”，“都广”即广阔的田垌，这里生长着繁盛的“膏菽、膏稻、膏黍、膏稷”。由于有以水稻为中心的经济实力，桂林郡和郁林郡虽然只有十多个县，却生长了稻作文化、铜鼓文化、冶铁文化、古城文化、歌墟文化。歌墟文化绵延至今，在蓝田沿江一带，就常有三种类型歌墟——壮族歌墟、汉族歌墟、壮汉歌墟，他处罕见。可见桂林郡文化绵延之久。

《文献中的古桂林郡》对桂林郡和郁林郡的宗教文化给予特别的关注，因为这涉及文化的深层结构。其中提到古桂林郡先民的花图腾崇拜、三界神崇拜、天皇传说、龙母信仰、妈祖信仰、鬼神信仰，其中天皇传说系新挖掘的崇拜，为一般人所不知。这些神祇有的属于壮族的土俗神，有的属于汉族神，多神和平共处，这是壮族多神崇拜的独特现象，从侧面反映了岭南民族关系的和谐。书中记载了许多神奇的现象，如“三界庙有小蛇十数……人以手接而玩之，甚驯习，往来莫知其向”；“人有争斗，多向三界神乞蛇以决曲直”；“龙母是刘三姐转世”；“西江流域龙母转世为妈祖”，等等，都很奇特。《岭表纪蛮》载：“僮（壮）俗祀‘圣母’，亦曰‘花婆’。农历二月初二，为‘花婆’诞期，搭彩楼，建斋醮，延师巫唪诵，男女聚者千数百人，歌饮叫号，二三日乃散，谓之‘作星’。又，僮（壮）乏嗣，或子女多病，则延师巫‘架红桥’‘接彩花’，乞灵于‘花婆’，期时亲朋皆贺。”这种习俗，至今在民间仍有流传。

《文献中的古桂林郡》由于引文甚多，训诂皆备，使读者能够从中鸟瞰古桂林郡全貌，很有参考价值。所引壮语为汉语译音，倘有壮文对应更好；有的解释尚需斟酌，瑕不掩瑜。是为序。

梁庭望

2020年6月20日

于中央民族大学

目　录

绪　言

一、编撰缘起

古贵港是桂林郡治。“桂林”之名最早见于《山海经·海内南经》：“桂林八树，在贲禺东。”郭璞注：“八树而成林，言其大也。贲禺，今番隅县。”[①] 对郭璞的解释如要较真，问题也就来了。“桂林”“八树”“贲禺”三词在文中显然是同位语，“贲禺”是地名，那“桂林”“八树”也应该是地名。郭璞对“桂林八树”的解释看来是望文生义。古汉语与古壮语多同源字，古贵港在先秦时代是壮族先民骆越人的居住地，对古贵港的许多地名用汉语解读往往不通，但用古壮语来解读就好理解了。“桂林”和“贲禺”一样也是地名，“桂”是原生于广西大明山地区被称为“百药之长”的肉桂，“林”是古壮语对“江水”的称呼，“桂林”就是“桂江”。“桂江”是发源于大明山系流经古宾阳县和古贵港，于贵港城区注入郁江的古宝江。“桂江”是因作为珍贵药材肉桂的主要运输水道而得名，古贵港因为是肉桂的集散之地也被称为“桂江”之城。“八树”也是地名，“八”在古壮语中意为“山”，“树”意为“祖”，“八树”就是“祖山”之城，位于骆越祖山大明山下。

对古桂江水道和水道运输的主要商品肉桂历史信息的解读，使我们对古贵港另一个重要的历史文化密码“布”有了新的解读角度。古宝江也叫临浦江，它发源于骆越祖山大明山，大明山因为是龙母文化的发源地也叫“岜布”，即“布山”。“布”“浦”“宝”“泊”“博”等地名音相近义相同，都是骆越祖母王龙母名称“浦”（祖母）的音译名字。从大明山岜布经宾阳的临浦江到古贵港布山、罗泊湾再到兴业的博泉、博白、浦北到丝绸之路始发港的合浦，是一条以骆越祖母王龙母名称“浦”为地名串珠的出海大通道。古贵港桂林城就是这条出海大通道的中心

① （明）解缙、姚广孝等监修：《永乐大典》卷十一，3998 页，北京，大众文艺出版社，2009。

城市。

随着现代分子生物学、语言学和民俗宗教学研究成果的突破性发展，我们对古文献有了许多新的科学的解读。正是这些新方法的运用，使广西骆越文化研究会的专家们得出了古贵港是骆越水都，是古“海上丝绸之路”的重要原点和中心的研究成果，编撰成《古丝路上的骆越水都》一书。上述对古“桂林”和古“布山”的解读更使我们认识到古文献中还隐藏着许多因时代局限而没有被解读的珍贵信息。古贵港是当时广西的政治、经济和文化的中心，记录古贵港这一中心地位的信息散藏于各种古籍和文献之中，把这些珍贵的信息汇集整理并加以尽可能科学的解读，将会还原古贵港历史上这一页辉煌的面貌。这对于我们提高自己民族的文化自信心，对于贵港自动融入国家“一带一路”建设，对于贵港开创文化建设新格局都会产生重要的作用。

“星汉灿烂，若出其里”，我们的祖先给我们留下了无比丰厚的历史文化遗产。一个没有文化遗产的民族是可悲的民族，而一个有丰厚文化遗产而不珍惜的民族是一个没有希望的民族。让我们携起手来，为构建我们中华民族的文化殿堂而努力！

二、有关古桂林郡的文献

古桂林郡是秦始皇经略岭南时所置的行政区，《史记·南越列传》载：“南越王尉佗者，真定人也，姓赵氏。秦时已并天下，略定杨越，置桂林（今贵港）、南海、象郡，以谪徙民，与越杂处十三岁。”① 古桂林郡是在以古桂林城为中心城市建立起来的行政区，在古骆越方国时代，桂林城已成为岭南的三大城市之一，所以本书有关古桂林郡的文献追溯到骆越方国时代。由于古桂林郡后来改制为郁林郡，因此本书所收的文献，下沿到后世所有有关古郁林郡的研究文献。

按照学术界通常的分类方法，我国的古文献分为经、史、子、集、丛书等五大类，如把后人研究古文献的论著也归为一类，有关古桂林郡的古文献就有六大类，其中涉及古桂林郡的条目较多的是史类文献。将壮族古籍单独列出的话，共七类，下面分类叙述。

（一）经类文献

经类文献主要有易经、书经、诗经、礼经、春秋、孝经、四书、小学等，为儒

① （西汉）司马迁：《史记》下，773 页，长春，吉林大学出版社，2015。

家的经典著作。由于历代学者不断地对儒家经典进行注释、解说、研究，经类文献派生出数以千计的著作。经类文献对于古桂林郡的记载比较著名的有《周礼·春官·宗伯》：“郁人掌祼器，凡祭祀，宾客之祼事，和郁鬯以实彝而陈之。”① 关于“郁鬯”，《说文解字》的解释是：“郁鬯，百草之华，远方郁人所贡芳草，合酿以降神。郁，今郁林郡也。”② 这里所说的“远方郁人”就是周代郁江流域的古骆越人，古贵港也称郁林郡。这说明远在周朝，古贵港就和中原的周王朝有朝贡关系，是周王朝的属地。经类文献对于古桂林郡的记载不是很多，但都具有历史文化价值。

（二）史类文献

史类文献分为纪传体史书、编年体史书、纪事本末史书、杂史、传记、史抄、史评、政书、地理、金石等，主要有官修的二十五史，即《史记》《汉书》《后汉书》《三国志》《晋书》《宋书》《齐书》《梁书》《陈书》《魏书》《北齐书》《周书》《隋书》《南史》《北史》《唐书》《旧唐书》《五代史》《旧五代史》《宋史》《辽史》《金史》《元史》《新元史》《明史》。后来《清史稿》编成，纪传体史书便有 26 种之多。因古贵港桂林郡自秦始皇设置至三国孙吴撤分止，所有记载古贵港桂林郡的史料多集中于《史记》《汉书》《后汉书》《三国志》等著作中，如《史记·秦始皇本纪》就记载了古桂林郡设立的重要信史：“三十三年，发诸尝逋亡人、赘婿、贾人略取陆梁地，为桂林、象郡、南海，以适遣戍。”③ 这一条史料除记载古桂林郡为秦始皇所设的重要信息外，还明确告诉世人“桂林郡”为“陆梁地”。对于“陆梁”这一地名学界曾聚讼纷纭，莫衷一是。近年来骆越文化研究的突破使我们对“陆梁”这一地名有了新的解读。“陆”是“骆越”之“骆”的同音异写，“梁”也写作“郎”或“良”，在古壮语中意为“王”，“陆梁地”就是“骆越王之地”。古贵港桂林郡的史料除了集中于《三国志》前的史类文献外，《三国志》以后的史类文献因追记历史也有不少史料涉及古贵港桂林郡。这 26 种史书所记载的古贵港桂林郡史料是本书编撰的重点。

---

① 吴树平等点校：《十三经》，110 页，北京，北京燕山出版社，2007。

② （东汉）许慎著，李恩江、贾玉民主编：《说文解字》，442 页，喀什，喀什维吾尔文出版社，2002。

③ （西汉）司马迁：《史记》上，57 页，长春，吉林大学出版社，2015。

（三）子类文献

子类文献为诸子百家的著作，主要有儒家、道家、法家、兵家、艺术（指书画、音乐、篆刻、棋弈、杂技）、谱录（记载古器、杂器、文具、杂物之书）、杂家、术数、宗教、类书等文献。子类儒家文献主要有《荀子》《孔子家语》《家苑》《近思录》等。子类道家文献主要有《老子注》《列子》《庄子注》《抱朴子》《淮南子》等。子类法家文献主要有《管子》《商君书》《韩非子》等。子类兵家文献主要有《孙子兵法》《孙膑兵法》《吴子》等。子类艺术文献主要有《墨池编》《艺舟双楫》《乐书》《射书》等。子类杂家文献主要有《吕氏春秋》《墨子》《白虎通义》《日知录》《论衡》《梦溪笔谈》等。子类术数文献主要有《太玄经》《皇极经世》《葬书》等。子类宗教文献主要有佛教的《大般若经》《金刚经》《华严法》，道教的《道德真经》《南华真经》《冲虚真经》《通玄真经》。子类类书文献主要有《初学记》《太平御览》《册府元龟》《古今图书集成》等。这些子类文献中也有关于古桂林郡的记载，如《淮南子・人间训》就记载了“略取陆梁地”的过程，说是秦始皇“又利越之犀角、象齿、翡翠、珠玑，乃使尉屠睢发卒五十万”[①]攻越。这段史料说明了骆越地的富裕并揭示了秦始皇攻打骆越地的原因。《列子》中也有关于古骆越人习俗的记载：“楚之南，有炎人之国，其亲戚死，死其肉而弃之，然后埋其骨，乃成为孝子。”[②]列子所说的炎人之国为骆越古国，但是“其亲戚死，死其肉而弃之”的记载有误，实际上记载的是盛行于骆越古国的亲人葬后三年再开棺捡骨另择风水宝地进行二次葬的习俗。古桂林郡也在骆越古国范围内，古桂林郡盛行二次葬俗，这一葬俗在当今贵港的壮族农村还有遗存。

（四）集类文献

集类文献主要为文集，历代著名的文集有《楚辞》《昭明文选》《世说新语》《搜神记》《全唐诗》《古文观止》《历代诗余》等。集类文献中有不少关于古桂林郡的记述，如《楚辞・招魂》中有“魂兮归来！南方不可以止些。雕题黑齿，得人肉以祀，以其骨为醢些。蝮蛇蓁蓁，封狐千里些。雄虺九首，往来儵忽，吞人以益

---

① 许嘉璐主编，梅季副主编：《诸子集成》中，2452页，广州，广东教育出版社，2006。

② 黄建军译注，闻钟主编：《列子译注》，156页，北京，商务印书馆，2015。

其心些。归来归来！不可以久淫些”[①] 的诗句。诗中所描写的“雕题黑齿”即在额头刺青，因喜吃槟榔使牙齿变成黑色的习俗就是古桂林郡骆越人的习俗。陶渊明的《搜神后记》记载了这么一则故事：“长沙有人，忘其姓名，家住江边。有女子渚次浣衣，觉身中有异，后不以为患，遂妊身。生三物，皆如鯆鱼。女以己所生，甚怜异之。乃着澡盘水中养之。经三月，此物遂大，乃是蛟子。各有字，大者为‘当洪’，次者为‘破阻’，小者为‘扑岸’。天暴雨水，三蛟一时俱去，遂失所在。后天欲雨，此物辄来。女亦知其当来，便出望之。蛟子亦举头望母，良久方去。经年后，女亡，三蛟子一时俱至墓所哭之，经日乃去。闻其哭声，状如狗嗥。”[②] 我国著名的民族文化专家梁庭望先生认为这是古骆越地“掘尾龙扫墓”故事的衍生版：“老妇生三个小龙的名字是当洪（大蛇）、破阻（年轻的父亲），扑岸（最小的儿子），这三个名字只有用壮语才能解释。所以说，每年三月三人们聚众就是为纪念‘掘尾龙’的。”在贵港民间现在仍广泛流传“掘尾龙扫墓”的故事。古桂林郡是骆越文化的核心区，这里流传的“掘尾龙扫墓”的故事是原生态的故事，而其他地区流传的“掘尾龙扫墓”的故事则是次生态的。

（五）丛书类文献

丛书类文献主要分为汇编丛书、地方丛书、自著丛书、氏族丛书、类编丛书。汇编丛书比较著名的有《钦定武英殿聚珍版书》《四库全书》《抱经堂丛书》等。地方丛书比较著名的有《岭南遗书》《畿辅丛书》《武林掌故丛编》等。自著丛书比较著名的有《欧阳文忠公全集》《元遗山先生全集》《船山遗书》等。氏族丛书比较著名的有《颜氏传书》《桐城方氏七代遗书》等。类编丛书比较著名的有《皇清经解》《二十四史》《道藏》《历代诗话》等。这些丛书中辑录古桂林郡史料较多的是《永乐大典》《四库全书》《岭南遗书》等。如记录岭南古今异事的《岭表录异》，原本久已失传，四库馆臣从《永乐大典》中辑出，并印入《武英殿聚珍版丛书》。《岭表录异》中也记载有一则类似“掘尾龙扫墓”的故事：“温媪者，即康州悦城县孀妇也。绩布为业。尝于野岸拾菜，见沙草中有五卵，遂收归绩筐中。不数日，忽见五小蛇壳，一斑四青，遂送于江次，固无意望报也。媪常濯浣于江边，忽

① （战国）屈原著，亦文注：《楚辞》，157 页，北京，中国画报出版社，2014。

② 刘琦、梁国辅注译：《搜神记搜神后记译注》，709 页，长春，吉林文史出版社，1997。

一日，鱼出水，跳跃戏于媪前，自尔为常。渐有知者，乡里咸谓之‘龙母’，敬而事之。或询以灾福，亦言多征应。自是，媪亦渐丰足。朝廷知之，遣使征入京师。至全义岭，有疾，却返悦城而卒。乡里共葬之，江东岸忽一夕天地冥晦，风雨随作，及明已移，其冢并四面草木悉移于西岸矣。"① 看来，骆越文化核心区原生态的"掘尾龙扫墓"的故事对岭南文化影响很大，各朝各地都有衍生的故事流传。

（六）古方志

直接记载古贵港桂林郡历史的方志是保留古贵港史料最丰富的文献。特别是一些濒临湮没的文献所记载的史料更值得关注。

岭南最早的方志是南海郡人王范所撰的《交广春秋》，又名《交广二州春秋》，是岭南最早的地方史志专著。原书已失传，但其中一些内容被《水经注》等书引用。其后，广州黄恭增补王范《交广春秋》一书的遗漏，写出一部新的岭南方志《交广记》（已佚），还有裴渊、顾薇各著一部《广州记》、沈怀远著《南越志》等。这些方志有不少值得注意的古贵港信息，如《广州记》载："郁林郡山东南，有一池，池边有一石牛，人祀之。若旱，百姓杀牛祈雨，以牛血和泥，泥石牛背，礼毕，则天雨大注，洗牛背泥尽即晴。"② 郁林郡即桂林郡，汉武帝时更名。"杀牛祈雨"是古骆越人的祭祀习俗，这说明桂林郡的居民为骆越人，当时民间仍保留着古骆越人的"杀牛祈雨"习俗。

除古方志外，后人所编的笔记体方志中也辑录了不少有关古桂林郡的文献。较著名的笔记体方志有宋代范成大撰写的《桂海虞衡志》，周去非的《岭外代答》，明代邝露撰写的《赤雅》，清代屈大均撰写的《广东新语》等。《广东新语·食语》载："东粤少谷，恒仰资于西粤。西粤之贵县尤多谷，然其地僻在山溪，稻田亦少，其谷多半出于东粤灵山。《广州记》云：'交趾有骆田，仰潮水上下，是名骆田。其禾能风旱而早实'。今灵山亦交趾地也，土广而人稀，美田弥望，无分高下，皆有水泽沮洳之润。民务耕耘，尚畜牧，以牛之孳息为富。谷多不可胜食，则以大车载至横州之平佛，而贾人买之，顺乌蛮滩水而下，以输广州。"③

此条文献认为古贵港属交趾地，盛产稻谷，其田为"骆田"即骆越的稻田，并

---

① （宋）李昉：《太平广记》第五册，431页，天津，天津古籍出版社，1996。
② （清）梁廷楠等著，杨伟群校点：《南越五主传及其它七种》，48页，广州，广东人民出版社，1982。
③ （清）屈大均著，李育中等注：《广东新语注》，332页，广州，广东人民出版社，1991。

且记载了郁江是稻谷贸易的主要运输水道的史实。

（七）壮族古籍

壮族古籍有许多是用古壮文记录的古代历史，由于历代壮族歌手和巫师的增补和加工，其历史真实性有一定的变异，但仍然留下了许多民族历史的记忆，也应列为检索的重要文献。目前已出版的著名壮族古籍有《布洛陀经诗》《壮族鸡卜经影印译注》《嘹歌》等。另外一些壮族民间传说故事和歌谣也保留了古桂林郡的记忆，也值得解读和研究。

三、编撰的原则和方法

（一）存史

即将目前已发现的有关古桂林郡文献尽量收录整理，以还原古桂林郡当时社会的面貌。古桂林郡是在原骆越古国的中心区域建立起来的，范围包括了现在广西的大部分地区。从秦代建桂林郡起到古桂林郡更名为郁林郡，其中心城市都是古贵港布山。因此在这一时期内以古布山城为中心城市的历史实际上是古桂林郡的历史，也是大半个广西当时的历史，而不仅仅是现贵港市区域在古桂林郡时代的历史。要使有关古桂林郡的文献相对完整地存史，检索的范围就应更加宽泛。在古桂林郡存续时期，司马迁所撰《史记》仍有“瓯骆相攻，南越动摇”① 的记载，这说明当时南越国政权与瓯骆国政权还在对峙。西瓯和骆越的关系，学术界有“西瓯即骆越”和“西瓯和骆越各不统属”两种观点。编者在贵港市进行田野调查时发现：当地的壮族老人和讲地佬话的汉族老人在解释“地瓯”或“西瓯”的地名时，都一致说“瓯”就是“我们”的意思，“西”就是“地”的意思，“西瓯”的意思就是“我们的地方”也就是古骆越地。编者认为“西”和“瓯”都是古骆越语在当地的文化遗存，因此本书采用“西瓯即骆越”② 的观点，“瓯骆”也是“骆越”。古桂林郡的概念与南越、骆越、西瓯的概念相交集，编者认为这是历史的事实。另外历史沿革虽有变化，但是一些历史地名却是相对稳定的，如流经古桂林郡的河流郁江的名称，

① （西汉）司马迁：《史记·南越列传》，773 页，长春，吉林大学出版社，2015。
② 王利器主编：《史记注译》，2403 页，西安，三秦出版社，1988。

古今都没有什么变化。一些地名虽有变更，但古文献上仍然保留着变更的历史信息。这些都可以作为信息检索的关键词。我们的责任就是完整地保留历史的信息，以供后人参考和研究。

（二）辨真

因为历史的局限，古人所撰写的史料有不少是辗转相传的，加上后人传抄史料时的笔误之类，不可避免地会出现失真的记载。如上文所引列子关于古骆越人习俗的记载：“其亲戚死，㱔其肉而弃之，然后埋其骨”，只要熟悉岭南二次葬俗的人都会知道，绝对没有马上“㱔其肉而弃之”的习俗，而是临时入土埋葬，过了三年尸体腐烂变成白骨后才重新捡骨另择风水宝地安葬。在二次葬捡骨的过程中，如发现还残留的腐肉才会剔除，这一过程被以讹传讹，变成“其亲戚死，㱔其肉而弃之，然后埋其骨”的说法。对于古文献中失真的记载，我们的责任就是认真考证辨其真伪，还其历史的原貌。

（三）抓要

本书的主要目的是收集古贵港成为桂林郡驻地和广西最早、最繁华港口的史实，为古贵港是广西最早的中心城市定位。古贵港成为桂林郡驻地和广西最早、最繁华港口是其重要的稻作生产条件和重要的交通地位决定的，记载古贵港稻作生产与交通贸易的史料无疑是本书编撰的重点内容。古桂林郡是骆越故地，骆越故地包括整个岭南和越南北部地区，在这一区域内，以古贵港布山城为中心的郁江沿江平原是最大的稻作地理单元，也是岭南最大的稻谷输出地。这是古贵港布山城成为岭南中心城市的经济基础。远古的交通以水路为主要通道，最早流通的货物是盐和药、香料。盐的主要产区是沿北部湾海域，药最早是以“百药之长”肉桂为主的物流，肉桂最早最大的产区是环大明山地区，香料最大的产区是左、右江地区。古贵港布山城就成为这三大区域的交通中心和盐与香料药的集散中心。这一交通中心的地位和贸易中心的地位是骆越故地的其他城市无法代替的。

（四）解疑

解疑是做学问的重要工作之一。关于古桂林郡学术上争议较大的是其驻地是古贵港城区还是古桂平城区。对于这一千古之谜，本书力主古桂林郡驻地为古贵港城区的观点。编者愿意挖掘更多的文献史料和学界同仁共同研讨这一问题。有关于此，学术上还有几个问题需要解答的，一是古桂林郡是驻古贵港港北城区还是港南城区的问题，二是贵港罗泊湾一号汉墓墓主是谁的问题，三是西瓯是否是骆越的问题，等等。我们要做的工作就是有针对性地用文献和史料尽可能地解答这些问题。

（五）求新

首先研究的方法要新，要利用现代分子生物学、语言学和民俗宗教学研究的最新成果处理有关文献，修正传统的错误观点和内容。如最新的水稻基因研究表明，栽培稻起源于邕江流域和郁江流域，即古之骆越水流域，这一新成果与《广州记》所记载的“交趾有骆田，仰潮水上下，是名骆田。其禾能风旱而早实”相一致，也和《布洛陀经诗》所记载的古贵港香炉（龙头山）是水稻再生圣地相一致。这些文献都说明古郁江平原是稻作的重要起源地和产区，因而成为当时重要的经济中心。其次要有新的史料和观点。近年来许多新的史料被学术界发现，一些珍藏于国外而国内已失传的古籍也陆续被影印传回国内，这都为研究古桂林郡提供了新的观点和史料。当然我们整理有关古桂林郡文献时也应该力求有新的发现和新的结论。

四、编撰体例

（一）标题（中心内容）

对所引条目要概括其内容作为标题，以达到眉清目楚的行文目的，也方便读者了解编撰者的观点。

（二）原文

所引原文尽量完整，繁体字转为简体字，通假字标明正字。一些冷僻字尽量注上汉语拼音，以方便读者阅读。

（三）出处

所引文献为国家正版出版物，对引文的出处加尾注标明作者、书名、出版社、出版时间和页码。

（四）译文

将引文译为现代汉语，使读者了解其涵义。其中，一些近现代的史料，则省略此部分。

（五）解读

对引文中的重要词语作简要的注释，一些有歧义的史实作必要的考证。并对引文的内涵和价值作进一步的分析，提出自己认为正确的观点和结论。解读是本书的主体部分，实际上是编撰者对史料的研究和思考，是编撰者自己的一家之言，关于其正确与否，读者尽可以见仁见智，很多观点不过是抛砖引玉，为读者思考提供更多的拓展空间。

第一章　地名“桂”“林”“郁”“布”释义

古贵港曾是古桂林郡地和古郁林郡地，这两郡的郡址都在布山县，“桂”“郁”“林”“布”四字是解开古贵港历史文化宝库的重要“钥匙”。

古桂林郡中的“桂”字是指中药肉桂，学术界对这一释义没有什么异议。但古桂林郡为什么以“桂”命名，“桂”为什么成为广西的简称？肉桂在中国和广西历史文化中有何重要意义？这就不能不追根溯源了。

古桂林郡和古郁林郡中的“林”字，许多人都按字面的意思认为是森林，但要较真起来也有问题。因为“林”作为岭南地名的用字许多地方写作“临”“南”“湛”等与“林”字音近的字。因此对古桂林郡和古郁林郡中的“林”字也有追根溯源的必要。

古桂林郡后来分化成古郁林郡，古郁林郡的“郁”字繁体字写作“鬱”。对于“鬱”字的解释，汉代的《说文解字》说是“远方鬱人所贡鬱草”，即一种酿酒用的香草，贵港壮族民间酿酒用的一种草药确实也叫作“棵郁”。也有人认为“郁”是广西所产香料的总称，“郁”也可作芳香解，如贵港瓦塘镇至港北区的郁江当地人就称之为“香江”。看来我们对“郁”字的解读也要较真了。

对于古桂林郡地和古郁林郡郡址布山县中的“布”字，作为岭南地名的用字许多地方也写作“浦”“步”“博”等与“布”字音近的字，因此，对于布山县中的“布”字也不能望文生义。

秦、汉两代的郡县多按照当地的名山大川命名，桂林郡也就是桂江郡。郁林郡也就是郁江郡，布山县就是祖母山县。

一、古桂林郡“桂”字释义

（一）桂是古桂林郡的重要特产

原文：桂，江南木，百药之长。从木，圭声。古惠切。[1]

译文：桂，江南出产的树木，是百药中居首位的药材。桂字形旁属木，声旁是圭。读音为古惠切。

解读：引文来自《说文解字》。《说文解字》是我国第一部系统分析字形、考究字源的文字学著作，是我国历史上最早、最重要的字典，为文献语言学的奠基之作，因此《说文解字》对“桂”字的解释就具有权威的意义。桂是指肉桂，是一种作药材用的香料，通称“桂皮”。许慎指出，桂是江南出产的树木。长江以南以“桂”为名的树木有两种，一种是做药材用的肉桂树，一种是做园林观赏树的桂花树。张舜徽《约注》指出：“流俗所称桂花，木名木犀。唐以来始有桂花之名，其皮薄而不辣，不堪入药。与唐以前书所称之桂，绝然二物。”[2] 肉桂树的原生地域位于北回归线以南的亚热带，其中以广西产量最大，因此肉桂成为广西的特产，广西也因此简称“桂”。《说文解字》说肉桂是“百药之长”有两重含义，一是说肉桂是最早使用的中药；二是说肉桂在中药中药效独特、显著，排名在百药之首。中医古籍认为肉桂有补火助阳，引火归源，散寒止痛，温通经脉的功效，是阳中至阳的药物。《说文解字》对“桂”字的解释说明肉桂在汉代以前已经成为全国排名第一的中药材。广西古代因肉桂而闻名，因肉桂而兴盛。肉桂的主产地和集散中心就必然成为重要的贸易中心和经济文化的中心，直接影响了广西的市场分布和城市分布。

（二）古桂林郡的肉桂在春秋前已成为中原的重要调味品

原文：曾子曰：“丧有疾，食肉饮酒，必有草木之滋焉。”以为姜、桂之谓也。[3]

译文：曾子说：“居丧期间生了病，吃肉饮酒，必须有草木的滋味。”那就是姜和肉桂香料的滋味。

解读：引文来自《礼记》。《礼记》又名《小戴礼记》《小戴记》，成书于汉代，

---

① （东汉）许慎撰，芳园主编：《说文解字详解》，146 页，天津，天津人民出版社，2015。

② 李振中：《〈说文解字〉研究》，136 页，长沙，湖南师范大学出版社，2014。

③ （元）陈澔注，金晓东校点：《礼记》，71 页，上海，上海古籍出版社，2016。

为西汉礼学家戴圣所编。《礼记》是中国古代一部重要的典章制度选集，是研究先秦社会的重要资料。曾子是春秋末年思想家，孔子晚年弟子之一，儒家学派的重要代表人物。他所介绍的春秋时期中原的饮食习俗，是用姜和肉桂作调料烹调酒肉，这说明春秋前产于广西的肉桂不但成为中原重要的药材，也成了家庭的重要食材。肉桂对中原春秋时期的日常生活产生了重要影响，成为重要商品。肉桂源源不断地流向中原，说明在春秋前肉桂的生产与经营已形成了一个很大的产业，也说明当时的广西与中原的经济已有了密切的联系。

（三）古桂林郡的大明山—镇龙山—北山山系是肉桂的原产地

原文：南山经之首曰鹊山。其首曰招摇之山，临于西海之上，多桂，多金玉。①

译文：南山经记载的第一山系叫鹊山。鹊山的最高峰叫招摇山，它临近西海的北面，山上生长着许多桂树，还有很多金属矿物和玉石。

解读：引文来自《山海经》。《山海经》是我国古代重要的地理古籍，被誉为千古奇书。它成书于战国时代，经汉代学者的增补和整理后流传于世。据学术界研究，《山海经》的作者亦非一人。《山海经》具有非凡的文献价值，它对中国古代历史、地理、文化、中外交通、民俗、神话等的研究，均有很大的参考价值。《山海经》的开篇从南山第一山系鹊山开始，这是先秦时的古人对我国文明起源地的重要历史记忆。近年来的骆越稻作文明起源研究也表明，中国的稻作文明起源于广西的西江流域。南山经记载的第一山系鹊山应该为西江流域最大的山系：南宁大明山—横县镇龙山—贵港北山山系。据广西骆越文化研究会的学者调查，大明山地区的壮族民间叫水稻为“糇雒”，叫旱稻为“糇鹊”，南山第一山系在远古时应该是旱稻的种植区。这很可能是南山第一山系叫“鹊山”的由来。据壮族古籍《布洛陀经诗》记载，远古时沿江一带的田地遭受水浸，水稻都绝种了，只有没遭到洪水灾害的“召佬”祖山还有稻种，人们到“召佬”祖山借来稻种才恢复了沿江的水稻种植。“召佬”中的“召”在古壮语中意为“王”，“佬”意为“大”，“召佬”祖山就是“大王”之山。而南山第一山系的最高山叫“招摇山”，“招摇”很可能为“召佬”的转音之称。古代称北部湾为“西海”，现在北部湾畔的北海市还遗存有一座西海龙王庙，这就是明证。南山第一山系也确实在北部湾的北面。这条山系是古代肉桂的

① （西汉）刘向、刘歆校订，孙红颖解译：《山海经全鉴》（典藏版），2页，北京，中国纺织出版社，2016。

原产地，现在还是全国肉桂最大的产区。这条山系也确实多铜矿、钨矿等金属矿藏和玉石矿。《山海经》所记载的南山第一山系的特征与南宁大明山—横县镇龙山—贵港北山山系的特征高度吻合。我们有理由认定《山海经》所记载的南山第一山系就是骆越祖山南宁大明山—横县镇龙山—贵港北山山系。

（四）“和为桂（贵）”“和为美”的理念源于肉桂调和的滋味

原文：和之美者：阳朴之姜，招摇之桂，越骆之菌……①

译文：调料调合味道好的：阳朴的姜，招摇山的肉桂，骆越的香菌……

解读：引文来自《吕氏春秋》。《吕氏春秋》是战国晚期秦国丞相吕不韦组织编撰的文集。《吕氏春秋》通过对先秦诸子的修正，用儒家伦理定位价值尺度，吸收墨家的公正观念、名家的思辨逻辑、法家的治国技巧，加上兵家的权谋变化和农家的地利追求，形成一套完整的国家治理学说，在中国思想史上具有重要地位。“阳朴”，古地名，传说在古代四川。“招摇”，就是《山海经》首篇所记载的肉桂的原产地“招摇之山”。“越骆”就是“骆越”。骆越祖山大明山系确实多野生香菇。这些美食调和烹饪，确实是和合的美味。这里吕不韦要表达的是博采各家之长，和合天下共美的思想。但是这段话却透露出“招摇之山”就是骆越之山，山中多桂多香菌的历史信息，为南山第一山系就是南宁大明山—横县镇龙山—贵港北山山系提供了佐证。吕不韦虽然在历史上是一个有争议的人物，但他“和为桂（贵）”“和为美”的思想却为中国历代学术界所推崇，成为中华民族重要的道德准则。古贵港从“桂林郡”到“贵州”的沿革变迁，已打上“和为贵”这一重要思想的深刻印记，成为贵港市重要的文化遗产。

（五）广西称为“八桂”的来历

原文：桂林八树，在贲禺东。②

译文：岭南有桂林城、八树城，贲禺城在东面。

解读：引文出自《山海经》。许多学者认为，广西称为“八桂”源于这一记载。意思为桂树林有八棵树在贲禺城的东边。这一解释有点牵强，桂树林为什么只有八

① （汉）高诱注，（清）毕沅校，徐小蛮标点：《吕氏春秋》，276页，上海，上海古籍出版社，2014。

② （西汉）刘向、刘歆校订，孙红颖解译：《山海经全鉴》（典藏版），219页，北京，中国纺织出版社，2016。

棵树呢？实际上“桂林”“八树”和“贲禺”这三个词是同位词，“贲禺”是古广州城的名字，那么“桂林”“八树”也应为城市的名字。“桂林”就是古桂林郡城，“八树”城是指哪里呢？岭南的许多地名是古壮语的记音字，“八”也写作“岜”或“巴”，是古壮语“山”的记音字，如“巴马”意为“马山”。“树”也写作“十”或“徐”，是古壮语“祖”的记音字，如“徐闻”意为“祖泉”之城。“八树”意为“祖山”之城，这祖山就是大明山。大明山壮语的名字就叫作“八树”或“岜是”“岜虽”。“祖山”之城是大明山下最早的骆越古都城，是岭南最早的中心城市，后来这一中心转移到了桂林城，最后又转移到了贲禺城。“贲”在广州话中读作“潘”，是壮语“版”（村子）的记音字，“禺”是古壮语“尼”（海）的记音字，“贲禺”就是“海边的村子”或“海边的城”。许多学者认为“在贲禺东”中的“在”字是“衍文”，也就是后人抄写时错加上去的。“东”在古汉语中的本义为“太阳”，“贲禺东”就是“贲禺在太阳升起的东面”。春秋战国时岭南三个最大的城为“桂林”“八树”“贲禺”，在三大城中，桂林城因位置的适中，交通的发达，成为居于首位的中心城市。后世所指的“八桂”实际是古桂林郡所辖地域的简称，因为古桂林郡所辖地域是古八树城和古桂林城所管辖的范围，因此简称“八桂”，这就是广西称为“八桂”的来历。

（六）肉桂为百药之王

原文：桂生南裔，拔萃岑岭；广莫熙葩，凌霜津颖；气王百药，森然云挺。[①]

译文：桂树生长在南方边地，出类拔萃于山岭；北风中繁花盛开，抗霜吐出水嫩的尖芽；阳气称王于百药，森沉的形象耸立如云。

解读：裔：边远的地方。岑（cén）：小而高的山。广莫：广莫风，即北风。熙：茂盛。葩：花。津，润泽。森然：高耸的样子。

引文出自晋代郭璞所撰的《山海经图赞》。郭璞，字景纯，是两晋之际的著名文学家、训诂学家。《山海经图赞》原本是“山海经图”与赞体文学的结合，“赞”是用简洁的语言对图画内容加以评述的一种文体。郭璞是《山海经》的校勘和编订者，是注释《山海经》的第一人，而《山海经图赞》是他深入研究《山海经》基础上进行再创作的一个文学成果，是《山海经》诠释体系的一部分。郭璞的此桂树

---

① （晋）郭璞撰，王招明、王暄译注：《山海经图赞译注》，1页，长沙，岳麓书社，2016。

赞诗指出桂树生长在南方边地，这南方边地显然是指岭南的南部，即我国北回归线以南的地方。现代的医药资源调查已证明，北回归线穿过的大明山地区是我国野生肉桂的主要分布区，也是栽培肉桂的原生地。肉桂在大明山地区确实如郭璞的赞诗所形容的“拔萃岑岭”“森然云挺”。郭璞还称赞肉桂是百药之王，这表明在晋代肉桂已成为中原重要的药材，肉桂百药之王的地位也提升了古代广西的地位，促进了广西与中原香料之路的形成。

（七）古代肉桂主产于宾、宜州

原文：桂，南方奇木上药也，桂林以桂名，地实不产，而出于宾、宜州。凡木叶心皆一纵理，独桂有两纹，形如圭，制字者意或出此。叶味辛甘，与皮无别，而加芳美，人喜咀嚼之。①

译文：桂，南方奇异的树木、上等的药材，桂林以桂命名，本地实际上不出产，而出产在宾州和宜州。凡是树木的叶子都有一条纵的纹理，唯独桂叶有两条纵的纹理，形状像玉圭一样，创制桂字的人的想法或许是出自这种形态。桂叶的味道辛甘，和桂树皮没有差别，而更加芳香味美，人们喜欢咀嚼它。

解读：引文出自宋代著名诗人范成大所撰的《桂海虞衡志》。《桂海虞衡志》是记述广西宋代特产和风俗的志书，共十三篇，分别为《志岩洞》《志金石》《志香》《志酒》《志器》《志禽》《志兽》《志虫鱼》《志花》《志果》《志草木》《杂志》《志蛮》。《桂海虞衡志》记述了广西物产的独特和丰富，是后人了解广西古代风物的重要资料。范成大在书中赞扬肉桂是南方珍贵和奇特的树木，是上等的药材，并且向后人揭示了当时的一个重要信息：桂林虽然以桂命名，但本地实际上不出产肉桂；肉桂当时只出产于宾州（现在的宾阳县）和宜州。宾阳和宜州都是大明山周边地区，范成大记载大明山地区是肉桂的主产区和现代的科学调查研究成果完全一致。范成大还指出“桂”的造字可能与“圭”字有关，这是由于桂叶有两条纹理，像玉圭形状。玉圭为贵重的礼器，圭为贵。笔者据此认为，“桂”的本字就是“圭”，因此广西的“桂江”也叫“圭江”。

（八）古桂林郡在汉代就有人工种植的肉桂园

原文：桂出合浦，生必以高山之颠，冬夏常青，其类自为林，间无杂树，交趾

---

① （宋）范成大撰，齐治平校补：《桂海虞衡志校补》，28 页，南宁，广西民族出版社，1984。

置桂园。桂有三种，叶如柏叶，皮赤者，为丹桂；叶似柹叶者，为菌桂；其叶似枇杷叶者，为牡桂。①

译文：肉桂出产在合浦，它生长必定在高山顶上。冬天和夏天常年青翠。它的种类自然聚长成树林，中间没有杂树。交趾地建有桂树园。桂有三种，叶子像柏树叶，树皮红色的叫丹桂；叶子像柹子树叶的叫菌桂；叶子像枇杷叶子的叫牡桂。

解读：引文出自《异物志辑佚校注》。《异物志》是东汉人杨孚所著，原书已轶，后人辑录散见于各史籍中摘引的《异物志》内容合编成《异物志辑佚》。杨孚是东汉时番禺人，是史家公认的岭南第一位著书立说的学者，他的著作《异物志》是我国第一部地区性的物产专著。《异物志》关于肉桂的这条记载，晋代学者郭义恭所著的《广志》和嵇含所著的《南方草木状》都有收录。东汉时合浦的海运已相当发达，已成为肉桂东运的主要集散港，因此我国沿海的人都认为肉桂产于合浦。汉武帝时，朝廷在全国设立十三刺史部，将岭南的七个郡划为交趾刺史部，因此东汉时所指的“交趾”包括秦时主产肉桂的桂林郡。交趾刺史部驻广信县（今广东封开，一说在广西梧州）。交趾地建有桂树园，说明当地已开始人工种植肉桂。贵港市如今仍然是全国最大的肉桂种植区，东汉时开始种植肉桂的桂树园应当在肉桂原产地的古贵港市。

（九）肉桂在先秦时代就成为养生珍品

原文：古多以桂为舟，《楚辞》云：沛吾乘兮桂舟。古时番禺多桂，《山海经》云：贲隅之东，八桂生焉。故舟楫多采桂为之。故曰番禺之桂，爰始为舟。

饮食中，古称蜀姜越桂。越桂以高州肉桂为珍，杂槟榔食之，口香竟日。秦时罗浮有桂父者，象林人也，尝服肉桂及葵，以龟脑和之。《列仙传》赞云：伟哉桂父，挺直遐畿。灵葵内润，丹桂外绥。②

译文：古代多用桂木做船，《楚辞》说：我乘坐桂木做的船快速行驶。古时候番禺（今广州）多有桂树，《山海经》说：贲隅以东，八桂生长。因此舟船多采伐桂树制作。因此说番禺的桂木，开始用来做船。

饮食中的调料，古代时称赞四川的姜和骆越的肉桂。骆越的肉桂以高州肉桂为

---

① （汉）杨孚撰，吴永章辑佚校注：《异物志辑佚校注》，169 页，广州，广东人民出版社，2010。

② （清）屈大均撰，李育中等注：《广东新语注》，541 页，广州，广东人民出版社，1991。

珍贵，夹杂槟榔嚼食，口中留香一整天。秦代时罗浮山有一个叫桂父的，是象林县（今越南的中部）人，经常服用肉桂和葵花，并且用龟脑调和吃。《列仙传》称赞说：伟大呀桂父，卓然挺立边远地。用灵奇的葵花润泽内体，用丹桂安抚外体。

解读：引文出自明末清初广东著名学者屈大均所著的《广东新语》。《广东新语》记载了许多有关岭南地区物产民俗方面的材料，对于研究明清时期岭南地区地方民俗史很有价值。屈大均说古代多用桂木做船，所举的证据是屈原《九歌》中有“桂舟”的诗句。屈原诗辞中多有“桂舟”“桂棹”“兰枻”“兰旌”之类的赞美词，意思是喻其珍贵，并不是实有的事物。桂木易腐烂，不能用来造船，这是生活中的常识。屈大均是读书人，不明造船的常识，因此读屈原“桂舟”的辞句就认定古代多用桂木做船。屈大均还以《山海经》中有“桂林八树”的记载而认为舟船多采伐桂树制作，这也不是事实。但说明肉桂是佳木上药的观念已深刻于屈大均这一代人脑中。屈大均关于肉桂的记述最有价值的是传达了岭南人世代以肉桂养生的信息。肉桂和槟榔、葵花、龟脑等服食，可以健体美容。《列仙传》是中国第一部系统叙述神仙的传记，作者是谁历来有争议，但学术界较一致的看法是西汉史学家刘向所著。桂父是《列仙传》记载的一位岭南的神仙，屈大均引用桂父的传说是为了说明肉桂对于养生有神效，这样的记述曾吸引了后人对肉桂的深入研究，开发出了许多肉桂的产品，其中最令人兴奋的是发现用现代方法萃取肉桂所开发的产品有特别的治疗糖尿病的功效，这些最新的肉桂研究成果都促进了贵港市肉桂产业的发展。

（十）肉桂运输之路成为重要古道

原文：南方号桂海，秦取百粤，号曰桂林。桂之所产，古以名地。今桂产于钦、宾二州，于宾者，行商陆运致之北方；于钦者，船商海运致之东方。①

译文：南方号称桂海，秦始皇攻取百粤，命名为桂林郡。肉桂是桂林郡所出产，古代用来命名地域。如今肉桂产在钦州和宾州二州，产于宾州的，行商通过陆路运到北方；产于钦州的，船商通过海路运到东方。

解读：引文出自南宋周去非所编撰的历史地理专著《岭外代答》。周去非是宋代浙东路永嘉（今浙江温州）人，曾在广西任桂林通判，因辞官回乡后，乡亲们多爱向他打听广西的奇闻逸事，他为了答复乡亲们的询问，特地撰写了一本记述广西

---

① （宋）周去非：《岭外代答》，18 页，上海，上海远东出版社，1996。

风物的著作，书名就叫《岭外代答》。《岭外代答》记载了宋代岭南地区社会经济、少数民族生活风俗，以及物产资源、山川、古迹等情况。所记条分缕析，较以前记载岭南情况各书叙述为详，参考价值甚高，是研究岭南社会历史地理的重要文献。原本已佚，今本从《永乐大典》中辑出。此条史料明白地记载了肉桂是古桂林郡的特产，也是古桂林郡得名的由来。文中所记载的肉桂主产地是钦州和宾州，与范成大的《桂海虞衡志》所记载的肉桂主产于宾州和宜州略有不同。估计是周去非将肉桂海运的集散港钦州当成了主产地。本条史料的重要价值是揭示了宋代前岭南已形成了肉桂北运和东运的两条肉桂之路。《岭外代答》还记载了岭南通东南亚、北非各国的海路，实际上这也是肉桂西运的海上之路。当时肉桂成为欧洲的时髦药材和香料，寻找肉桂西运的海上新航线直接刺激了欧洲航运的发展。南宋时岭南的陆路交通已相当发达，但肉桂北运的主路线应该还是湘桂古道和潇贺古道。这两条古道上的水道及沿江的主要城市都克隆“桂”的名字，留下“桂”的文化基因。如古漓江流入古梧州的水道叫“桂江”，漓江边的大城叫“桂林”，潇贺古道上的著名古镇叫“桂岭”“桂阳”，流经桂阳流入湘江的河流叫桂水，古代南运肉桂经藤县、容县到北流的水道叫“圭江”，等等，产于古桂林郡的肉桂对全国交通和经济的影响超出了我们的想象。

二、古桂林郡“林”字释义

（一）“滥”，为古壮语“水”的记音字，同“林”

原文：水正出曰滥。泉，滥也。①

译文：河水涌出叫“滥”，泉水就是“滥”。

解读：引文出自《释名》。《释名》是东汉学者刘熙编撰的专著，也是一部专门探求事物名源的工具书。内容共27篇，分为8卷。所释为天、地、山、水、丘、道、州国、形体、姿容、长幼、亲属、言语、饮食、采帛、首饰、衣服、宫室、床帐、书契、典艺、用器、乐器、兵、车、船、疾病、丧制。《释名》清代被编入《钦定四库全书》，是被认定的权威著作。本条目引自《释名》中的释水篇。汉代的古籍还保留着许多与古壮语同源的古音词，河水叫“滥”就是其中之一。“滥”是古壮语“水”

① 鲁仁编：《中国古代工具书丛编五 · 释名》，7页，天津，天津古籍出版社，1999。

（ram）的记音字，也记作“林”“临”“南”……这正是古桂林郡“林”字的来源。汉语词“泛滥”也是古壮语“水”（ram）字的文化遗存。

（二）古代的“桂林”意为“桂江”

原文：瀶，谷也。从水，临声。读若林。①

译文：瀶是形成河流的名叫“谷”的水。形旁是水，声旁是临。读音像“林”字。

解读：引文出自《说文解字》。现代分子人类学和现代语言学的研究成果证明壮族先民与汉族先民在基因上和语言上都有同源关系。古壮语和古汉语有许多对应整齐的同源词，这在《说文解字》中都有记载。如古汉语的“水”字和古壮语的“水”字就是其中一例。古壮语的“水”（ram）一词在古汉字中写作“瀶”，也写作“林”。《说文解字》对“瀶”字的解释，为什么形成河流的水叫“谷”，因为壮语称“根源”为“谷”，所以古壮语所指的河水为有源头的水，不是一般意义上的水。古汉语的“水”字也有这样的内涵。古桂林郡中的“桂林”中的“林”字就是指有源头流入大江的河水，“桂林”二字的意思就是运输肉桂货物的河流。在古贵港确实有一条注入郁江的支流，民间名叫“大茶江”，“大茶”就是肉桂，因此“桂林”就是“桂江”。它发源于肉桂的原产地大明山系，流入贵港城区的鲤鱼湾，因此也叫作鲤鱼江。鲤鱼江从大明山系发源后，流经古临浦县宾阳，因此也叫“临浦江”，简称“浦江”。“浦”在壮语中意为祖母，也即壮族先民古骆越人尊崇的始祖王龙母。因为粤语“浦”字读音与“宝”“浮”相似，因此“浦江”在古贵县志中也叫“宝江”或“浮江”。古贵港城就是因为这条江而得名“桂林”城。古桂林郡也是因为以“桂林”城为中心城市建郡，因此称“桂林郡”。

（三）与河水有关的“谷”“溪”“临”成为岭南重要的地名用字

原文：谷，泉出通川为谷。从水半见，出于口。凡谷之属皆从谷。古禄切。②

译文：谷，泉注入河的水叫谷。形旁是水的一半，出现于口。凡谷水之类的字都以谷为部首。读音为古禄切。

---

① （东汉）许慎撰，芳园主编：《说文解字详解》，232页，天津，天津人民出版社，2015。

② （东汉）许慎撰，芳园主编：《说文解字详解》，240页，天津，天津人民出版社，2015。

解读：引文出自《说文解字》，这是《说文解字》对“谷”字的解释，源头有泉汇成河的水叫“谷”，因为“谷”水两边都有山峰夹峙，这样的地形因此叫“山谷”或“峡谷”。“澭”和“谷”是古汉语和古壮语的同源词。“山谷”的“谷”与“谷物”的“谷”在古代是两个不同的字。“谷物”的“谷”古代写作“穀”。“山谷”或“峡谷”写作“谷”，都与谷水有关，《说文解字》把“谷”归于水部。

原文：水注川曰溪，注溪曰谷。[①]

译文：水注入到江河中去的，叫作“溪”。注入溪中的水，叫作“谷”。

解读：引文出自《尔雅》。注入溪中的水，叫作“谷”，这是《尔雅》对“谷”的解释。《尔雅》是我国的第一部辞书，最早著录于《汉书·艺文志》，但未载作者姓名。书中收集了比较丰富的古汉语词汇。它不仅是辞书之祖，还被列入《十三经》，成为我国经典古籍。按《尔雅》的解释，“溪”和“谷”也是古汉语和古壮语的同源字。“溪”古代写作“谿”，“奚”为声旁，“谷”为形旁，意为水之类的事物。“溪”在现代壮语中读“ri”，与汉语“溪”的读音有对应的音变关系。古壮语的“溪”字也写作“陂”“鸡”“奇”等字，如今贵港人仍称小河为“陂”，古博白县有龙母陂，古崇左市有“雍鸡关”，“雍”意为大，“鸡”为“溪”，“雍鸡关”就是“大溪关”。越南谅山有“奇穷河”，“奇穷”就是“雍鸡”一词的倒装，意思也是“大溪”。

原文：临浦江，州西二十里。源出宣化县界，北流入思览江。[②]

译文：临浦江在宾州西二十里，源头出宣化县（现南宁市）大明山地界，向北流入思览江（清水江）。

解读：引文出自清代穆彰阿、潘锡恩等纂修的《大清一统志》，又名《嘉庆重修一统志》。《嘉庆重修一统志》不仅仅是嘉庆二十五年以前的清代地理总志，而且也包含了以往各代的地理志内容，它不仅为研究清史提供了许多宝贵的资料，对研究中国历史、地理也有重要的参考价值。“临浦”是发源于大明山，向北流入宾阳县的一条河流。在三国时代吴国把汉代所建的领方县改名为“临浦县”，辖现在的

① 关永礼主编：《白话十三经》，2068 页，济南，济南出版社，1994。
② （清）穆彰阿、潘锡恩等：《大清一统志》卷十二，3 页，上海，上海古籍出版社，2008。

宾阳、武鸣、马山、邕宁等县区。“临浦”古代又译为龙母江。宣化县是古代的邕宁县。清代著名的壮族诗人张鹏展（上林县人）的《昆仑关》诗有“北水归临浦，南云控古邕。一关通鸟道，万仞锁螺峰。垒石层墉旧，明珠置泽重。无须谈将略，薄海尽尧风”的句子，可见临浦江是宾阳县重要的水道。古临浦县旧址在今宾阳县新桥镇的临浦村，如今，村边的临浦江叫龙母江，拦截龙母江修建的水库叫龙母水库。“思览江”中的“思”在古壮语中意为“清水”，“览”也即“临”，是古壮语“江河”的意思，“思览江”意为“清水河”。岭南骆越故地的许多地名也有古壮语“水”（ram）的文化遗存，如古南宁叫“临浦”，古崇左叫“临尘”，古贺州叫“临贺”，海南有“临高县”，古壮语“水”（ram）也写作“滷”，海南琼山县有滷渡江、澄迈有滷滚泉等。

三、古郁林郡“郁”字释义

（一）“郁（鬱）”是古骆越人酿酒的香草

原文：郁（鬱），芳草也，十叶为贯，百廿贯筑以煮之为郁。从臼、冂、缶、鬯。彡，其饰也。一曰郁鬯，百草之华，远方郁人所贡芳草，合酿之以降神。郁，今郁林郡也。①

译文：郁（鬱）是香草，十片叶子为一贯，把一百二十贯叶子压实煮后就有了香气。会意字以臼、冂、缶、鬯示意。彡，表示整饰。另一种说法说是郁鬯酒，利用百草的花和远方郁人所贡的香草，混合酿出用来敬神的酒。郁也指现在的郁林郡。

解读：引文出自《说文解字》。此“郁”字本字是繁体字“鬱”，是专为古骆越地所产香草造的字，郁草是骆越人用来造酒曲酿酒的一种香草，“鬱”字的造字示意了做酒曲的过程：用手把糯米放入臼中舂成粉状，再到林中采郁草晒干也舂成粉状和舂好的糯米粉混合放入缶中封好，冂是示意封缶，彡原指用羽毛装饰，这里指收拾好等待酿成鬱鬯酒。“远方郁人”就是远在岭南的古骆越人，郁鬯酒是指用骆越郁草酿制用来祭祖敬神的酒。用郁鬯酒敬祖先是周代王族的礼仪，传说祭祀必须用郁鬯酒祖先才会享用。为什么周王族要用郁鬯酒祭祖敬神？较合理的解释是周王族与古骆越人有血缘关系，古骆越人北迁进入中原与北方的族群融合成华夏族，

① 李恩江、贾玉民主编：《说文解字译述》，441页，郑州，中原农民出版社，2000。

因此周王族保留了古骆越人用郁草制作郁鬯酒祭祖敬神的习俗。据田野调查，如今郁江流域的壮族农村酿制米酒用的酒饼是用一种叫作“棵鬱”（也叫“三十六根”）的草药制作的，用“棵鬱”酿的米酒有一种特殊的香味，是养生的佳品。壮族百岁老人们多喜欢喝这种米酒。或许广西百岁老人占人口的比例居全国第一，壮乡多为长寿之乡，和喝这种米酒有一定的关系。

（二）“郁”也是重要的中药

原文：一方：胻灸伤，胻灸伤者痈，痈溃，汁如糜。治之，煮水二斗，郁一参，术一参，□一参，凡三物，郁、术皆冶，入汤中，即炊汤，汤温适，可入足，即置小木汤中，入足汤中，即□□居□□。践木滑□，汤寒则炊之，热即止火，自适也。朝已食而入汤中，到晡时出休，病即愈矣。①

译文：一方：小腿部灸伤方。小腿部灸伤者化脓痈肿，痈肿破溃，脓水像浓稠的粥一样。治疗的方法是：把水二斗煮开，取郁草三分之一斗，白术三分之一斗，□（此处缺字，药名不详）三分之一斗，共三种药，郁草和白术均（研成粉）整治好，加入热水中，再加火将热水烧开后即从火上取下来，放置到温度适宜，就可以把腿放入热水中，立刻在热水里放一块小木头。让患者把患病的腿放到热水里（此处缺字，文义欠明），并用脚踏着小木头在水里来回地滑动。如果水变凉时就放在火上加热，水太热时就停火，一直要保持温度感到自己合适。每日早饭吃完后开始把患腿伸入热水里，直到晚饭后才停止治疗，就可以把病治好。

解读：“胻”是小腿，“痈”是肿疮，“糜”是像粥一样的脓液，“参”，三分之一斗叫参，“晡”为申时，约为吃晚饭之时。

这是长沙马王堆出土的帛书，著名的《五十二病方》中记载治小腿灸伤的方子。帛书《五十二病方》是现在所知的中国最古老的传统医学方书，成书的年代早于《黄帝内经》，在中医典籍中占有重要地位。从《五十二病方》记载的这个方子中，我们可以认定骆越古地出产的郁草不但成为中原地区酿制郁鬯酒的重要食材，而且也是广泛使用的药材。作为香料和药材的肉桂、郁草进入寻常百姓家，需求量肯定很大，自古骆越地源源不断地北运，运输的线路就成为香料之路、药材之路，这种贸易促进了古代交通线路的形成。

---

① 马继兴：《中国出土古医书考释与研究》下，303 页，上海，上海科学技术出版社，2015。

（三）郁方即古桂林郡

原文：《周礼》郁人掌祼器，凡祭醊宾客之祼事，和郁鬯以实樽彝。郁，芳草也，谓用百草之华，煮以合酿黑黍，以降神香者也。或说今郁金香是也。一曰郁人所贡，因氏郡也。[①]

译文：《周礼》记载：郁人掌管行祼礼的器具。凡祭祀或招待宾客有行祼礼的事，就调和郁鬯来填满樽彝酒器。郁是一种香草，说是用百草的花煮过用来和黑黍混合酿酒，用来作祭祀请神的香料。另有人说郁草就是现在的郁金香。一说郁草是郁林郡人所进贡的，因此作为郡的名字。

解读：引文出自汉代应劭编撰、清代王谟辑录的《地理风俗记》。此书仅存七十六条，王谟分别从《后汉书》《太平寰宇记》等典籍中辑出，历史地理的价值较高。郁人是周朝掌管祭祀的官，祼器是祭祀摆设的祭器，祼礼是公开的祭祖仪式。郁鬯酒是周王祭祖的专用酒，用古贵港所产的郁草混合黑黍酿制。说是不用远方郁人所贡香草酿郁鬯酒，老祖宗的神灵就不降临享用。郁人远方也就是郁方，即古骆越地。甲骨文卜辞有郁方这一地名（《甲骨文合集》206245426 片），说明远在商代前，岭南的古贵港就和中原有密切来往。流经古贵港的河流因此被命名为郁林，即郁江。这也是古贵港汉代后叫作郁林郡的原因。应劭说有人认为郁草就是郁金香，这不正确，郁金香汉代才从古丝绸之路传入中原，周代中原人是不知道郁金香的。

（四）郁林即古郁水

原文：郁水出象郡，而西南注南海，入须陵东南。[②]

译文：郁江源出古象郡，向西南流入南海，流进须陵的东南方。

解读：引文出自《山海经》。古郁水源出古象郡，今郁江的一条重要支流左江就源出十万大山山地和中越边境山地，说明今郁江就是古之郁水。郁江在广州流入南海，但其流向从整体看并非向西南流而是向东北流后再向东南流入南海。为什么会出现这种相反流向的记述？原因就是《山海经》原是图经，左右和东西是相反的，所以才会出现相反方向的说明。

---

① 刘纬毅、郑梅玲、刘鹰辑校：《汉唐地理总志钩沉》上册，21 页，北京，国家图书馆出版社，2016。

② （西汉）刘向、刘歆校订，孙红颖解译：《山海经全鉴》（典藏版），243 页，北京，中国纺织出版社，2016。

“须陵”是什么地方？就是现在广州市的黄埔区。黄埔区古称扶胥镇，在清代设有一个步鹿巡检司。扶胥镇珠江边有一个庙，叫波罗庙，其前的江湾叫黄埔湾，湾中的岛屿叫黄埔岛，岛上有著名的黄埔军校旧址。这些汉语难解的地名都隐藏着骆越后裔重要的记忆信息，因此必须用古壮语即骆越语才能理解其含义。其实“黄埔”中的“埔”，“波罗”中的“波”，“扶胥”中的“扶”，“步鹿”中的“步”，都是骆越祖母王“浦”（意为祖母）的记音字，“罗”是“佬”字的转音，即“大王”之意，“黄埔”和“波罗”就是骆越祖神“祖母王”。“胥”是“城”的意思，“扶胥”就是“祖母之城”。“鹿”即骆越“骆”的另一个记音字，“步鹿”司就是“骆越祖母”司的意思。“黄埔湾”还有一个古名叫“陵波罗”，“陵”意为“湾”或“潭”，“黄埔湾”就是“祖母王湾”。如此，流入黄浦港西南的“须陵”之名就好理解了，“须陵”中的“须”是“胥”的另一个记音字，也是“城”的意思，“陵”是江湾，“须陵”就是“江湾城”古港黄埔。进入须陵的东南部就是流入黄埔港的西南边。有意思的是，古贵港最大的码头所在的江湾也叫“陵罗波”，汉译为“罗泊湾”，也就是“祖母王湾”。大明山下的古“八树”城边也有一个潭，名字也叫“陵罗波”。古郁水就是连通岭南骆越故地“桂林、八树、贲禺”三大城的黄金水道。

郁江还有一条重要支流叫武思江，古贵港到武思江江口的郁江河段叫作香江，古贵港经香江到武思江再到浦北县马江进入合浦县南流江的出海通道是古布山港最便捷的出海通道，武思江源头与马江源头在浦北县寨圩有一段叫作“颠倒江”的古水道相通，浦北县和合浦县在秦代属古象郡，也可认为郁江源出这里的古象郡地。香江（郁江）经武思江、马江通往合浦出海的水道是一条重要的肉桂、朱砂等香料和药材的运输线路。浦北县寨圩“颠倒江”水道附近还一个叫“朱砂街”的古药市遗址，这一带出土了众多的古骆越医药和古文字文物，见证了古骆越时代这一水道的繁荣。

（五）郁江古水道的主要贸易商品是香料

原文：又东南七十里，曰讙山。其木多檀，多邽石，多白锡。郁水出于其上，潜于其下，其中多砥砺。[1]

---

① （西汉）刘向、刘歆编校：《山海经》，103 页，哈尔滨，北方文艺出版社，2014。

译文：再向东南七十里，叫作讙山。山上的树木多为檀香木，山中多硅石，多白色的锡矿。郁江在山上发源，潜流到山下，郁江中盛产磨刀石。

解读：引文出自《山海经》。讙山是古代郁水的一座奇山，它的自然环境有五个特点，一是盛产珍贵香料木檀香，二是盛产硅石，三是盛产白色的锡矿，四是山上的泉水潜流注入郁江，五是周边地区是磨制石器的遗址，多磨刀石。古人类郁江上游符合这五个条件的只有平果县出土著名的古骆越石刻文的感桑村鹅山（也写作雁山）。鹅山壮语叫“岜汉”，“岜”意为山，“汉”和“讙”都是壮语天鹅的音译。鹅山及其周边的地区盛产一种叫作思櫑木的檀香和一种硅玉，旁边就是中国最大的铝矿（白锡）区，鹅山的泉水潜流后流入右江，附近是右江流域最大的古人类石器加工场——苦瓜滩。古人认为郁水发源于讙山，因此郁水的上游右江、邕江也叫讙（驩）水，即“雁江”。

原文：思櫑木生两江州峒，坚，入清水中，百年不腐。峒人及交址以为弓弩、标枪之材，属天下最。①

译文：思櫑木（檀木）生长在左、右江流域的土州和土峒中，很坚硬，浸在清水中，百年也不腐烂。（它是）土峒人和交址人用来制造弓弩、标枪的材料，属于天下之最。

解读：引文出自《岭外代答》。古檀香木思櫑木只产于左、右江流域，是一种珍稀的香料和木材。周朝时北方人喜欢用它作沐浴的香料，因此需求量很大。郁江的上游还是龙脑香和艾纳香等香料的主产区、下游是肉桂和郁草的主产地。古郁水流域的各种香料都沿郁江运到古贵港城集散，然后运向各地。这是郁江名称的由来。宋代的范成大在他的名著《桂海虞衡志》中说“世皆云二广出香”②，就是指历史上广西、广东的这种香料资源情况。古郁水的主要运输物就是香料，因此古郁水也被称为香江。

---

① （宋）周去非撰，杨武泉校注：《中外交通史籍丛刊・岭外代答校注》，292 页，北京，中华书局，1999。

② （宋）洪刍、田渊：《香谱（外四种）》，49 页，上海，上海书店出版社，2018。

四、古布山城“布”字释义

（一）“蒲”是骆越祖母王龙母的名字

原文： 夫人姓蒲，误作“温”。[①]

译文：（龙母）夫人姓蒲，误说成姓“温”。

解读： 引文出自明末清初著名学者屈大均的著作《广东新语》。龙母信仰是珠江流域最重要的民间信仰，流域内各重要城镇几乎都有龙母庙。如广西贵港罗泊湾龙母庙、藤县北流江口的龙母庙、梧州桂江口的龙母庙、广东德庆悦城河口的龙母庙等。龙母虽是珠江流域民间最著名的神祇，但民间对其家乡、姓氏、名字却有不少争议，传说最广的说法称她是广西藤县北流江口全曾村人，姓温。这一说法曾引起不少学者的质疑。龙母既然是全曾村人，那么，为什么全曾村人全姓曾而龙母却姓温？屈大均对此做了深入调查，终于发现龙母原来姓“蒲”，说她姓“温”是错误的。近年来骆越文化研究取得了突破性的进展，证明了龙母文化的发祥地在广西大明山地区，龙母是古骆越人的祖母王。“蒲”在古壮语中意为“祖母”。屈大均的说法在当时应当最接近历史的真实。

（二）“浦”“波”“布”是大明山地区龙母文化的“密码”

原文： 龙母江又名龙马江，在县南三里，源出高眼山。[②]

译文： 龙母江又名龙马江，在（上林）县城南边三里的地方，源头出自高眼山。

解读： 引文出自广西壮族自治区通志馆编的《广西方志提要》。龙母江就是在上林县城附近流入清水河的明亮河，也叫巷贤江，它的上源叫大庙江。大庙就是龙母庙，因此这一水系也叫龙母江。大明山地区是龙母文化的发祥地，因此许多发源于大明山的河流都以龙母江、临浦江、宝江或浮江为名。“浦”“宝”“浮”都是古壮语“祖母”的意思，也就是古骆越后裔民族尊崇的始祖王龙母。清水河也叫临浦江，即龙母江，它向北流入红水河，在河口处的迁江有著名的龙母庙。向东流入郁江的宝江也是龙母江，在贵港的江口处也有著名的大王庙即龙母庙。“浦”字是龙

① （清）屈大均撰，李育中等注：《广东新语注》，188页，广州，广东人民出版社，1991。

② 广西壮族自治区通志馆编：《广西方志提要》，88页，南宁，广西人民出版社，1988。

母文化的“密码”。

原文：罗波城，县东四十里。正统中土官岑瑛筑石城于此。中有罗波潭，因名。[1]

译文：罗波城，在（武缘县）城东边四十里的地方。明代正统年间土官岑瑛在这个地方修筑石头城。中间有罗波潭，城因此而得名。

解读：引文出自清代顾祖禹编撰的《读史方舆纪要》。顾祖禹是清代著名的地理学家，常州府无锡县（今江苏省无锡市）人。他一生不仕，专心于著书。《读史方舆纪要》是他倾注三十年心血写成的中国地理巨著，全书130卷280多万字，内容主要分述各府州县的四至八到、建置沿革、方位、古迹、山川、城镇、关隘、驿站等。全书考订精详、结构严谨，是我国地理学的扛鼎之作。《读史方舆纪要》对明代大明山地区的兵防要寨记述较详，罗波城是防御体系的中心。作者认为罗波城是明代著名土官岑英建造，但是根据罗波城周边众多的商代墓葬遗址分析，罗波城远在商周时代就已经成形。罗波城边有深达46米的罗波潭，罗波潭边的古庙就是著名的骆越祖庙罗波庙，罗波庙供奉骆越始祖王龙母。“罗波”的“罗”字也写作“佬”，在壮语中意为大王，“波”也写作“浦”，意为祖母。罗波城就是祖母王城，罗波潭就是祖母王潭，罗波庙就是祖母王庙。“波”字，也是龙母文化的“密码”。

原文：上林博邪山、罗富山……以上皆郡邑之山水也。[2]

译文：上林县的博邪山、罗富山……以上各山都是澄州境内的山水。

解读：引文出自宋代乐史编撰的《太平寰宇记》。《太平寰宇记》是北宋初期中国地理志书，全书记述宋朝的疆域版图，广泛引用历代史书、地志、文集、碑刻、诗赋以及仙佛杂记等，计约二百种，且多注明出处，保留了大量珍贵的史料。《太平寰宇记》记载大明山叫“博邪山”，“博邪”是古壮语的记音字，“博”也写作“波”或“布”，意为“祖母”，“邪”也写作“琊”或“娅”，在古壮语中也是“祖母”的意思，“博邪山”就是“阿婆祖母山”。大明山也叫作“琅琊山”，“琅”意为“王”，“琅琊山”意为“阿婆王”山。大明山的主峰叫“龙头山”，也叫“昆仑”，意为天柱，因为秃尾龙把它的养母龙母葬在山上，因此也叫龙母山，壮语叫

---

① 《边疆史地文献初编》编委会编：《边疆行政建制初编·西北及西南》卷十三，477页，北京，知识产权出版社，2011。

② （宋）乐史：《太平寰宇记》卷一百六十二，南京，金陵书局，清光绪八年刊本。

“岜布”即“布山”。

原文：博邪山亦曰镆铘山即大明山之东南出者，故今县城南亭亮圩一带犹曰镆铘乡。[1]

译文：博邪山也叫作镆铘山，就是大明山向东南延伸的山，因此如今上林县城南亭亮圩一带还叫作镆铘乡。

解读：引文出自清代黄诚沅编撰的《上林县志》。黄诚沅是武鸣县人，曾任云南省测绘边防界务要员、南安州知州等官职，后回广西任教职，著作有《隆安县志》《上林县志》《武缘县图经》等，是壮族著名的历史地理学家。据他考证，博邪山也叫作镆铘山，是大明山东南向的一段，上林县镆铘乡是镆铘山的文化遗存。

原文：龙母山在南山右。[2]

译文：龙母山在宾州（今宾阳县）南山的右边。

解读：引文出自明代郭棨纂修的《宾州志》。宾阳县三国时称临浦县，“临浦”即龙母江，宾阳县遗存的龙母地名较多，县郊的南面有龙母山，县城有临浦街、新桥镇有临浦村等。

（三）古桂林郡“布山”之“布”字、“宝江”之“宝”字、“浮山”之“浮”字、“罗泊湾”之“泊”字都是大明山地区龙母文化标志“浦”的克隆版

原文：龙头山，六班山，在北山里，县北即北山之支山。绵亘百余里，富银矿。清嘉庆间封禁，光绪间开放。[3]

译文：龙头山，六班山，在北山里区域，（贵）县北面即北山的支脉山。绵延百多里，富产银矿。清代嘉庆年间官府封掉禁止开采，光绪年间开放采挖。

解读：引文出自清代欧仰义编撰的《贵县志》。“龙头山”是大明山的主峰，古代叫“博邪山”，壮语叫“岜娅布”即“布山”，意为“阿婆山”，传说龙母葬于此

---

① （清）黄诚沅：《上林县志》卷一，11页，台北，成文出版社，1968。

② （明）郭棨：《宾州志·山川七》卷八，北京，中国书店，1992。

③ 欧仰义等修，梁崇鼎等纂：《贵县志·地理诸山》，见《中国地方志集成·广西府县志辑》，27页，南京，凤凰出版社，2014。

山。贵港的"龙头山"岩洞中也有龙母葬于岩中的传说，也有"布山"的县名，显然贵港的"布山"是大明山"布山"的克隆版。

原文：宝江，在县西一里，一名浮江。至县城西汇于郁。又名鲤鱼湾。宝江在州西二里，即俘江水，见舆地纪胜。（按："俘江"疑"浮江"之误。）①

译文：宝江，在贵县城西面一里处，另外一个名称叫浮江。流到县城西面和郁江汇合。汇合处又叫鲤鱼湾。宝江在贵州（今贵港）城西面二里处，即俘江水，见《舆地纪胜》记载。（按：俘江疑是浮江之误。）

解读：引文出自清代欧仰义编撰的《贵县志》。县志说"宝江，在县西一里"，《舆地纪胜》说"宝江在州西二里"。这说明古贵县县衙和古贵州州衙不在同一地方。大明山地区有"临浦"也就是"浦江"（龙母江）。贵港的"宝江"中的"宝"字在粤语中读如"浦"，实际上也是"浦江"（龙母江）。"浮江"或"俘江"都是"浦江"（龙母江）的转音记法。大明山龙头山下有"罗波潭"，潭边有龙母庙；贵港城南的郁江有"罗泊湾"，湾边也有一个龙母庙。贵港的地名与大明山地区的地名对应如此整齐，说明贵港有深刻的骆越文化基因。

原文："秦时已并天下，略定扬越，置桂林、南海、象郡"条下注：桂林——秦郡名，郡治布山，即今广西贵县。②

译文："秦国当时已兼并天下，攻略平定杨州以南的百越，设立了桂林郡、南海郡、象郡"条下注：桂林——秦朝时设的郡名，郡治在布山，即如今的广西贵县（今贵港）。

解读：引文出自韩兆琦评注的《史记》。韩兆琦长期担任北京师范大学中文系教授，为史学大师陈寅恪先生的再传弟子。他所评注的《史记》被史学界认为是所有《史记》评注中的最佳版本。值得注意的是，他认为古桂林郡治布山是如今的贵港城区，这在近代各家著作多力主古桂林郡治在桂平的论调中确实不同凡响，贵城遗址的发现最终证明韩兆琦的观点是正确的。

---

① 欧仰义等修，梁崇鼎等纂：《贵县志·地理诸山》，见《中国地方志集成·广西府县志辑》，36页，南京，凤凰出版社，2014。

② （汉）司马迁撰，韩兆琦评注：《史记评注本》第三册，1535页，长沙，岳麓书社，2012。

（四）“浦”的地名是古桂林郡出海通道的重要文化标志

原文：又翻车岭，在县北二十五里，龙母江之源也。山路崄巇，两崖阴翳。①

译文：又有翻车岭，在（兴业）县城北面二十五里的地方，是龙母江的源头。山路险峻，路两边悬崖的树林茂密成荫。

解读：引文出自清初地理学家和学者顾祖禹记述古代中国历史地理、兵要地志的专著《读史方舆纪要》。他所记载的“翻车岭”是古贵港城区通往古玉林城区的重要车道，因为山路险窄，过往的马车经常翻车，故名“翻车岭”。“翻车岭”是龙母江的源头，龙母江在这里向西流入郁江，它的上游叫上鸣水。“龙母江，又名山心江，瓦塘江在贵港市境内，为郁江一级支流。有三源：一出龙安乡柑子塘（称白马江），经山心镇龙江至鸣水汇上鸣水江；二出石南镇六联村（称鸣水江），经石鼓塘至山心镇鸣水村汇白马江，经山心圩至龙母桥汇罗田江，称龙母江；三出石南镇葵山西风坳（称罗田江），经山心镇水察塘、罗田至龙母桥汇龙母江。”② 这说明瓦塘江和它上游的龙母江是重要的古水道，经过翻车岭有一条重要的古车道。

原文：上鸣水在县北二十里，源出葵山，中多巨石，渐折而西，绕县北翻车岭下，名曰龙母江。③

译文：上鸣水在兴业县城北面二十里的地方，发源在葵山，江中多巨大的石头，江水缓慢地折向西，绕县城北面的翻车岭下流，名叫龙母江。

解读：引文出自广西壮族自治区通志馆编的《广西方志提要》。上鸣水实际上发源于葵山，下行流入龙母江，即瓦塘江。瓦塘江西流注入郁江。从贵港城区宝江江口经瓦塘江口到港南区湛江镇再到兴业县山心镇的水道是重要的古水道。古郁平县城就位于湛江镇古城村，湛江镇到山心镇的水道有龙母桥村的地名，龙母桥村是一个水道驿站，这些地名都见证了当时古道的繁华。山心龙母江到福绵江的上游下鸣水之间的地域湿地河汊密布，估计古代这里可能有水道相通。骆越古水道的一个重要的特点是沿途多龙母“浦”的地名。瓦塘江古称龙母江说明它本身就是一条重要的水道。

---

① （清）顾祖禹：《读史方舆纪要》，4430页，北京，中华书局，2005。
② 玉林市土地管理局编：《玉林市土地志》，65页，南宁，广西美术出版社，1997。
③ 广西壮族自治区通志馆编：《广西方志提要》，320页，南宁，广西人民出版社，1988。

原文：兴业州西，少北。南有铁城山。北有翻车岭，龙母江出焉，下流入南流江。①

译文：兴业县在郁林州的西面稍微偏北的方向。兴业县南面有铁城山，北面有翻车岭，龙母江在这里发源，向下流入南流江。

解读：引文出自清代张廷玉等编撰的《明史》。在二十四史中，《明史》以编纂得体、材料翔实、叙事稳妥、行文简洁为史家所称道，是一部水平较高的史书。张廷玉，安徽桐城人，为清代康熙朝与雍正朝的重臣，曾任《明史》的总裁官，即总编辑。清代中期对全国的江河源流已进行了较深入的勘查，《明史》记载龙母江在翻车岭发源，向下流入南流江应有所本。这证明发源于翻车岭（属葵山山脉）的福绵江也叫龙母江。实际上南流江也叫“浦江”（龙母江），它沿江的有许多“浦”的地名，如“博白”（意为浦江口），合浦（意思是浦江与海会合的地方）。从贵港经由瓦塘龙母江到山心再到福绵（山心有古河道连接）沿南流江到合浦的水道是古桂林郡出海最近的通道。这条出海大通道主要物流为盐、药材和香料。瓦塘江口至贵港城区的郁江河道因为香料在此转运和集散，被称为“香江”。福绵凭借这条古水道成为全国著名的盐埠。古福绵盐都的繁华在后人的记载中也可窥见其一斑：“船埠位于玉林福绵镇南，为著名古商埠……北部湾所产的生熟盐巴、咸鱼海味等几乎都经船埠输入内地，内地产品由此中转，运至北部湾沿海各地。船埠街有五个码头，可同时停泊千艘盐船。第一个码头在街东端丘左臣盐铺西侧，二十余级青石阶直通江边。街西端江岸处是第五个码头，也是船埠最大的码头，这里水面宽阔，江湾平缓。当时船埠是帆樯林立，商贾如云，有大小盐庄数十家。”②

从古贵港到古贲禺的出海通道沿途也有古骆越龙母“浦”文化的深刻印记。西江和珠江的主要水口码头几乎都建有龙母庙，骆越人迁到了广东佛山，就把南面的山叫昆仑山，在江边修了黄岐龙母庙。这里也是掘尾龙葬母传说故事的流传地。骆越人迁到广州，就把珠江和东江交汇的河湾叫“黄埔湾”，在旁边修了波罗庙，意为祖母王庙（官方叫南海神庙），庙的后山也叫龙头山，庙附近的镇叫扶胥镇，“扶”是龙母神“浦”字的同音异形字，“胥”和“思”皆为古壮语“城”的意思，“扶胥”意为“龙母城”。这里也是掘尾龙葬母传说故事的流传地。波罗庙的民间活

① （清）张廷玉：《明史》第四册，1153页，北京，中华书局，1974。

② 王仁湘、张征雁：《中国滋味：盐与文明》，130页，沈阳，辽宁人民出版社，2012。

动也带有深刻的骆越文化印记，波罗庙的吉祥物是鸡，庙里供铜鼓，祭祀“昭灵”夫人，庙会以歌圩闻名，男女对歌之盛如武鸣罗波庙歌圩，因此广州民间有“第一游波罗，第二娶老婆”的谚语。广州的“黄埔湾”“波罗庙”与贵港的“罗泊湾”龙母庙可以说是血脉相连。

第二章　古桂林郡在先秦时代是经济富足地区

在许多古籍中，岭南的骆越故地被描绘成蛮荒之地，如《楚辞·招魂》就夸张地唱诵："魂兮归来！南方不可以止些。雕题黑齿，得人肉以祀，以其骨为醢些。蝮蛇蓁蓁，封狐千里些。雄虺九首，往来倏忽，吞人以益其心些。归来归来！不可以久淫些。"①《水经注》也说"裸国，徐狼，外夷皆裸身。男以竹筒掩体。女以树叶蔽形。外名狼腨"。②"徐狼"就是古十万大山周边地区，十万大山的主峰就叫"莳良"（"徐狼"的另一音译），古壮语意为祖王之山。"狼腨"在古壮语中意为"裸露"，如今的粤语还有"打狼腨"一词，意为"打赤膊"。历史事实证明，这些古籍的记述完全是无知妄言。古桂林郡在先秦时代就是水事发达、货物充盈、贸易昌盛之地。

一、古桂林郡是骆越地

（一）"陆梁地"（岭南）是古骆越王族之地

原文：三十三年，发诸尝逋亡人、赘婿、贾人略取陆梁地，为桂林、象郡、南海，以適遣戍。③

译文：（秦始皇）三十三年，征派各地曾逃亡的人、上门入赘的男子、经商的人攻取骆越地，建立桂林、象郡、南海三郡，征派逃亡的人防守。

解读：引文出自司马迁的《史记》。这条史料讲述了桂林郡设立的由来。显然，秦始皇派遣攻打岭南的兵丁都是地位低下的人。文中的"陆梁地"千古以来聚讼纷纭，有说是强梁之地的，有说是山谷和山梁之地的，实际上"陆梁地"的意思很简

① （战国）屈原撰，亦文注：《楚辞》，157 页，北京，中国画报出版社，2014。
② 任松如编：《水经注异闻录》，299 页，上海，启智书局，1923。
③ （西汉）司马迁：《史记》上，57 页，长春，吉林大学出版社，2015。

单，“陆”粤语读如“骆”，是“骆”字的另一记音字，“梁”通“郎”和“良”，是古骆越语“王”的意思。壮族著名古籍《布洛陀经诗》记载：古代曾发生过“淹到云彩”的洪水，许多高山都被淹没了，只有“郎老”坡和“郎汉”家等少数地方没有被淹，这里“郎老”和“郎汉”中的“郎”（同“郎”）字在古壮语中的意思就是“王”，“郎老”的意思就是“大王”，“郎汉”的意思就是“天鹅王”，大明山地区流传的古师公经诗就有“唱公郎”的篇章。“郎”作为地名后来写作“良”“梁”，如“大良”意为“王之地”、十万大山的主峰叫“莳良”，意为“祖王”峰。实际上“陆梁地”的意思就是“骆越王族之地”。这里透露了一个很重要的信息，就是桂林、象郡、南海三郡是骆越王族之地，整个岭南地域都是骆越之地。

原文：大良与僮同类，而性稍异，有户口版籍，较民更淳，喜输租税。人至其家，不问识否，辄具牲醴饮啖，久敬不衰。①

译文：“大良”族群和“僮”（即现在壮族）族群是同一族类，但性情稍有差异，“大良”族群有户口并记入官家的户籍，较汉族民众更加淳朴，喜欢交租税。客人到了他们家，不管认识与否，一来就置办肉菜和甜酒吃喝，敬客热情经久也不减退。

解读：引文出自明代邝露所著的《赤雅》。邝露是广东南海县人，年轻时失意于功名，后游历广西各地，撰写了《赤雅》一书，记录了明末广西各地的地理历史和风土民俗，被誉为明代的《山海经》，影响较大。据邝露介绍，明代广西普遍有一种名叫“大良”的壮族人，他们有户籍，纳粮交租，与居住于山弄中没户籍的壮族人性情不大相同，特别善良好客。这类的壮族人群实际上是属于土司管辖的壮人，汉族民众叫他们为“俍家”人，“俍家”的兵丁叫“俍兵”，也写作“狼兵”。如今的贵港、宾阳等地的汉族人依然称呼壮族人为“俍家”。“大良”的“大”字意为“地”，“大良”意为“王族之地”。据民国著名的广西容县籍民族学家徐松石考证：

> 古时这黄泰或大皇族，在两广很占势力。现时存留在两广的大良地名仍多。广东顺德有大良，广宁也有大良村和大良水。广西来宾有大良，都安有大良，罗城有大良，融县也有大良墟。还有许多大良，不能一一枚举。甚至湖南辰溪，也有一个大良冲。

---

① （明）邝露撰，蓝鸿恩考释：《赤雅考释》，14页，南宁，广西民族出版社，1995。

> 经过久远年代，有许多大良地名只留下一个良字。例如南海有良村，番禺有九良峒，顺德有良村，新会有良都，三水有良冈，广宁有良田，清远有良湾，乐昌有良坑峒，归善有良村约，博罗有安良村，新兴有良峒，恩平有良墟塘，鹤山有良庚村，德庆有良义，阳江有良村，茂名有良村，信宜有良峒村，化县有良塘，石城有那良塘，合浦有百良山，灵山有那良山，郁南有鸡良，连州有良江甲，始兴有良下，钦州有那良，防城有那良墟，桂林有良丰墟，灵川有东良界，龙胜有良村，柳江有良村，雒容有良陆，罗城有良勇，柳城有良冲，怀远有良霜，来宾有良江墟，融县有良老墟，天河有坂良，南丹有良马，思恩有良峒墟，武鸣有良墟，宾阳有良村，迁江有良村，上林有良塘，百色有良集，贺县有下良，苍梧有思良，藤县有良峒，容县有良村墟，岑溪有良人峒，玉林有良坡，北流有良冲，陆川有良河，桂平有广良，平南有良旺，贵县有公良，武宣有良村，永淳有良村，养利有平良墟，镇边有良面墟。这一大堆良字的地名，古时都是大良族或泰皇族的地方。(良字有时改用梁字)①

徐松石所列“良”字的地名，遍布岭南各地，并且他考证，“大良”就是“王族地方”的意思，“良”字有时改用“梁”字。徐松石的考证，也证明了秦时所指的“陆梁地”就是“骆越王族”之地。

（二）岭南的西瓯即骆越地

原文：汭，水口也。音芮。西瓯毒屋石野之间曰穆。西瓯，骆越别种也。音呕，其馀皆未详所在。②

译文：“汭”是水口。读音为“芮”（ruì）。西瓯、毒屋、石野之间的地方叫水口“汭”为“穆”（mù）。西瓯，是骆越的分支。“瓯”读音为“呕”（ōu），其余叫“毒屋”“石野”的地方都不知具体在哪里。

解读：引文出自汉代扬雄所撰、晋代郭璞所注的《方言》。扬雄是汉代著名的辞赋家和语言文字学家，所撰的《方言》记录了汉代时各地的方言，对古代汉语研

---

① 《壮学丛书》编委会编：《徐松石民族学文集》，277~278 页，桂林，广西师范大学出版社，2005。

② （汉）扬雄撰，（晋）郭璞注：《方言》，734 页，长沙，岳麓书社，1993。

究有重要的学术价值。郭璞用晋代通行的语言来注释《方言》，也记载了许多重要的历史信息。如此条西瓯是骆越分支的记载就被后世多家学者所引用，影响较大。笔者认为，扬雄生活的年代距骆越方国的年代不远，他所记载的信息应该比较可信。

这一引文明确指出，西瓯这一族群出自骆越，是骆越的“别种”即一个分支部落的名字。西瓯既然为骆越分支部落的名字，毒屋和石野也应该是骆越分支部落的名字。这三个骆越分支部落在水口附近，广西著名的江口有平乐县漓江、茶江、荔江汇合的江口，梧州桂江与西江汇合的江口，还有桂平黔江、郁江汇合的江口，贵港宝江与郁江汇合的江口，南宁左江与右江汇合的江口等。这些江口都有可能是西瓯、毒屋、石野之间的江口。对比起来，贵港宝江与郁江汇合的江口较有可能是《方言》所说的叫“穆”的水口。在骆越故地郁江流域每一个两河交汇的河口，一般都建有大王庙或龙母庙，供奉的主神有三位，一位是“佬浦大王”（“佬”意为大王，“浦”意为“祖母”，也叫龙母），一位是“都目大王”（“都”意为“大门”，“目”意为水口，“都目”意为江门水口），一位是“灵郎大王”（“灵”意为深潭，“郎”意为王子，“灵郎”意为深潭大王）。“目”和“穆”古壮语音义相同，都是“水口”的意思。贵港宝江与郁江汇合的江口处就有一个历史悠久的大王庙遗址，所供奉的主神就是这三位大王。另外，贵港城区北面有“地瓯”的地名，西北面覃塘镇、黄练镇、蒙公乡一带的义山废县据顾祖禹辑著的《读史方舆纪要》记载：“县有乌浒夷巢”①，也就是有古乌浒人的大本营。郁江南面据《山海经》记载：“伯虑国、离耳国、雕题国、北朐国皆在郁水南。”②“西瓯”就是“地瓯”，“毒屋”是“乌浒”的转音记法，“石野”很可能是“伯虑”的转音记法。“西瓯、毒屋、石野”这三个部落都是古骆越人的“别种”即分支部落。因此历代古籍所记载的古贵港是“西瓯骆越地”指的就是同一个族群不同部落世居的地方，如果“西瓯”和“骆越”分别为两个方国的两个不同的族群，那么古贵港城就不可能同时是“西瓯骆越地”。

原文： 西瓯即骆越也，言西者以别东瓯也。③

译文： 西瓯就是骆越，说它是“西”是用来和“东瓯”相区别。

---

① （清）顾祖禹：《读史方舆纪要》，4439 页，北京，中华书局，2005。

② （汉）刘向、刘歆编，程秀波注释：《山海经》，252 页，沈阳，万卷出版公司，2011。

③ （汉）班固：《汉书》下，2762 页，上海，上海古籍出版社，2003。

解读：引文出自唐代颜师古所注《汉书》中的《西南夷两粤朝鲜传》，“佗因此以兵威财物赂遗闽越，西瓯骆，役属焉”条下。《汉书》又称《前汉书》，是我国第一部纪传体断代史，由东汉史学家班固编撰。全书主要记述了上起西汉的汉高祖元年（公元前 206 年），下至新朝王莽地皇四年（公元 23 年）共 229 年的史事。颜师古是唐代著名的经学家、训诂学家、历史学家，颜师古的《汉书》注本，汇集汉魏以来 23 家注释，纠谬补缺，多所阐发，在文字、音韵、训诂、考证以及其他相关方面，都有很高的价值，因之成为《汉书》最详、最好的注本。

颜师古说：“西瓯即骆越”是经过认真考证的，他认为“西瓯”是地名，“骆越”是族名，两者是同一的，这很有道理。“瓯”字是古壮语“我”（gou）的借音字，“我”字在古汉语中写作“吾”，“五”为形旁，“口”为声旁，古音也读如“瓯”字，后音转为“吾”。如今贵港、宾阳的汉方言仍然把“五”字读如“瓯”字。“西瓯”的“西”字在古壮语中也是地名字，是古壮语“地”（deih）字的转音，并非方位词“西”。如贵港根竹镇的新民村壮语名就叫“西瓯”，意为“我们的地方”。“西瓯”是古骆越人对“我们的地方”的自称，古西瓯地就是古骆越地。分子人类学已确认中华民族的骆越遗传基因起源于广西南部，随着文明的发展向四周扩张。古岭南称“陆梁地”和“西瓯”都是指“骆越之地”。

原文：贵州，郁平县，汉广郁地，属郁林郡，古西瓯骆越所居，后汉谷永为郁林太守，降乌浒人十万，开置七县，此郁林县也，在郁江之左。①

译文：贵州（今贵港）郁平县，汉代是广郁县地，属郁林郡，古代是西瓯骆越人的聚居地，后来汉代谷永任郁林太守，招降了乌浒部族十多万人，开设了七县，这是其中的郁林县，在郁江的左岸。

解读：引文出自宋代著名文学家和地理学家乐史所著《太平寰宇记》卷 166，贵州条下。《太平寰宇记》是一部著名的历史地理总志。全书 200 卷，约 130 余万字，是继唐代《元和郡县志》以后的又一部采摭繁富的地理总志。该书对全国各州县的山川形胜、历史沿革、风俗、物产、人物和艺文等，都有较详细的记载。乐史认为宋代的贵州（今贵港）在汉代之前的古代就是西瓯骆越人的聚居地。郁林县治在郁江左岸，这个县治不可能既是西瓯国的地盘又是骆越国的领地，因此这里所指

---

① （宋）乐史：《太平寰宇记》卷一百六十六，上海，商务印书馆，1936。

的“西瓯骆越”是同一个部族也是同一个方国，也就是唐代颜师古所说的“西瓯即骆越”。也有学者认为“乌浒”一词急读即为“瓯”字，“乌浒”部族就是“西瓯”人，实际上这是古汉语与古壮语的同源字“吾”字的转音记法。“吾”古汉语读音为“ngou”，读如“瓯”字或“偶”字，后来元音“o”失落音变为“ngu”，读如“梧”字或“乌”字。这“乌浒”两字意思也是“我们”的自称。郁江沿岸的语言调查也支持这一观点，这一带许多地方的壮语、平话、土白话都一致将“一、二、三、四、五”中的“五”字读为“ngou”音，读如“瓯”字或“偶”字。这说明历史上的“西瓯”“苍吾”“骆越”都为同一部族。

原文：贵州。【县名】郁林。【沿革】古西瓯骆越之地。汉武为郁林郡。吴立阴平县。晋武改为郁平县。唐置南尹州，又改为贵州，又更为怀泽郡，复为贵州。又改为贵州，又更为怀泽郡，复为贵州，宋因之。①

译文：贵州（今贵港），县名为郁林。历史沿革是古代西瓯骆越人之地。汉武帝时立为郁林郡。三国时吴国设立阴平县。晋武帝时改为郁平县。唐代时设置南尹州，又改名为贵州，后又更名为怀泽郡，再改回贵州，宋朝因袭这一名称。

解读：引文出自元代重要的地理著作《大元混一方舆胜览》。《大元混一方舆胜览》又名《圣朝混一方舆胜览》。全书 3 卷，作者不详，约成书于至元二十四年至二十七年（公元 1287—1290 年）。该书记录《元一统志》所载的各直隶省郡、道、路、府、州、县的山川人物、沿革本末，其中记载了不少珍贵的历史信息。《元一统志》久已散佚，研究考证元朝的地理建置都只能依靠这部著作。

这条史料告诉我们，从汉代、三国、晋、唐到宋、元，学者无不认为古贵港是古代西瓯骆越人之地。从“桂林郡”的“肉桂”到“郁林郡”的“郁草”，从“郁水”源头的“檀香”到骆越的“香菌”，古贵港都蕴含着一种芳香的文化基因，从“桂”到“贵”，从“和为桂”到“和为贵”，都是骆越先祖留传给贵港市重要的文化遗产。

---

① （元）刘应李原编，詹有谅改编，郭声波整理：《大元混一方舆胜览》，703 页，成都，四川大学出版社，2003。

二、古桂林郡是水事发达地区

（一）古桂林郡是水道密布的交通发达之区

原文：郁林郡，故秦桂林郡，属尉佗。武帝元鼎六年开，更名。有小溪川水七，并行三千一百一十里。莽曰郁平。属交州。户万二千四百一十五，口七万一千一百六十二。县十二：布山，安广，阿林，广郁，郁水首受夜郎豚水，东至四会入海，过郡四，行四千三十里。中留，桂林，潭中，莽曰中潭。临尘，朱涯水入领方。又有斤员水。又有侵离水，行七百里。莽曰监尘。定周，水首受无敛，东入潭，行七百九十里。增食，欢水首受牂牁东界，入朱涯水，行五百七十里。领方。斤员水入郁。又有墧水。都尉治。雍鸡。有关。①

译文：郁林郡，原是秦朝的桂林郡，属赵佗的南越国管辖。武帝元鼎六年开边设立，是桂林郡更名。郡内有小溪河水七条，流经三千一百一十里。郁林郡王莽主政时改称为郁平郡，属于交州。有户口一万二千四百一十五户，有人口七万一千一百六十二人。郁林郡辖有十二个县：布山县，安广县，阿林县，广郁县等。郁水源头首先汇入夜郎的豚水，向东流至四会县后，汇入大海，流经四个郡，流程四千零三十里。郁林郡还有中留县、桂林县、潭中县，（潭中县）王莽主政时改名称为中潭县。还有临尘县，县内有朱涯水汇入领方县，还有斤南水，还有侵离水，流纪七百里，王莽主政时改称监尘县。还有定周县，定周县的河水首先接纳无敛水，向东流汇入潭水，流经七百九十里。郁林郡还有增食县，县内的欢水首先接纳牂牁县东界的河水，汇入朱涯水，流经五百七十里。还有领方县，县内有斤南水汇入郁水，还有墧水，县内设有郡都尉治所。还有雍鸡县，县内设有关口。

解读：引文出自汉代班固所撰《汉书·地理志》。《汉书》前已做介绍，其中的《地理志》记录了当时的郡国行政区划、历史沿革和户口数字，还记载了有关各地的物产、经济发展状况、民情风俗等，有较高的学术参考价值。

汉代郁林郡的范围很大，它的首县是布山县，就是现在的贵港城区。安广县是现在的横县，阿林县是现在的桂平市，广郁县位于现在的凤山县境内，中留县在现在的武宣县境内，桂林县在现在的象州县境内，潭中县在现在的柳州市城区，临尘

① （汉）班固撰，王继如主编：《汉书今注》（二），953页，南京，凤凰出版社，2013。

县在现在的龙州县境内，定周县在现在的宜州市境内。增食县包括现在的隆安、平果、田东、田阳四县，领方县包括现在的宾阳县和南宁城区，雍鸡县在现在的龙州县境内。郁水即右江、邕江、郁江。朱涯水即黑水河。斤南水即左江。侵离水，即今明江。定周水即龙江。潭水即今融江、柳江、黔江。讙（欢）水即右江。橋水下游即今清水江。可见古桂林郡除了广西南部流入北部湾的钦江、南流江等小流域外西江流域的大部分地区都属于古桂林郡范围。古骆越地以稻作生产为其主要经济支柱，稻米的主产区为郁江平原、珠江三角洲和今属越南的红河平原。这三大稻米产区也是古骆越地主要的人口分布区，连接这三大区的交通水道郁江、西江和左江就成为当时最重要的黄金水道。古骆越人在这里制造了当时世界最先进的双体船和铜船，开辟了世界最早的海上航线，是世界航运文明的先驱。

（二）骆越国都城可能是古贵港城

原文：骆越国（一说都今广西贵县，一说都今越南东京河内）。①

译文：骆越国都城，一说是现在的贵县（贵港），一说是现在的越南东京河内。

解读：引文出自民国时期岭南著名的民族学家徐松石所著的《泰族僮族粤族考》。徐松石，容县籍，是我国民族文化研究的先驱。他学富五车，稔熟先秦的各种古籍，因此他对骆越古都城的分析就非常值得重视。他把古贵县（今贵港）作为骆越古都城的首选是很有见地的。骆越时代岭南有八树、桂林、贲禺三大城，只有八树城和桂林城位于岭南的中心地带，有可能是骆越古国的都城。贲禺位于岭南的东缘，越南河内位于岭南的南端，贲禺、河内都不可能是骆越古国的都城。八树城意为祖山城，这里发现了岭南商周时代最大的古骆越墓葬群，证明它是骆越古国最早的都城。桂林城是古贵港城，这里有先秦时代最大的墓葬群，也发现了汉代前的城址遗址。因此，战国至汉代时骆越国的都城最有可能是古贵港城。

三、古桂林郡是古骆越稻作文化的重要中心

（一）古贵港是位居第一位的骆越稻作文化中心

原文：Buenzgujcauhyienzcauh，

① 壮族丛书编委会编：《徐松石民族学文集》，346页，桂林，广西师范大学出版社，2005。

Cauhguhhaeuxcingzbiengz.
HaeuxyouqbaihYiengloz,
HaeuxyouqboNgauzsan,
HaeuxyouqranzLangzhan,
HaeuxyouqngamzCoumi.①

译文：盘古造万物，
造谷供养天下人。
谷子在香炉那边，
谷子在遨山坡上，
谷子在郎汉家里，
谷子在州眉坳上。

解读：引文出自壮族著名古籍《布洛陀经诗》中的第三章《赎谷魂经》。《布洛陀经诗》是壮族重要的历史古籍，保存了许多远古历史的追叙和记忆。其中的《赎谷魂经》讲述了远古稻作的历史。文中“盘古造万物”是神话传说，不是信史。后面所叙述的四个地名可视为骆越时代稻作文化中心的记忆。第一重要的骆越稻作文化中心叫“香炉”，它在哪里呢？“香炉”读音为“yanglo”，是古骆越语的记音地名，意为“骆越剑”。据考证，“香炉”是贵港市区西北面的龙头山，当地的汉语方言地佬话和当地的壮语都称之为“香炉”（yanglo）。经书指出“香炉”那边是位居第一的稻作文化中心。骆越稻作第一大生产区是孕育骆越大城的重要物质条件。另外的三个稻作文化重要中心分别为“遨山坡”“郎汉家”“州眉坳”。“遨山”即遨婆坡（花婆山）所在的来宾平原，“郎汉”意为“天鹅大王”，他的家即大明山地区，“州眉”意为“母王”，即隆安稻神山所在的右江河谷。

古贵港成为稻作起源的重要中心是由其自然条件决定的，栽培稻是由野生稻选育出来的，稻作起源地也应该是野生稻分布的中心区。1978 年至 1981 年我国组织了全国最大规模的野生稻种资源调查。据陈成斌、杨庆文报道，当时由广西农业科学院主持，广西农学院、广西农校、广西植物研究所和各地（市、县）农业局、农科所参加，组织了 188 个单位 4057 人参加野生稻普查考察，共普查了广西境内 85 个县市 820 个公社 3671 个生产大队，“发现了广西大面积的野生稻原生地，其中野

① 张声震主编：《布洛陀经诗》，276~278 页，南宁，广西人民出版社，1991。

生稻覆盖面积达50亩以上的有17处，百亩以上的有10处。当时世界上最大面积的野生稻原生地位于贵县（今贵港市）新塘公社塘岸大队麻柳塘，总面积为466.3亩，野生稻覆盖面积达419.4亩”①。贵港是当时世界上最大面积的野生稻原生地的调查成果与《布洛陀经诗》记载古贵港是位居第一的稻作文化中心的记忆相吻合。正是因为这一优越的自然条件，使古贵港成为岭南稻作经济的中心，也成为了政治中心和文化中心。

（二）古桂林郡是“骆田”的主要分布区

原文：《汉书音义》曰：“骆越也。”［索隐］曰：姚氏案：《广州记》云：“交趾有骆田，仰潮水上下，人食其田，名为骆侯。”②

译文：《汉书音义》说：“骆就是骆越。”［索隐］说：姚氏案语：《广州记》说：“交趾有骆田，仰仗河边潮水上升和下降（自然灌溉），人们靠它供养，名叫骆侯（人）。”

解读：引文出自《史记》中对《汉书音义》《广州记》的引用。《广州记》为晋代顾微所撰，但早已亡佚，在《艺文类聚》《北堂书钞》《太平御览》《齐民要术》《广博物志》《政和本草》《太平寰宇记》等书中存有部分记载。骆伟和骆廷辑注的《岭南古代方志辑佚》所辑《广州记》佚文中有“交趾有骆田，仰潮水上下，人食其田，名为骆人，有骆王、骆侯”。显然，《岭南古代方志辑佚》辑注“骆侯”为“骆人”较为合理。其他古籍中保留的《广州记》引文也有不少将“骆侯”写为“骆人”。对于“骆田”的解释，学者们有说是“山谷中田”的，有说是“浮架上所种稻”的，有说是“海水稻”的，但都令人难以信服。不少古籍将“骆田”写作“鸟田”，“骆越”也写作“雒越”，看来“骆”与“山谷”在壮语中不但音不同，而且意义也不同。说是“浮架上所种稻”也是臆猜，用竹木载土浮在水中种稻，用来观赏可以，但要凭此方法种数亩田养家口却不可行。说是“海水稻”也很牵强，用海水灌溉种植的稻田至今没有发现。近年来热传的“海水稻”虽然在海边种植，但也是引淡水灌溉。实际上“骆越”之“骆”字有两义，一是指“鸟”，二是指“稻谷”。二者皆读“糯”之音。编者曾询问过中国基因中心的黄学辉博士：最早的栽培稻是什么品种

① 陈成斌、杨庆文：《广西野生稻考察收集与保护》，11页，南宁，广西科学技术出版社，2012。
② （汉）司马迁：《史记》卷八一，2101页，长春，吉林人民出版社。

的稻谷？黄学辉博士明确指出是糯稻。壮族地区广泛流传“雒鸟”指引壮族先民骆越人发现野生稻的故事，为纪念“雒鸟”的功德，骆越人将水稻称为“雒”，后来“雒”写作“糯”。“骆田”既是“鸟田”也是“糯稻田”。壮族先民因为用“戉”（石铲）耕种“骆田”（糯稻田）而被称为“骆越人”，这才是“骆田”和“骆人”的本义。古贵港为骆越地，因广泛种植“骆田”而成为古稻作文化的重要中心。

原文：东粤少谷，恒仰资于西粤。西粤之贵县尤多谷，然其地僻在山溪，稻田亦少，其谷多半出于东粤灵山。《广州记》云：“交趾有骆田，仰潮水上下，是名骆田。其禾能风旱而早实。”今灵山亦交趾地也，土广而人稀，美田弥望，无分高下，皆有水泽沮洳之润。民务耕耘，尚畜牧，以牛之孳息为富。谷多不可胜食，则以大车载至横州之平佛，而贾人买之，顺乌蛮滩水而下，以输广州。①

译文：广东出产稻谷较少，经常靠广西输入。广西的贵县（今贵港市）尤其盛产稻谷，但是它处在偏僻的山溪中，稻田也少，它的稻谷多半出产在广东灵山县（清代时灵山县曾隶属广东）。《广州记》说：“交趾（古骆越地）有骆田，仰仗河边潮水上升和下降（自然灌溉），称为骆田。它的稻禾能耐风耐旱而且早结实。”现在的灵山也是交趾地（古骆越地），土地宽广而且人口稀少，肥美的田地看不到边，不管是高处和低处的田地，都有水灌溉润泽。民众努力耕耘，重视畜牧业，以牛的繁殖增收致富。稻谷多得不能完全食用，就用大车运到横州（今横县）的平佛（平福），商贩购买稻谷顺着乌蛮滩的江水而下，运输到广州。

解读：引文出自《广东新语》。这段文字记载贵港市是当时稻谷的主产区，郁江是稻谷销往广州的主要运输水道，还指出贵港及其周边的产稻区都是古“骆田”的主要分布区。这说明古贵港是岭南最重要的稻谷产区，这一经济条件使古贵港在骆越时代成为岭南居于首位度的中心城市。明清时广州粮食尚未能自给，在骆越时代那就更不能自给了。农业的发达是支撑城市人口兴旺的基石，因此在骆越时代，广州城（贲禺）的规模和体量肯定不如古贵港城（桂林），其他城市就更不在话下了。这里需要指出的是，屈大均认为贵县（今贵港市）处在偏僻的山溪中，稻田也少，这是不确切的。贵港所在的西江平原是广西最大的平原，并非处在偏僻的山溪中，稻田也非量少。估计屈大均在广州所吃的稻谷多为灵山县出产，他才会产生这

① （清）屈大均撰，李育中等注：《广东新语注》，332页，广州，广东人民出版社，1991。

种错觉。

据史料记载，清乾隆年间，“粤东生齿力繁，公贾渔盐樵采之民，多于力田之民”，以致“米谷不敷，仰赖广西，兼资湖楚”，每年广东要从广西贵县（今贵港）、梧州经西江下运的“米谷三百万石”。[①] 清代的贵县（今贵港）已成为岭南大米生产的核心区和集散中心。

四、古桂林郡是岭南的商贸集中区

（一）郁林是郁水古水道的交通中心

原文：周人尚臭。灌用鬯臭，郁合鬯，臭阴达于渊泉，灌以圭璋，用玉气也。既灌，然后迎牲，致阴气也。萧合黍稷，臭阳达于墙屋。故既奠，然后焫萧合膻芗。[②]

译文：周人崇尚香气，灌地敬神用郁鬯的芳香气，是因为郁草合着鬯酒，香气可以通到阴间九泉。用有柄的玉勺来灌地敬神，就是用那玉的香气。灌地以后，才迎祭牲，这是乞求阴气。用点着的香蒿合着黍稷，阳气的香味充满墙屋，向尸献酒以后，点燃用香蒿和合祭牲的肠脂产生香气，这是乞求阳气。

解读：引文出自《周礼》。周朝祭祀所用的酒叫“郁鬯”，是用古贵港人所进贡的郁草酿制而成。这郁草也是通过郁江古水道运至北方的。古贵港因是香料的集散中心而叫“郁林”（郁江）城，它实际上是真正的“香港”。处在北方的周王室祭祖敬神为什么一定要用南方郁水流域所产的郁草酿酒，这反映了周王室有一个古郁水郁草的记忆，这种记忆说明有两种可能，一是周王室祖先与南方的骆越人可能有血亲关系，二是周王室祖先可能在南方的郁水流域生活过，形成了以郁草酿酒祭祖敬神的习俗，这一习俗的力量非常强大，即使周王室到了北方，生活环境变了，但郁草酿酒祭祖敬神的习俗却仍然传承下来。周王室与古贵港的关系看来非同一般。古郁人进贡郁草，郁水就成为运输郁草的重要水道，因此叫“郁江”为“香江”。古贵港城区叫“郁林城”，即“郁江城”，说明古贵港城区是郁水古水道的中心港口。

---

① （清）杨永斌：《请轻科劝垦疏》，见贺长龄、魏源等编：《清经世文编》卷三四，844 页，北京，中华书局，1992。

② （清）刘沅著，谭继和、祁和晖笺解：《十三经恒解卷六 · 礼记恒解》，198 页，成都，巴蜀书社，2016。

（二）古贵港是肉桂、郁草等香料药材的集散中心

原文：南山经之首曰鹊山。其首曰招摇之山，临于西海之上，多桂，多金玉。有草焉，其状如韭而青花，其名曰祝余，食之不饥。有木焉，其状如榖而黑理，其花四照，其名曰迷榖，佩之不迷。有兽焉，其状如禺而白耳，伏行人走，其名曰狌狌，食之善走。丽麐之水出焉，而西流注于海，其中多育沛，佩之无瘕疾。①

译文：南山第一列山系名叫鹊山。鹊山的第一山名叫招摇山。它临近西海，盛产肉桂、金和玉石。山上有一种草，形状很像山韭但花是青色的，这种草名叫祝余，人吃了就不会有饥饿感。山上有一种树木，形状像野生的榖子，但纹理是黑色的，它的花光照四方，名叫迷榖，人佩戴就不会迷惑。山上还有一种野兽，长相很像猕猴但耳朵是白色的。它能爬行也能像人一样站立行走。这种野兽名叫狌狌，人吃了这种野兽就会变得非常善走。丽磨江在这里发源，河水向西流入海。河中盛产一种名叫育沛的石种，人佩带它就不会生蛊胀病。

解读：引文出自《山海经》。肉桂被称为“百药之长”，是古代中原消耗量最大的中药之一。大明山地区的肉桂如何运往北方的呢，只有一条水路可走，就是沿着古宾州的临浦江运到古贵港，再在古贵港集散。同时集散的还有“祝余”“迷榖”“育沛”等药物。“祝余”是古骆越语，“祝”意为“骨”，“余”意为“药”，“祝余”就是“骨干之药”。从“状如韭而青花”和“食之不饥”分析，这种药可能是“石斛”。“迷榖”的“榖”字有学者认为是“构树”，即造纸的原料。但“构树”不能做药，树也无黑色的纹理。实际上“榖”字可能是“穀（谷）”字的异体字。这也是古骆越语，即壮药“迷穀”，“迷”意为“母”，“穀”意为“根”，壮语称“百药之母”薏苡为“迷穀（谷）”，意为“母根之药”。薏苡的花恰好是黑色，并且薏苡能治瘟病。古壮医学配伍的原则是一个完整的药方中必须有“公药”，即提阳药；也必须有“母药”，即滋阴的药；还要有“帮药”，即和合“公药”和“母药”的药。这里列举的肉桂、薏苡和石斛恰好就是古壮医药的标准方：肉桂是提阳的公药，薏苡是滋阴的母药，石斛是和合的“帮药”。“狌狌”像猴子并且耳朵是黑色的，这可能指的是广西特有的白头叶猴。白头叶猴的肉和骨是传统的壮药，泡酒喝确实能健体善走。广西西流注于海的江是南流江，南流江中有一种独特的玉叫南流江玉，佩戴它或者煮

① （汉）刘向、刘歆编，程秀波注释：《山海经》，3页，沈阳，万卷出版公司，2011。

水服用确实可以治蛊胀病。这些桂林郡特产的药都在古贵港集散，古贵港城以药材和香料贸易立城，成为珠江水系中最早的药都和香港。罗泊湾1、2号两座汉墓的遗物中，都发现有植物叶和种实。经广西植物研究所和广西农学院鉴定，植物叶属冬青科的铁冬青叶，植物种实分别为梅、青杨梅、李、橄榄、乌榄、橘子、仁面、罗浮栲、广东含笑、金银花、木瓜、黄瓜、西瓜、花椒、大麻、稻、粟、姜、芋、葫芦、菜籽。在这些种实中，学者认为梅、李、乌榄、桔、金银花、大麻、粟、姜、花椒和芋，属中草药品。铁冬青叶则是凉茶。[①] 另外，港北区孔屋岭汉墓中还发现了薏苡。大量药物的出土，说明远在汉代前，布山港就是岭南医药的重要集散中心。

（三）古桂林郡是岭南的商贸集中区

原文：粤地，牵牛、婺女之分野也。今之苍梧、郁林、合浦、交阯、九真、南海、日南，皆粤分也。……处近海，多犀、象、毒冒、珠玑、银、铜、果、布之凑，中国往商贾者多取富焉。[②]

译文：骆越地是牵牛星、织女星对应的地域。现在的苍梧、郁林、合浦、交阯、九真、南海、日南，都是骆越地的对应地域……所在的地方近海，很多地方是犀牛角、象牙、玳瑁、珍珠、银器、铜器、水果、布类的集散地，中原前往经商的人多数能够致富。

解读：引文出自班固的《汉书·地理志》。粤地指骆越故地。分野是古代天文学的一个重要概念，古人认为天上的星座和地下九州的地域相对应。岭南的骆越故地和天上的牵牛星座、织女星座相对应。苍梧、郁林、合浦、交阯、九真、南海、日南这七郡因为近海，所以成为犀牛角、象牙、玳瑁、珍珠、银器、铜器、水果、布类的集散地，是吸引中原商人前往经商的集市。但是这布类的集散地惟有郁林郡的布山港。据各史籍记载，郁林郡是古吉贝布、丝绸、葛布、郁林布、竹布的主产地，郁林郡治布山港是布类的集散之都。贵港城区汉墓出土的各种布类和纺织机具的遗物也以确凿的证据展示了中国古布都的繁华面貌。“罗泊湾汉墓随葬的纺织品很多，主要是丝织物和麻织物。出土用于纺织的陶纺轮，以及翘刀、纬刀、调综棍、纺锤棒、绕线棒、绕线板、卷经板等一批纺织工具，殉葬坑里的女性死者脚上还穿

---

① 中共贵港市港北区委员会、贵港市港北区人民政府编：《古郡港北》，17页，南宁，广西人民出版社，2016。

② 陈铁民译注：《文库》第6卷，269页，西安，三秦出版社，1999。

着麻制鞋袜。墓中《从器志》记载，墓中陪葬物有衣袍五十领（袍指长袄，长至脚背，有里子面子，中间絮丝棉或乱麻。即五十件长袄）、缯（古代对丝织物的总称）六十三匹、绪衣（即麻布做的衣服）一笥、线绪（成束的麻线）二十斤、丝二斤。这些都证明了港北古人已经开始使用纺织机，使用蚕丝、麻做衣物的原料。麻织品都是平纹组织，其中粗麻用于鞋、袜，细麻用于衣物。”① 班固的记载说明在汉代之前，郁林郡就是布类生产的集中区。

原文：沈怀远南越志所谓桂州出古终藤，结实如鹅毳，核如珠珣，治出其核，纺如丝绵，染为斑布者，皆指似草之木绵也。此种出南番，宋末始人江南，今则遍及江北与中州矣。②

译文：沈怀远编撰的《南越志》所说的：桂州出产古终藤，结的果实像鹅毛绒，种核像玉珠，取出它的种核，纺织像丝绵，染作花纹布的，都指的是像草本的木绵。这一品种出产在南方番国，宋代末期才传入江南，现在则传遍长江以北和中原了。

解读：引文出自李时珍《本草纲目》“木绵”条下所引的《南越志》。《南越志》是南朝宋代沈怀远撰写的岭南方志，共 8 卷，原书已佚。许多古籍都有《南越志》内容的辑录。《南越志》记载上至三代下至东晋岭南地区的异物、建置沿革、古迹、趣闻等，内容广泛，向受推崇，对研究岭南越民族社会历史提供了很有价值的资料。南朝梁代天监六年（公元 507 年），立桂州于苍梧、郁林之境，因桂江以为名，大同六年（公元 540 年）移治于始安（今桂林）。因此，最早的桂州是指苍梧，郁林两郡也就是古桂林郡地。“古终藤”就是现在广泛种植的棉花。棉花是古骆越人最早种植的纺织植物，郁林郡出产的棉花纺织布闻名全国，称为郁林布，引文所说的古终藤布就是郁林布。古桂林郡是棉纺织技术的发达地区，江南的棉纺织技术是明代黄道婆向骆越后裔的黎族人和临高人学习后才传入的。说骆越人“男以竹筒掩体。女以树叶蔽形”，真是贻笑大方。

原文：龙凤葛。郁林葛，南方称为佳物。机诞而纵，长五六丈，然质颇重厚，

① 中共贵港市港北区委员会、贵港市港北区人民政府编：《古郡港北》，12 页，南宁，广西人民出版社，2016。
② （明）李时珍：《本草纲目》上，1686 页，北京，中国医药科技出版社，2016。

似不甚宜暑。原贡额不载，万历十五年，始令贡千匹，已，又令贡二千匹。工部复奏，定每岁百匹。近内监教之织为龙凤纹献之，葛之有龙凤自此始。①

译文：郁林葛布，南方称为优良的织物。用机具织制而且纵向，长五六丈，但是质地较重厚，好像不很适宜夏天穿。原来进贡的数额没有记载，万历十五年（公元1587年），才下令进贡一千匹，不久，又下令进贡二千匹。工部再上奏，核定每年进贡一百匹。近年（明代）朝廷内监教他们织制龙凤纹葛布进贡，郁林葛布有龙凤花纹从这个时候开始。

解读：引文出自《西事珥》。《西事珥》是魏濬任广西提学佥事期间撰写的记述广西明代时风土民俗的著作。葛布是葛麻纤维纺织、薯莨染制的专为夏天服装制作的麻布，葛布以郁林郡出产的最为著名，“龙凤葛”就是有龙凤花纹的葛布。从南宁顶蛳山出土的陶纺轮分析，早在一万多年前的新石器时代初期，古骆越人就掌握了纺轮搓麻制作麻布的技术，是我国麻纺织业的开创者。贵港城区的汉墓中也有麻布的遗存并有入葬麻布数量的记载，说明汉代时桂林郡的麻纺织业已相当发达。宋明两代郁林葛布已成为重要的贡品，最高时达到每年进贡二千匹。

改革开放后玉林市成为成衣王国和世界裤子之都，年产服装达6亿件以上，这和古郁林郡纺织文化遗产的传承有密切的关系。

原文：阿林县有勾芒木。俚人斫其大树半断，新条更生，取其皮，绩以为布，软滑甚好。②

译文：阿林县（今广西桂平县）有勾芒木，俚人砍伐大树至半断裂，新生的枝条长出来，取皮织为布，软滑质地很好。

解读：引文出自顾微编撰的《广州记》。顾微，晋代吴郡（今江苏省苏州市）人。《广州记》记述岭南山川名胜、异闻传说、物产风情等颇为详实，是一部史料价值较高的方志作品，惜原书已佚，有些内容散见各家辑录的引文。“勾芒”在古籍中传说是东方管理春天播种的神灵，“勾芒木”是岭南造纸的构树，构树皮是做树皮布的重要纤维材料。俚人是骆越人的后裔，也是壮族人的先民。在郁江流域的贝丘遗址中，出土了许多做树皮布的石拍，说明历史上骆越人在新石器时代就盛行

① （清）汪森：《粤西丛载校注》中，788页，南宁，广西民族出版社，2007。

② 刘纬毅：《汉唐方志辑佚》，142页，北京，北京图书馆出版社，1997。

做树皮布。如今的云南的文山州壮族同胞和海南的黎族同胞仍然在传承做树皮布的技术。《广州记》关于阿林县俚人用勾芒木做树皮布的记载，说明在晋代壮族先民制作的树皮布软滑，质地很好。古籍中关于古桂林郡制布材料的记载还有竹、蕉、桄榔等特色植物，古桂林郡制布材料之广、制布技术之高令人叹为观止。

（四）古贵港是周王国的属地

原文：郁人掌祼器，凡祭祀宾客之祼事，和郁鬯以实彝而陈之。①

译文：郁人（礼官）掌握祭祀和敬宾客的器具，凡祭祀和敬宾客的仪式，调和郁鬯酒用来充满酒器并摆设它。

解读：引文出自《周礼》。《周礼》是儒家经典十三经之一，世传为周公旦所著，但实际上成书于两汉之间。经学大师郑玄为《周礼》作注，由于郑玄的崇高学术声望，郑玄作注的《周礼》成为各种版本的《周礼》中最权威的经典之作。“郁人”就是古郁林人，是掌握祭祀和敬宾客器具的礼官，这一礼官为什么叫“郁人”，这说明用郁鬯酒敬祖先的礼仪起源于郁江流域的古骆越地，古贵港在骆越方国时代与中央政权周王朝关系密切，朝廷担任祭祀和接待宾客的职官由古郁林地方的人担任，古郁林地是中央政权周王朝的属地。

原文：……郁鬯，百草之华，远方郁人所贡芳草，合酿之以降神。郁，今郁林郡也。②

译文：……郁鬯酒，百草的花和远方郁林人所进贡的香草，混合酿成酒用来祭神。古郁林地就是现在的郁林郡。

解读：引文出自《说文解字》，前文已有详解，此处主要引申另一点，即周王朝敬祖先酿酒所用的香草也要远方的郁林人进贡，这说明骆越方国与周王朝有朝贡关系，郁林人所进贡的香草是用来酿酒的。这种香草叫郁草，盛产于古骆越时代的郁江流域。郁江因盛产这种酿酒的郁草而称为郁江。郁草的郁字繁体字写作“鬱”，是古骆越语和汉语的同源字，“郁草”壮语叫“棵郁”或“三十六根”，汉语也叫“三十六根”，现在郁江流域的壮族同胞仍然广泛用来酿制米酒。古桂林郡在汉武帝

---

① 吴树平等点校：《十三经》（第二版），110 页，北京，北京燕山出版社，2007。

② （东汉）许慎撰，李恩江、贾玉民主编：《说文解字译述》，441 页，郑州，中原农民出版社，2000。

时改制为郁林郡，它的辖区和范围虽然有所变动，但是中心城市却没有变动，西汉时仍然在其首县布山。

（五）远在尧之世中央政权就任命了驻古骆越国的官吏

原文：申命羲叔，宅南交，平秩南讹，敬致。日永，星火，以正仲夏。[①]

译文：（尧）再命令羲叔驻在南方的交趾，观察辨别太阳向南运行的情况，恭敬地迎接太阳南来。根据白天最长，黄昏时火星出现在南方的天象，来确定仲夏时节。

解读：引文出自《尚书》。《尚书》是中国最早的历史文献汇编，追述了虞、夏、商、周四代的历史。据说其成书于春秋时代，由孔子编撰作自己学生的教材，但现存版本学界存在真伪之争。因此，这里只作参考及思路的延伸，可推断说明，远在尧之世，中央政权就任命了管理天象的官吏驻在南方的交趾，测量夏至日太阳的影象和南方的天象，以确定历法中仲夏时节的时间。尧之世的交趾泛指岭南的广大区域，但是羲叔所驻的地方应当是距北回归线最近的桂林、八树、贲禺这三个中心城市，因为只有在北回归线上，永日（夏至日）的正午时刻，才能被准确地测定。周王朝在岭南行使驻守、测绘等政府事务，这说明包括古贵港在内的岭南远在周代前就在中央政府的管辖范围。

① （清）纪昀主编，鸿雁注解：《图解四库全书精华》，152页，北京，中国华侨出版社，2016。

第三章　古桂林郡的设立

桂林郡为中国古代行政区划之一，初设于公元前214年。该郡为秦始皇于岭南地区设置的桂林、南海、象郡三郡之一，位置约在今广西一带，面积达20万平方公里以上。而该行政中心则设于布山县，即今贵港城区。之所以得名桂林，与位于古桂江与郁江交汇处有关，在古壮语中，“江”音为“林”，也写作“临”。“桂林”即桂江，“郁林”即郁江，这就是古贵港前后称桂林或郁林的由来。

桂林郡于秦末为南越国所辖，南越国遭西汉消灭后复设郡，更名为郁林，东汉、孙吴、六朝皆沿袭旧制。

一、秦始皇对岭南的用兵

原文：又利越之犀角、象齿、翡翠、珠玑，乃使尉屠睢发卒五十万，为五军，一军塞镡城之岭，一军守九疑之塞，一军处番禺之都，一军守南野之界，一军结余干之水。三年不解甲驰弩，使监禄无以转饷。又以卒凿渠而通粮道，以与越人战，杀西呕君译吁宋。而越人皆入丛薄中，与禽兽处，莫肯为秦虏。相置桀骏以为将，而夜攻秦人，大破之。杀尉屠睢，伏尸流血数十万，乃发谪戍以备之。①

译文：（秦始皇）还贪图越地的犀牛角、象牙、翡翠和珠宝。于是又派尉官屠睢率兵五十万，分成五路大军：一路大军扼守镡城山岭，一路大军守卫九嶷要塞，一路驻守番禺城邑，一路大军防守南野边界，一路大军集结在余干河畔。各路大军三年之内不卸下铠甲，不松开弓弩。监御史禄无法输运军粮，于是下令士兵凿挖渠道以开通运军粮的水道，靠此来和越人作战，杀了越族西瓯人的君主译吁宋。但是越人全部逃进莽莽丛林中，和禽兽共处，不肯做秦军的俘虏。越人推选出勇猛强悍的人做将领，深夜攻打秦军，大败秦军，并杀了尉官屠睢，其时尸横遍野，血流成

---

① （汉）刘安撰，（汉）许慎注，陈广忠校点：《淮南子》，467页，上海，上海古籍出版社，2016。

河的士兵有数十万人。秦始皇此时只得派囚徒来援助打仗。

解读：引文出自《淮南子》。《淮南子》又名《淮南鸿烈》，是西汉淮南王刘安及其门客集体撰写的一部哲学著作。内容原分为内中外篇，现仅存内篇 21 篇。书中以道家思想为主，糅合了儒法阴阳五行等家的思想，所以一般认为它是杂家著作。书中保存了不少自然科学史料和神话寓言故事，也记载了不少秦汉间的轶事，内容比较丰富。

这一段史料记载秦始皇是贪图越地的犀牛角、象牙、翡翠和珠宝才派大军讨伐越地的，显然秦始皇兴的是不义之师，这就埋下了打败仗的根子。犀牛角、象牙、翡翠和珠宝都集中产于古骆越地的北部湾沿岸地区，秦始皇用兵的最终目的很明确是为了夺取骆越之地。为夺骆越而出兵五十万，可知骆越国的军力不可小觑。秦军兵分五路，第一路走的是镡城之岭，就是越城岭之间的湘漓古道。第二路走的是九嶷山要塞据守的古道，即潇贺古道。这两条古道都是通往骆越中心的古道。显然大战是在这两条古道沿线展开的。秦军攻越三年不卸下铠甲、不松开弓弩，可见战争的持久和艰难。有论者说与秦军对峙的骆越人还处在原始部落时代，即所谓“山越”。这一想当然的判断显然不符合史实，秦灭六国只用了三年时间，而数十万大军打骆越却如此费周折，这说明骆越军队是正规部队，绝不是所谓的原始“山越”。西瓯人是骆越人中的一支，西瓯君主译吁宋是前线的主将，主将牺牲而部队不乱，主动退入丛林避开秦军兵锋并重新安排彪悍的人做前军主将，这说明西瓯君上面还有“召”（越人称王为“召”），并且战争动员体制非常了得。越人以夜战大败秦军，战术运用相当高明。显然骆越国的军队是久经战阵的“老兵”。秦军伏尸流血数十万，虽然最后占领了岭南，但国力因此大损。《淮南子》认为攻打骆越是秦亡的主要原因。

这也是古桂林郡设立的历史背景。

原文：三十三年，发诸尝逋亡人、赘婿、贾人略取陆梁地，为桂林郡、象郡、南海，以适遣戍。①

译文：（秦始皇）三十三年（公元前 214 年），征发那些曾经逃亡的犯人，上门入赘当女婿的人以及商贩，去夺取骆越人的地方，设置桂林、象郡、南海等郡，把

① （西汉）司马迁：《史记》上，57 页，长春，吉林大学出版社，2015。

受贬谪的人派去防守。

解读：引文出自《史记·秦始皇本纪》。前文亦有提及，关于这里的“陆梁”，有论者认为岭南之人多处山陆，其性强梁，故称陆梁。这一说法很牵强，实际上“陆梁”是“骆郎”的另一记音词，“陆”指骆越，“梁”与“大良”的“良”音义相同，即“王”之义。“陆梁”就是骆越王之地。秦廷把上门入赘者和商贩这两类人也当作罪人流放到边疆军中充伍作战。以谪罪戍边是秦代正式法律，史籍中屡见记载。

而岭南为骆越地，秦始皇把骆越地分置桂林、象、南海三郡，以桂林为三郡之首，可见桂林郡是骆越地的中心地带。

原文：又使尉屠睢将楼船之士南攻百越，使监禄凿渠运粮，深入越，越人遁逃。旷日持久，粮食绝乏，越人击之，秦兵大败。秦乃使尉佗将卒以戍越。当是时，秦祸北构于胡，南挂于越，宿兵无用之地，进而不得退。行十馀年，丁男被甲，丁女转输，苦不聊生，自经于道树，死者相望。及秦皇帝崩，天下大叛。①

译文：尉：武官名。屠睢（suí）：人名。将：率。楼船之士：水兵。百越：即骆越。监：指监御史。禄：人名。构：结。宿兵：驻军。

（秦始皇）又派遣尉官屠睢率领水兵去攻打南方的骆越，派监御史禄凿通运河，运送粮食，深入越地，越人逃跑。经过很长时间的相持，粮食乏绝，越人攻击秦兵，秦兵大败。秦就派尉官赵佗率兵戍守越地。正在这时，秦朝廷的灾祸是北面同匈奴结仇，南面和越人打仗，在无用的地方驻扎军队，只能进而不能退。执行十多年，征作兵士的男子披上打仗的衣甲，征作民夫的女子转运粮食，百姓苦不聊生，许多人在路边的大树上上吊自杀，死去的人相互面对着。等到秦始皇驾崩，天下终于暴发大起义。

解读：引文出自司马迁的《史记·平津侯主父列传》。这条史料也记载了秦军对岭南骆越的用兵，但比《淮南子》记载的简略。秦军虽占领了骆越地，但却付出了灭亡的代价。司马迁对秦始皇的穷兵黩武是持批评态度的，他对秦始皇连年征战所造成的百姓苦难作了深刻的描述，“苦不聊生”成了经典成语。岭南三郡的建置凝聚了秦朝百姓太多的血和泪。至于骆越地百姓受秦始皇战乱之苦，太史公没有涉

---

① （西汉）司马迁：《古典名著白文本·史记》下，772 页，长沙，岳麓书社，2016。

及，但是可以想象也是尸横遍野、血流成河。真可谓是“兴，百姓苦，亡，百姓苦”。当年富足的骆越古都，如今珍宝散尽，遗迹难寻。只遗存一个桂林郡址，如今也沉埋在泥土之中。

关于秦越大战的地点到底在哪里，史家目前也没有一个令人信服的说法。这里“又使尉屠睢将楼船之士南攻百越”的记载使我们能够有迹可寻，秦军是“楼船之士”，“陆事寡水事众”的骆越人，其军队应当也是水师。楼船水师大战的地点应离骆越的中心桂林郡址不远。

二、秦始皇设立古桂林郡

原文：南越王尉佗者，真定人也，姓赵氏。秦时已并天下，略定杨越，置桂林、南海、象郡，以谪徙民，与越杂处十三岁。①

译文：南越王尉佗是真定人，姓赵。秦国兼并了六国，攻取并平定了杨越，设置了桂林、南海和象郡，把犯罪而被迁徙的百姓安置到这些地方，同越人杂居了十三年。

解读：引文出自《史记·七十列传·南越列传》。这段史料也记载了秦始皇兼并岭南骆越地的史实，但更为简略。这段史料透露了一个重要的信息，赵佗带领秦军和迁徙的秦朝罪民与越人杂居了十三年之久。这段时间也是秦桂林郡存续的时间，当时岭南的骆越人是居多数的，赵佗和戍守的秦朝军民已经融入了越人的生活之中，战争的创伤已得到了疗愈，经济有了长足的发展，海外贸易也得到恢复。这从广州南越王墓和贵港罗泊湾一号汉墓所出土的东南亚和西亚的文物可窥见其一斑。对于赵佗的历史贡献，毛泽东曾有高度的评价，称其为北方“南下干部第一人”。

原文：及至秦王，续六世之余烈，振长策而御宇内，吞二周而亡诸侯，履至尊而制六合，执棰拊以鞭笞天下，威振四海。南取百越之地，以为桂林、象郡，百越之君俛首系颈，委命下吏。②

译文：六世：指孝公、惠文王、武王、昭襄王、孝文王、庄襄王。振：举起。长策：长鞭。御：驾驭，统治。履：登上。至尊：指极尊之位，即帝位。棰拊

① （西汉）司马迁：《史记全本》下，241页，沈阳，万卷出版公司，2016。
② （西汉）司马迁撰，陶新华译：《史记全译》（一），86页，北京，线装书局，2016。

(fǔ)：指刑具，棰，棍棒；拊：刀柄。鞭笞（chī）：用鞭子抽打，这里是统治的意思。俛（fǔ）：同“俯”。委命：把性命托付于人。

到了秦始皇，继承了六代先人留下来的功业，举起长鞭驾驭各国，吞并东周、西周，灭亡诸侯，登临皇帝之位，统一了整个天下，用刑罚残酷统治全国，声威震动四海。又向南夺取了百越的土地，改设成桂林、象郡。百越的君长低着头，系上脖颈，把性命交付给秦国官吏。

解读：引文出自《史记·秦始皇本纪》。司马迁以富有气势的文学笔调，概述了秦始皇统一天下的功绩，灭六国时确实是气吞万里如虎，但说到“南取百越之地，以为桂林、象郡”就有点为尊者讳了，因为事实上“百越之君”也即骆越国君，并没有像其他诸侯一样“俛首系颈，委命下吏”，而是“相置桀骏以为将，而夜攻秦人，大破之。杀尉屠睢，伏尸流血数十万”。司马迁为什么这样写？估计是出于行文的需要，只取其功绩，不便记述败军的乱象。秦始皇“南取百越之地”，也不仅仅“以为桂林、象郡”，还有南海郡没点明，这是一种略写的笔法。骆越之地确实最终被秦军攻取，并纳入了秦王朝郡县制的体系。但骆越王族却没有“俛首系颈”，而是迁往僻远的地方，先后在东南亚一带建立了新的国家，在老挝、缅甸、泰国等地都流传着骆越王族后裔活动的故事，这些地方的民族也确实带有骆越人基因血统。正因为如此，骆越文化才成为连接东南亚各国的文化纽带，被东南亚各国骆越后裔民族所认同。

原文：康熙刘广聪程乡县志（以下称刘志）但曰：“秦始皇平南越为桂林郡、象郡、南海郡，程乡未置，县属南海，秦末赵佗据郡称王，属南越。”

译文：康熙年间刘广聪的《程乡县志》记载：“秦始皇平定南越，建立桂林郡、象郡、南海郡，程乡（今梅州）未设建制，隶属南海郡，秦代末年赵佗在南海郡称王时，属于南越国。”

解读：引文出自《嘉应州志》卷二，清光绪二十四年刊本。《嘉应州志》，清代温仲和纂，吴宗焯等修，1901 年出版。该书是记述嘉应州（主要是今梅州）最完整的一部资料性志书。温仲和，字慕柳，别号柳介，晚清著名学者、教育家。嘉应州，清雍正十一年（公元 1733 年），程乡升级为直隶嘉应州，统领兴宁、长乐、平远、镇平四县，直属广东省辖。这段记载引用刘志，记述了岭南三郡设置时，程乡（今梅州）地域未有建制，隶属南海郡的史实。对于历史上骆越方国的东部边界，史书记载语焉不详。这里明确古梅州属南海郡，说明古骆越国东部管辖范围到达古梅州，骆越古水都桂林是可以号令古梅州的。但由于距离中心都城较远，骆越军力在南海郡范围内较弱小，因此南海郡是最早被秦军攻占的，《程乡县志》把南海郡列为岭南三郡之末，南海郡建郡当在桂林、象郡之后。

原文：始皇初并天下，罢诸侯，置守尉，遂分天下为三十六郡，每郡置一守、一丞、两尉以典之。郡名曰内史、三川、河东、南阳、南郡、九江、会稽、颍川、砀郡、泗水、薛郡、东郡、琅琊、齐、北平、辽西、辽东、代郡、巨鹿、邯郸、上党、太原、云中、九原、雁门、上郡、陇西、北地、汉中、巴郡、蜀郡、黔中、长沙。后又置闽中、南海、桂林、象郡四郡。凡四十郡。

译文：秦始皇统一天下，废诸侯，设置郡守郡尉，将天下划分为36个郡，每郡设置一个郡守，一个郡丞，两个都尉掌管。郡名叫内史、三川、河东、南阳、南郡、九江、会稽、颍川、砀郡、泗水、薛郡、东郡、琅琊、齐、北平、辽西、辽东、代郡、巨鹿、邯郸、上党、太原、云中、九原、雁门、上郡、陇西、北地、汉中、巴郡、蜀郡、黔中、长沙。后来又设置闽中、南海、桂林、象郡四郡，一共40郡。

解读：引文出自《夜航船》。《夜航船》是明末清初文学家、史学家张岱所著的百科类图书。张岱，字宗子，又字石公，号陶庵，别号蝶庵居士，自号剑南陶庵老人，浙江山阴（今绍兴）人，明清之际史学家、文学家，著有《琅嬛文集》《陶庵梦忆》《西湖寻梦》《三不朽图赞》等。该书是一部小型百科全书，上至天文，下至地理，内容涵盖三教九流，诸子百家，人伦政事，礼乐科举，草木花卉，鬼神怪异等，共20大类125个小类4000余条目。著者用浅显易懂的文言叙述400余个文化常识段子，这些条目大部分为常人熟知。其中也有一些现在看来荒诞不经的内容，但作为古人的情趣笑谈，有助于我们了解古代的一些文化状况。

这段史料，记载了郡的官制为郡守、郡丞和都尉，郡守、郡丞掌管民政，都尉掌管军事。秦始皇设置36郡之后，又合并了五岭以南的骆越地，秦始皇三十三年设置闽中、南海、桂林、象郡等四郡，终于一统天下，拥有40郡。

三、古桂林郡的四至

秦始皇平定岭南后设立了桂林、象、南海三郡，秦桂林郡的具体地域史书记载不详。汉武帝灭南越国后，在岭南地区设九郡，即南海（郡治在今广东广州）、苍梧（郡治在今广西梧州）、郁林（郡治在今广西贵港）、合浦（郡治在今广西合浦）、交趾（郡治在今越南河内）、九真（郡治在今越南清化）、日南（郡治在今越南顺化）、珠崖（郡治在今海南海口）、儋耳（郡治在今海南儋州）。汉郁林郡和苍梧郡的地域大体上就是秦桂林郡的地域。

郁林郡治布山（今广西贵港），辖布山、安广、阿林、广郁、中留、桂林、潭中、临尘、定周、领方、增食、雍鸡 12 县。辖境大体包括南宁市、柳州市、来宾市、玉林市、贵港市、河池市、百色市等大部分地区。苍梧郡郡治在广信县（在今广西梧州市和广东的封开县），属交址刺史部。辖广信、谢沐、高要、封阳、临贺、端溪、冯乘、富川、荔浦、猛陵 10 县。辖境大致相当于今广西都庞岭、大瑶山以东，广东肇庆、罗定以西，湖南江永、江华以南，广西藤县、广东信宜以北。南海郡辖番禺、中宿（今清远）、四会、博罗、龙川、揭阳 6 县。汉代元鼎六年（公元前 111 年）设置的郡县，是以当时的经济、文化、交通、人口等因素设置的，南海郡只辖 6 县，而郁林郡辖 12 县，苍梧郡辖 10 县，可见汉初岭南的经济重心仍然在以布山为中心的郁林郡一带。

（一）桂林郡辖地最东到达广东西部

原文：郁林郡秦桂林郡，武帝更名。雒阳南六千五百里。十一城。布山；安广；阿林；广郁；中溜；桂林；潭中；临尘；定周；增食；领方。①

译文：郁林郡是秦代时的桂林郡，汉武帝时改名郁林郡。在雒阳以南 6500 里。有 11 个县城。分别为布山县；安广县；阿林县；广郁县；中溜县；桂林县；潭中县；临尘县；定周县；增食县；领方县。

解读：引文出自南朝宋时期的历史学家范晔编撰的《后汉书》。范晔以《东观汉记》为基本史料依据，以《华峤书》为主要蓝本，吸取其他各家著作的长处，删繁补缺，整齐故事，超越众家，后来居上。所以到了唐代，范晔《后汉书》取代《东观汉记》，盛行于世。而诸家《后汉书》，除袁宏《后汉纪》外，都相继散亡。于是范晔《后汉书》成为现在研究东汉历史的最基本的依据。

范晔所记述的郁林郡领县 11 个是东汉时的建置，在西汉时郁林郡的建置是 12 县，“郁林郡本秦桂林郡，元鼎六年（公元前 111 年）以分置苍梧郡后的桂林郡余

---

① 许嘉璐主编：《二十四史全译·后汉书》第一册，407 页，上海，汉语大词典出版社，2004。

县置。前汉领县 12：布山、安广、阿林、广郁、中留、潭中、临尘、定周、增食、领方、桂林、雍鸡。后汉省雍鸡，领县 11。辖今广西桂平、柳州、永福以西，凭祥、龙州、河池以东融安以南，四方岭及郁江沿岸以北地。三国吴凤凰三年（公元 274 年）分置桂林郡，郁林郡只剩 5 县：布山、阿林、安广，改广郁为阴平，改领方为临浦；分置怀安、长平、建始、新邑 4 县。共领 9 县，治布山。辖今广西桂平以西，凭祥、龙州、田东以东，四方岭及郁江沿岸以北，红水河以南之地”①。

西汉郁林郡各县的地域是：布山（今广西贵港市），安广（今广西横县境），阿林（今广西桂平东），广郁（今广西贵县西北），中留（今广西武宣县），潭中（今广西柳州市区），临尘（今广西龙州县），定周（今广西宜州市），增食（今广西右江河谷各县市），领方（今广西南宁市北部），桂林（今广西象州），雍鸡（今广西凭祥）。

其中，临尘、雍鸡两县在秦所设立的岭南三郡中原属象郡，不属秦桂林郡。

原文：四会县，中，东南至州二百四十里，本秦旧县也，属桂林郡。隋开皇十年改属广州。②

译文：四会县，位置中，东南到广州 240 里，原本是秦代的旧建制县，属于桂林郡。隋朝开皇十年（公元 590 年）改属于广州。

解读：引文出自唐代著名政治家、地理学家李吉甫所著的地理专著《元和郡县图志》。《元和郡县图志》是中国现存最早的一部地理总志，继承和发展了汉魏以来地理志、图记、图经的优良体例传统，对各项地理内容作了翔实的记载，又在府州下增加府境、州境、八到、贡赋等项内容，这是以往地理志、地理总志所没有的，是李吉甫的独创，且为后来的地理志、地理总志所效法。李吉甫曾两任宰相，历史档案接触较多，因此《元和郡县图志》记载的各郡县的历史沿革可信度较高，四会县是岭南四大古县之一，李吉甫说四会县是秦代所设，而且属于桂林郡，这说明秦代的桂林郡疆界达到了广东的西部。

“粤西的肇庆（高要）、广宁、四会、德庆、怀集、封开、云浮、新兴、罗定、郁南十县市位于广东省西部山区、西江流域的中游地带……秦统一中国后，广东隶

---

① 梁允麟：《三国地理志》，347~349 页，广州，广东人民出版社，2004。

② （唐）李吉甫：《元和郡县图志》下，见贺次君点校：《中国古代地理总志丛刊》，891 页，北京，中华书局，1983。

属南海郡，而与当时的粤西地带并不属南海郡，而与广西地辖并属桂林郡，可见历史上的粤西与广西有着久远的联系。隋开皇十一年，粤西置端州，领属数县。自唐初，粤西数县方正式从广西地盘上析出，与广东腹地连成一体，归属岭南东道，广东的‘东’亦由此而得名。”①

原文：茂名州所治。古西瓯、骆越地，秦属桂林郡，汉为合浦郡之地。②

译文：茂名是潘州治地。古代西瓯、骆越的地方，秦代属于桂林郡，汉代是合浦郡的属地。

解读：引文出自五代后晋刘昫领衔官修的《旧唐书》。《旧唐书》是现存最早的系统记录唐代历史的一部史籍，原名《唐书》，宋代欧阳修、宋祁等编写的《新唐书》问世后，才改称《旧唐书》。五代距唐代较近，因此保留的史料比《新唐书》较多，所记述的广东茂名秦代属桂林郡有较大的参考价值。但是记述茂名古代属西瓯、骆越地值得推敲。按逻辑推理，茂名一县不可能同时是西瓯方国地又是骆越方国地，只能理解为西瓯即骆越，或者西瓯由骆越更名。茂名近海，而四会扼西江，广东西部从西江到南海边的地域秦代皆为桂林郡属地。

（二）古桂林郡的北界达到湖南南部

原文：苍梧郡，武帝置。雒阳南六千四百十里。十一城，户十一万一千三百九十五，口四十六万六千九百七十五。广信；谢沐；高要；封阳；临贺；端溪；冯乘；富川；荔浦；猛陵；鄣平。③

译文：苍梧郡，武帝时设立。在雒阳以南 6410 里，有 11 个县城，民户有 111395 户，人口有 466975 人。11 个县为广信县、谢沐县、高要县、封阳县、临贺县、端溪县、冯乘县、富川县、荔浦县、猛陵县、鄣平县。

解读：引文出自《后汉书》。汉武帝时的苍梧郡的广信县在今广东封开县和广西的梧州市，谢沐县在今湖南江永县西南部和广西恭城县东北部，高要县在今广东省肇庆市高要区，封阳县在今广西贺州八步区南部的信都、铺门、仁义三镇及广东封开和怀集县西北部，临贺县在今广西贺州市贺街镇，端溪县在今广东德庆，辖德

① 詹伯慧，张日升主编：《粤西十县市粤方言调查报告》，1 页，广州，暨南大学出版社，1998。

② （后晋）刘昫：《旧唐书》第二册，1191 页，北京，中华书局，2000。

③ 许嘉璐主编：《二十四史全译·后汉书》第一册，406 页，上海，汉语大词典出版社，2004。

庆、郁南、罗定、云浮、信宜等县市，冯乘县在今湖南江华县，富川县（今广西富川县），荔浦县在今广西荔浦县，猛陵县在今广西苍梧县城以西100公里的岭脚镇，鄣平县在今广西平南以东至藤县沿江地区。其中谢沐和冯乘两县越过南岭，到达湖南南部。

原文：江华，本汉冯乘县地，属苍梧郡。晋属临贺郡。隋属永州。唐武德中，析置江华县，属营州，后改云溪县。神龙初，复改江华，属道州。宋、元仍旧。明因之。①

译文：江华县（今湖南省江华县），本是汉代冯乘县的地域，属于苍梧郡。晋代属于临贺郡（今广西贺州）。隋属于永州（今湖南省永州市）。唐代武德年中，析分设置江华县，属于营州（今湖南省道县）。宋代、元代仍然沿袭旧建制。明代依照不变。

解读：引文出自明代李贤、彭时等撰修的《大明一统志》。湖南省江华县汉代时叫冯乘县，是苍梧郡的属县。苍梧郡治在当时的广信县，位于贺江与西江的交汇处，冯乘县位于潇水的上游，古名深水，又名营水，东晋以后改名潇水，是湘江干流的上游，发源于湖南省蓝山县湘江源瑶族乡野狗山麓，流经江华瑶族自治县、江永县、道县、双牌县，于永州市零陵区注入湘江。从永州潇水经江华过五岭、富川、钟山、贺州到封开的水陆通道是骆越故地北上中原的主要古道，近代学者称之为“潇贺古道”。湖南江华县（古冯乘县）正位于这条古道的五岭关口，是“潇贺古道”的咽喉，与苍梧郡治广信的关系非同一般，汉代将它归属苍梧郡，是历史的必然。汉代苍梧郡和郁林郡是秦代桂林郡分置而成，秦代桂林郡的北界越过五岭，到达古潇水流域。今湖南省江华、江永两县是其属地。

（三）古桂林郡的西界达到云贵高原东缘

原文：牂牁郡，武帝置。雒阳西五千七百里。十六城，户三万一千五百二十三，口二十六万七千二百五十三。故且兰；平夷；鳖；毋敛；谈指，出丹；夜郎，出雄黄、雌黄；同并；谈稾；漏江；毋单；宛温；镡封；漏卧；句町；进乘；西随。②

① 同德斋主人编：《广湖南考古略》第一册，65页，长沙，湖南教育出版社，2010。

② 许嘉璐主编：《二十四史全译·后汉书》第一册，398~399页，上海，汉语大词典出版社，2004。

译文：牂牁郡，汉武帝时设立，在雒阳以西5700里。有16个县城，户数有31523户，人口有267253人。16个县是故且兰县、平夷县、鳖县、毋敛县、谈指县（出产丹砂）、夜郎县（出产雄黄、雌黄）、同并县、谈稾县、漏江县、毋单县、宛温县、镡封县、漏卧县、句町县、进乘县、西随县。

解读：引文出自《后汉书》。汉武帝时设立的郁林郡与牂牁郡相邻，牂牁郡的东界也就是郁林郡的西界。“牂牁郡共十六县，首邑在故且兰县（今贵州福泉县），地域包括今贵州黄平县以西、广西右江上游地带、云南文山州、红河州东部、曲靖地区的富源、罗平、师宗等县。”[①] 故且兰县故城在今贵州黄平县西南。平夷县故城在今贵州毕节市东。鳖县故城在今遵义城西。毋敛县故城在今贵州独山县附近。谈指县故城在今贵州贞丰县西北。夜郎县今贵州关岭布依族苗族自治县西南。同并县在今云南弥勒县城附近。谈稾县在今贵州盘县西南。漏江县在今云南泸西县境。毋单县在今云南宜良县南。宛温县在今云南砚山县北。镡封县在今云南砚山县西北。漏卧县在今云南罗平县。句町县包括今云南广南、富宁，广西西林、隆林、田林、凌云县。进乘县在今云南省屏边苗族自治县境。西随县在今云南金平县境。因此，汉代的郁林郡西界在广西西林、隆林、田林等县东缘。

《百色年鉴》也确认：公元前221年，秦始皇统一全国后，便派尉官屠睢率50万大军平定百越，统一岭南，设置桂林、南海、象三郡，凌云、乐业属桂林郡，右江区、田阳、田东、平果、德保、靖西、那坡等县属象郡，田林、隆林、西林则属黔中郡（郡治设在贵州境内）。[②]

桂林郡西南边界与象郡接壤，左江流域在秦代属于象郡，范围大致为今崇左市。广西壮族自治区文化厅、广西壮族自治区文物局编撰的《左江花山岩画系列文集·左江右江流域考古》指出：“秦始皇在岭南设立南海、桂林、象郡三郡后，左江流域大部分属象郡，小部分属桂林郡，因此成为后人研究象郡治所的热点之一。”[③] 桂林郡西南界线大致为今扶绥、大新、天等的东北边缘。

---

① 尤中编：《云南地方沿革史》，14页，昆明，云南人民出版社，1990。

② 《百色年鉴》编纂委员会编：《百色年鉴2011—2012》，167页，南宁，广西人民出版社，2015。

③ 广西壮族自治区文化厅、广西壮族自治区文物局编：《左江花山岩画系列文集·左江右江流域考古》，99页，南宁，广西科学技术出版社，2015。

（四）古桂林郡的南界在防城、钦州、合浦、徐闻北界一线

原文：合浦郡，武帝置。雒阳南九千一百九十一里。五城，户二万三千一百二十，口八万六千六百一十七。合浦；徐闻；高凉；临元；朱崖。①

译文：合浦郡，汉武帝时设立。在雒阳（今河南洛阳）以南 9191 里。有 5 个县城，民户有 23121 户，人口有 86617 人。5 个县是合浦县、徐闻县、高凉县、临元县、朱崖县。

解读：引文出自《后汉书》。汉武帝元鼎六年平南越国后所设立的合浦郡是秦平岭南后所设立的象郡地，因此秦桂林郡与秦象郡的分界也是汉武帝元鼎六年所设立的合浦郡与郁林郡的分界，当时并没有严格的疆界概念，只是以交通、田地、聚落为依据划分郡县。合浦郡南流入海的河流学术界统称南江，主要有钦江、南流江、九洲江等河流，南江诸河流域与郁江流域的分水岭是这两个流域形成的天然界线，也是象郡与桂林郡这两个行政区划形成的界线。合浦（辖地为今合浦、浦北、北海、灵山、钦州等地），徐闻（辖地为今雷州半岛），高凉（辖地为今广东恩平、阳江、阳春、电白、茂名、高州、信宜、化州、吴川等地），临元（即临允县，在今广东新兴县南七十里），朱崖（在今海南省）。汉武帝时在海南岛设立的珠崖、儋耳两郡在西汉和东汉期间，由于朝廷命官的贪酷，引起了骆越后裔黎族人的强烈反抗。据《汉书·地理志》记载："自初为郡县，吏卒中国人多侵陵之，故率数岁壹反"，岛上社会纷乱，到汉元帝初元三年，朝廷才听从贾捐之"宜弃珠崖，救民饥馑"的奏疏，缩简建制为朱崖一县。

四、地方志中关于秦桂林郡属地的记载

（一）贵港市

秦代的桂林郡治在今贵港市，也是汉代设立的郁林郡的郡治所在，是古桂林郡政治、经济、文化的中心，也是古代广西的首府之地。古贵港之所以成为古广西的中心城市，是和它的水上交通地位的重要性相一致的。贵港城区和桂平县、平南县都是古桂林郡的重要属地。

---

① 许嘉璐主编：《二十四史全译·后汉书》第一册，407 页，上海，汉语大词典出版社，2004。

原文：贵州，《十道志》曰：贵州，怀泽郡。虞舜暨周，并为荒裔。秦为桂林郡。自汉以下，与郁林郡同。唐置贵州。①

译文：贵州（今贵港），《十道志》说：贵州，曾设立怀泽郡，从虞舜帝时代到周朝，都是荒凉的边地。秦代在这里设立桂林郡。自汉代以来，与郁林郡同建制。唐代设立贵州。

解读：本条目出自《太平御览》，卷一百七十二，州郡部十八。《太平御览》是宋代著名的类书，由李昉、李穆、徐铉等学者奉皇帝的旨意编纂。起初起名叫《太平总类》，书成之后，宋太宗每天看三卷，一年读遍，所以又更名为《太平御览》。全书以天、地、人、事、物为序，分成五十五部，可谓包罗古今万象。书中共引用古书1000多种，保存了大量宋代以前的文献资料，但其中十之七八已经亡佚，更使本书显得弥足珍贵，是中国传统文化的宝贵遗产。本段中《太平御览》又引《十道志》。《十道志》是唐代梁载言编撰，原书16卷，现存2卷。记载了唐代河南、关内、河东、河北、陇右、山南、剑南、淮南、江南、岭南10道的地理位置、地名演变、建制沿革、山川走向、物产资源等，道下分述府州，州下分述各县，有些目不分州郡，仅录其事，各条详略不一。《十道志》所载名胜古迹和民族风情资料较为珍贵，有重要的史料价值，有《汉唐地理书钞》本。《十道志》所记载的贵州就是古贵港市，但是说古贵港从远古的尧舜时代到周朝都是荒凉的边地这是误解，古贵港是稻作文明的重要发源地，也是中医药的重要发源地，开发比中原还早。《十道志》关于秦代在这里设立桂林郡的记载很有价值。

原文：浔州府，东至梧州府四百里，南至梧州府郁林州二百二十里，西至南宁府横州四百三十里，北至柳州府象州三百六十里，自府治至布政司九百八十里，至京师八千五百四十里。古百越地，秦属桂林郡地，汉属郁林、苍梧二郡，后汉因之。②

译文：浔州府（今桂平市），东到梧州府400里，南到梧州府郁林州220里，西到南宁府横州430里，北到柳州府象州360里，从府治至布政司治（今桂林）980里，至京城（北京）8540里。古代属于百越地，秦代属于桂林郡地，西汉时属于郁

---

① （宋）李昉编纂，王晓天、钟隆林校点：《太平御览》第二卷，640页，石家庄，河北教育出版社，1994。

② 《边疆史地文献初编》编委会编：《边疆行政建制初编·西北及西南》第13册，390页，北京，知识产权出版社，2011。

林、苍梧两郡地，东汉时沿袭西汉的建制。

解读：引文出自《读史方舆纪要》。唐贞观七年（公元633年），朝廷在桂平设立浔州，这是桂平称浔州之始，后来浔州建置多次反复，这就误导了历代的史学家认为古桂林郡治布山城位于今桂平市，实际上桂平在秦置郡县中属桂林郡阿林县，汉承秦制也叫阿林县，“阿林”为江名，即古黔江，桂平位于“阿林”（黔江）与“郁林”（郁江）的交汇处，因此叫阿林。说桂平是古百越地也太过笼统，长江以南都可称为古百越地，如此说桂平的地域叫人摸不着头脑，等于没说。但这条史料说桂平秦代属于桂林郡地则有较大价值。

原文：龚州，《十道志》曰：龚州，临江郡。秦属桂林郡。汉平南越，置苍梧郡，今州即郡之孟陵县地也。唐置龚州。[①]

译文：龚州（今平南县），《十道志》说：龚州，唐代天宝元年（公元742年）更名为临江郡。秦代属于桂林郡地。汉武帝平南越国后，设立苍梧郡，现在龚州就是苍梧郡的猛陵县地。唐代设立龚州。

解读：引文出自《太平御览》。唐代贞观七年（公元633年），朝廷在今平南县设立龚州，管辖浔州（今桂平）、蒙州（今蒙山）、宾州（今宾阳）、澄州（今上林县）、燕州（今平南武林镇）、龚州（今平南）6州，郁江流域各县的中心从古贵港转移到了今平南县，但是建置如何变，平南“秦属桂林郡”的历史都不会变。

（二）南宁市

南宁市是古骆越方国的中心，境内的大明山为骆越祖山，郁江为古之骆越水，市属武鸣区陆斡镇（壮语称雒越）为中心的地域即骆越古都所在地。秦代时，“今隆安县地域，秦朝（公元前221—前206年）属象郡地。”[②] 除隆安县外，南宁市各区县秦代时都属于桂林郡。

原文：邕州，《十道志》曰：邕州，朗宁郡。古越地。秦为桂林郡。汉郁林郡之岭方县地。晋置晋兴郡于此。隋为郁林郡之宣化县。[③]

① （宋）李昉编纂，王晓天、钟隆林校点：《太平御览》第二卷，638页，石家庄，河北教育出版社，1994。
② 隆安县志编纂委员会编：《隆安县志》，27页，南宁，广西人民出版社，1993。
③ （宋）李昉编纂，王晓天、钟隆林校点：《太平御览》第二卷，639页，石家庄，河北教育出版社，1994。

译文： 邕州（今南宁市），《十道志》说：邕州，朗宁郡。古代是越地。秦代是桂林郡地。汉代是郁林郡的岭方县地。晋代在这里设立晋兴郡。隋代是郁林郡的宣化县。

解读： 引文出自《太平御览》。唐代天宝元年（公元742年）邕州改建制为朗宁郡，管宣化县（今广西南宁市南、郁江南岸）。辖境相当今右江中下游及邕江流域一带。唐代乾元元年（公元758年）又恢复邕州的建置。古代越地就是古骆越方国的属地，是骆越方国的中心，都城在今武鸣区的大明山南麓，秦代属于桂林郡；汉代改设岭方县，治地移至今宾阳县城；晋代改为晋兴郡，郡治移至今南宁武鸣区的双桥镇；隋代改为宣化县，县治移至今南宁市区。

原文： 横，古南粤，秦属桂林郡，汉郁林郡，广郁县地也。献帝建安二十三年，吴析郁林立宁浦郡。①

译文： 横州（今横县）是古代的南粤属地，这里的“南粤”即骆越，秦代时属于桂林郡地，汉代属于郁林郡的广郁县地。献帝建安二十三年（公元218年），吴国分郁林郡设立宁浦郡（今横县）。

解读： 引文出自《永乐大典》所收录的《横州路郡志》。横县在古代属于“南粤”，“粤”也就是“越”字的异写，“南粤”就是古骆越，因此横县的名字带有骆越文化的基因，“横”在壮语中意为“广大的水域”，也即“河湾”，“宁浦”的“宁”在壮语中意为“深潭”，“浦”是骆越祖母神龙母的名字，“宁浦”意为“龙母潭”。横县县城的郁江水域是个大河湾，也是一个深潭，江边有一个龙母庙，说明这是一个有深刻骆越文化基因的古城。横县离贵港较近，秦代时划归桂林郡管辖是理所当然的事情。

原文： 宾州，《十道志》曰：宾州，安城郡。古越地。秦桂林郡地。汉为郁林郡，又为郁林郡之岭方县。自汉迄隋，并为岭方县地。唐贞观五年，置宾州。②

译文： 宾州（今宾阳县），《十道志》说：宾州，原叫安城郡。古骆越地。秦代时属于桂林郡地。汉代属于郁林郡，又设为郁林郡的岭方县。自从汉代到隋代，都

---

① （明）解缙原撰，刘凯主编：《永乐大典精华》第二册，795页，北京，线装书局，2016。

② （宋）李昉编纂，王晓天、钟隆林校点：《太平御览》第二卷，639页，石家庄，河北教育出版社，1994。

是岭方县地。唐代贞观五年（公元 631 年），设立宾州。

解读：引自《太平御览·岭南道》卷七十九。宾州古代属于骆越地，是骆越方国的核心区之一，因此它汉代的名字“领方”和三国时改的名字“临浦”，都带有深刻的骆越文化基因：“领方”的“领”字在古壮语中意为“陡峭”，“方”意为“魂灵”，“领方”意为“陡峭的鬼城山”。汉代的宾阳县城在县城南部的古城村，村边的山就叫“领方山”，山上至今仍有古城和古庙遗址。“临浦”的“临”字在古壮语中意为“江水”，“浦”字是骆越祖母神龙母的名字，“临浦”意为“龙母江”，临浦古县城在今宾阳县新桥镇临浦村，村边的江就叫龙母江，村中有“地母庙”即龙母庙，旁边有龙母水库。宾阳县从大明山有古道通往贵港县城，叫昆仑古道，骆越古都曾迁往古桂林城，因此宾阳在秦代属于桂林郡。

原文：澄州，《十道志》曰：澄州，贺水郡。古越地。秦为桂林郡。汉为郁林郡之岭方县。唐武德四年，置澄州。①

译文：澄州（今上林县），《十道志》说：澄州，后改名贺水郡。古代属于骆越地。秦代属于桂林郡。汉代属于郁林郡的岭方县。唐武德四年（公元 621 年），设立澄州。

解读：引自《太平御览·岭南道》卷八十一。上林县古代也是骆越文化的核心区，“上林”的“上”字在壮语中意为“洞”，“林”意为“泉水”，“上林”意为“泉水洞”，因县城大丰镇附近有岩洞流出大泉水而得名。“泉水洞”流出的河流壮语叫“思览”，意为“清水河”，也叫作“龙母江”。唐武德四年（公元 621 年），划分领方县部分地域设立澄州，并改领方县为岭方县。天宝元年（公元 742 年）改澄州为贺水郡。贞观八年（公元 634 年）改南方州为澄州（治所在今上林县城大丰镇）。上林县在秦代时属于桂林郡地。

原文：武鸣县，秦汉领方县，属郁林郡。郁林郡故秦桂林郡，属尉佗，武帝元鼎六年间更名，莽曰郁平。②

译文：武鸣县，秦代和汉代叫领方县，属于郁林郡。郁林郡是原来秦代的桂林

---

① （宋）李昉编纂，王晓天、钟隆林校点：《太平御览》第二卷，639 页，石家庄，河北教育出版社，1994。

② 温德溥：《武鸣县志》，35 页，南宁，达时印务局，1915。

郡，汉代初属于尉佗的南越国，汉武帝元鼎六年（公元前111年）间更改名字，王莽时在郁林郡治地设立郁平县。

解读：引文出自《武鸣县志》。武鸣县是古骆越方国最早的都城所在地，叫作八树城，即祖山城，是骆越文化的核心区。秦代和汉代属于领方县，三国时属于临浦县，晋代属于晋兴县，后改为武缘县，民国改名武鸣县。武鸣县在秦代属于桂林郡地。

原文：马山县，政区沿革：秦属桂林郡地。汉、三国、晋代均属郁林郡领方和增食县。唐、宋时属思恩羁縻州。元属田州路思恩土州。明正统九年（公元142年）思恩军民府知府岑瑛将府署从寨城山（今平果旧城）搬到乔利，嘉靖七年（公元1528年）设白山、兴隆、古零、那马、定罗5个土司，均属思恩军民府辖。①

解读：引文出自张文范主编的《中国县情大全》。马山县域位于骆越祖山大明山西缘，是骆越民族重要支系侗族、水族和布依族的祖居地，骆越文化的遗存丰富，大明山下的壮族民系还有着“布依”的族称，有的村落至今还保留着“水锦”（意为侗城）、“可虽”（意为水族地）等地名。三都县的水族至今古歌中还有着水族祖居地在邕州“岜虽山”的记忆。正因为民风古朴，因此马山县历代都是土州县的主要分布区，明代著名的土州府思恩军民府治就设在马山县的乔利乡，全县由白山、兴隆、古零、那马、定罗五个土巡检司管辖。这些土巡检司辖地秦代时都属于桂林郡。

（三）玉林市

玉林市主要位于南、北流江流域，南流江古称浦江，北流江古称圭江，是古骆越出海的重要水道。玉林之名是从贵港的郁林之名转移更改形成，古郁林州城从今贵港城区辗转迁到今兴业县的铁城山再迁到今玉林市城区。桂江（圭江）之名也从贵港转移到了北流江，古贵港桂江的另一名称临浦（浦江也即龙母江）之名也从贵港转移到了南流江。曾有学者认为玉林市归属汉代的合浦郡，但多数学者认为属于郁林郡。因为玉林市在交通上与古贵港的布山港关系异常密切，在文化上与古贵港也非常密切。

---

① 张文范主编：《中国县情大全·中南卷》，1395页，北京，中国社会出版社，1992。

原文：郁林州府西南三百三十五里。东南至广东化州三百七十里，西北至浔州府二百二十里。古百越地。秦为桂林郡地。①

译文：郁林州（今玉林市），在梧州府（今梧州市）西南 335 里，东南至广东化州（今广东化州市）370 里，西北至浔州府（今桂平市）220 里。古时是百越地。秦代是桂林郡地。

解读：引文出自清代著名学者顾祖禹所编撰的《读史方舆纪要》。郁林州在唐贞观年间设立，州府起初治所在石南县（今兴业县）蒲塘镇，后迁至兴业的铁城山，再后来迁到南流县（今玉林市城区），这是交通中心地位的变迁而引起的城市建置的改变。但郁林州是从秦桂林郡和汉郁林郡分析而来，所以郁林州即今玉林市，秦代属于桂林郡。

原文：郁林州。【县名】南流。兴业。博白。【沿革】古南越地。秦置桂林郡。②

译文：郁林州，所辖县有南流（今玉林玉州区和福绵区）、兴业、博白。沿革：古代是南越地，秦代设立桂林郡。

解读：引文出自《大元混一方舆胜览》。此条明确记载玉林玉州区、福绵区、兴业县、博白县是秦代所设立的古桂林郡地。对于古玉林市域在秦代是否属于桂林郡，有部分学者有不同看法，认为属于象郡。著名历史学家覃圣敏指出，《嘉庆重修一统志》郁林直隶州云："古百越地，秦桂林郡地，领县四：博白、北流、陆川、兴业。"今容县、北流、玉林、博白、陆川等地秦时均属桂林郡。这些地方与秦桂林郡的治所布山（今贵县境）距离不远。贵县东虽有大容山脉，但大容山与六万山之间有一间隔，可勾通玉林和容县之间的交通。而在今玉林、钦州两地区之间，则有六万山阻塞，南北交通颇为不便。所以，将今容县、北流、玉林、博白、陆川看作秦桂林郡地，比较合理。③

（四）来宾市

来宾市的名字是古壮语名，"来"（也写作濑），意为河滩，"宾"意为"旋

① （清）顾祖禹：《读史方舆纪要》，692 页，上海，上海书店出版社，1998。

② （元）刘应李原编，詹友谅改编，郭声波整理：《大元混一方舆胜览》，705 页，成都，四川大学出版社，2003。

③ 广西壮族自治区水利电力厅编：《广西壮族自治区科学技术获奖成果汇编 · 水利水电　1980—1984》，60~61 页，南宁，广西壮族自治区水利电力厅，1986。

转”，“来宾”就是“旋转的河滩”。红水河的来宾河滩，河水湍急、多旋涡，故名“来宾”。来宾市的兴宾区、象州县、武宣县、忻城县、金秀瑶族自治县、合山市自古以来就是壮族的聚居地，秦代时都属于桂林郡地。

原文：来宾县，唐乾封二年招致生獠，以秦故桂林郡地置，及立严州，又置归化县。皇朝开宝七年州废，省归化入来宾来属。有大江。①

译文：来宾县，唐代乾封二年（公元667年），朝廷招致还没归化的僚人，用秦代原来的桂林郡地设立，到设立严州时，又设立归化县。宋朝开宝七年（公元974年）严州废除，精简归化县并入来宾县来归属。来宾县境内有大江河。

解读：引文出自《舆地广记》。唐代时广西州县建置变动较大，红水河中游的地区，居民多为没有归化的壮族人，朝廷称其为“生獠”，在这一带地域设立了来宾县。这一地域秦代是桂林郡地。

原文：武宣县，秦桂林郡地。②

译文：武宣县，秦代隶属桂林郡。

解读：引文出自《武宣县志》，清嘉庆十三年（公元1808年）刻本。《武宣县志》为高攀桂修，邑人梁士彦纂。现为故宫博物院图书馆收藏。《武宣县志》卷二沿革表中载明，武宣县，秦代隶属桂林郡。今新编《武宣县志》也认定：“秦以前，武宣属百越地，秦始皇三十三年（公元前214年），在岭南置桂林、象、南海三郡，今武宣属桂林郡，郡治布山（今贵县境）。西汉元鼎六年（公元前111年），今武宣称中留县，属郁林郡。”③

原文：忻城政区沿革：秦属桂林郡。汉属郁林郡。唐初置忻城县，治今宁江乡板现，属芝州；因为旧时忻城石峰林立，群山环抱，桂北壮语YinhCwngz谐音“忻城”，汉语“石头城”之意，以此得名。④

解读：引文出自张文范主编的《中国县情大全》，引文明确指出，忻城县秦代

---

① （宋）欧阳忞：《舆地广记》，1138页，成都，四川大学出版社，2003。

② 高攀桂：《武宣县志》卷二，清嘉庆十三年（公元1808年）刻本。

③ 左少荣主编，武宣县志编纂委员会编：《武宣县志》，27页，南宁，广西人民出版社，1995。

④ 张文范主编：《中国县情大全·中南卷》，1459页，北京，中国社会出版社，1992。

时属于桂林郡，并解释了“忻城”的名称源于壮语，“忻”的意思是石头，“忻城”就是“石头城”。这说明壮族地区的许多地名起源于壮语，对壮族地区的地名不能“望文生义”，按照汉字的字面意思解释。

原文：《十道志》曰：象州，象郡。秦属桂林郡。二汉为郁林郡。吴又分置桂林郡。晋、宋、齐因之。隋平陈，置象州，因象山以为名。秦之象郡，今合浦郡，非此象州也。①

译文：《十道志》说：象州，也叫象郡。秦代时属于桂林郡。西汉和东汉时属于郁林郡。三国时吴国又从郁林郡中析分出桂林郡。晋代、宋代、北齐时沿袭三国时的建置。隋代平定陈朝，在此设置象州，因为当地有象山就用来作为地名。秦代的象郡，是当今的合浦郡，不是这个象州。

解读：引文出自《太平御览》。象州是一个有故事的地方，它在秦代时属于桂林郡，三国时归吴国管辖时又在此设立了桂林郡，因为这一缘故，一些学者认为象州就是秦时的桂林郡治，但是从交通地位来看，从史籍来看，从遗址来看，象州都不可能是秦时的桂林郡治。象州和秦代的象郡也没什么关系，象郡的得名是因为当地盛产大象，象州的得名是因为当地有象山。象州周围各县秦代时都属于桂林郡，象州不可能是象郡的飞地，而是桂林郡的属地。

原文：秦，合山市境属桂林郡辖地。秦末汉初属南越国。汉元鼎六年（公元前111年）设置郁林郡领方县，合山属其辖地。②

解读：引文出自《合山市志》。1981年6月29日，国务院批准成立合山市，辖区从来宾县分出，历史上合山市属于骆越文化的核心区领方县（后改为临浦县），宋代从领方县分出迁江县，解放后迁江县并入来宾县，合山地域秦代属于桂林郡地。

原文：金秀瑶族自治县，秦，桂林郡地。汉，南越国地（汉高祖三年至元鼎六年），苍梧郡地，郁林郡桂林县地（元鼎六年后）。③

译文：金秀瑶族自治县，秦代，属于桂林郡地。汉代，属于南越国地（汉高祖

---

① （宋）李昉编纂，王晓天、钟隆林校点：《太平御览》第二卷，639页，石家庄，河北教育出版社，1994。

② 合山市志编纂委员会编：《合山市志》，1页，南宁，广西人民出版社，1998。

③ 雷坚编：《广西建置沿革考录》，303页，南宁，广西人民出版社，1996。

三年至元鼎六年)，属于苍梧郡地和郁林郡桂林县地（元鼎六年后）。

解读：引文出自《广西建置沿革考录》。金秀瑶族自治县内东、西、南各部分在唐代永隆以前分属龚（今平南）、蒙（今蒙山）、象（今象州）三州管辖。清代，分属于沿山周围各州县。1940 年，国民政府在大瑶山设立金秀警备区署。但行政上仍由周围修仁、荔浦、蒙山、平南、桂平、武宣、象州七县分而治之。1952 年 5 月 28 日，经政务院批准正式成立大瑶山瑶族自治区（县级)；1966 年 4 月 8 日，经国务院批准，改称金秀瑶族自治县。金秀县域及其周边各县秦代时都属于桂林郡。

（五）柳州市

柳州市位于桂中盆地，历史上是古骆越人生活的重要地理单元，著名古人类遗址有“柳江人”文化遗址、白莲洞遗址、大龙潭鲤鱼嘴遗址等。秦代属桂林郡，汉代在柳州地域设置潭中县，属郁林郡，为柳州建城之始。潭中以地处潭水（今融江、柳江、黔江）中游得名，辖今柳江、柳城、鹿寨、象州、融水、来宾等县地。因此柳州市城区和所辖的柳城县、鹿寨县、融安县、融水苗族自治县、三江侗族自治县秦代都属于桂林郡地。

原文：《十道志》曰：柳州，龙城郡。秦、汉土地与象州同。晋以后属桂林郡。隋属始安郡。唐平萧铣，置昆州。贞观八年，改为柳州。[①]

译文：《十道志》说：柳州，唐天宝元年（公元 742 年）改名龙城郡。秦代、汉代土地所属和象州相同。晋代以后属于桂林郡。隋代属于始安郡。唐代平定萧铣，设立昆州。唐代贞观八年（公元 634 年)，由昆州改名为柳州。

解读：引文出自宋代李昉编纂的《太平御览》。柳州在秦代、汉代时，土地所属和象州相同，分别属于桂林郡和郁林郡的潭中县地。晋代从郁林郡中分出潭中县设桂林郡，这时的桂林郡与秦代的桂林郡地域大不相同。唐代贞观八年（公元 634 年）昆州改名柳州，因位于柳江中游而得名。

原文：《十道志》曰：融州，融水郡。历代土地与柳州同。唐置融州。[②]

---

① （宋）李昉编纂，王晓天、钟隆林校点：《太平御览》第二卷，639 页，石家庄，河北教育出版社，1994。

② （宋）李昉编纂，王晓天、钟隆林校点：《太平御览》第二卷，639 页，石家庄，河北教育出版社，1994。

译文：《十道志》说：融州，唐天宝元年（公元 742 年）改融州设立融水郡。历代土地所属和柳州相同。唐代设立融州。

解读：引文出自宋代李昉编纂的《太平御览》。融州就是今融水苗族自治县。《十道志》说：融州历代土地所属和柳州相同。也就是说，融水苗族自治县在秦代和柳州一样，都属于桂林郡。

原文：秦始皇在岭南置三郡后，今融安县地属桂林郡范围。①

始皇三十三年（公元前 214 年），在岭南建立南海、桂林、象三郡，今柳江县地属桂林郡。②

鹿寨县，秦、属桂林郡地。③

秦始皇在岭南置三郡后，今柳城地属桂林郡辖地。④

三江苗族自治县沿革：两汉属郁林郡潭中县地。三国属吴，仍隶属潭中。晋照旧。⑤

解读：引文出自柳州市各县县志。汉代的潭中县地秦代时属于桂林郡，柳州市各区、县在汉代都属于潭中县地，因此柳州市各区、县在秦代都属于桂林郡。

（六）桂林市

桂林市是世界闻名的山水旅游名城和历史文化名城，拥有世界自然遗产桂林山水、世界灌溉遗产灵渠，填补世界陶器起源空白的新石器时代遗址甑皮岩等文化遗产。桂林市虽然名叫“桂林”，但并不是秦代时古桂林郡址。西汉元鼎六年（公元前 111 年），在今桂林设始安县，南朝时改为桂州，唐代贞观八年（公元 634 年），改名临桂县，后又复名桂州，桂林在南宋、元时期又称为“静江”，明代洪武五年（公元 1372 年），明朝政府改静江府为桂林府，这是今桂林市得名的由来。桂林市今辖秀峰、叠彩、象山、七星、雁山、临桂 6 个区，荔浦 1 个县级市，及阳朔、灵川、全州、兴安、永福、灌阳、龙胜、资源、平乐、恭城 10 个县。

---

① 龙兆佛，莫凤欣编：《广西地理沿革简编》，51 页，南宁，广西人民出版社，1983。
② 《柳江县志》编纂委员会编：《柳江县志》，6 页，南宁，广西人民出版社，1991。
③ 鹿寨地方志编纂委员会编：《鹿寨县志》，2 页，南宁，广西人民出版社，1996。
④ 龙兆佛，莫凤欣编：《广西地理沿革简编》，42 页，南宁，广西人民出版社，1983。
⑤ 广西三江侗族自治县志编纂委员会编纂：《三江侗族自治县志》，28 页，北京，中央民族学院出版社，1992。

原文：《十道志》曰：桂州，始安郡。《禹贡》荆州之域。春秋时越地。七国时为楚越之交。始皇三十三年，尝发逋亡人、赘婿、贾人略取陆梁地，是为桂林郡焉。二汉属零陵、苍梧二郡。吴分置始安郡。晋孝武改为始建。齐复为始安。梁天监六年，立桂州于苍梧、郁林之境，无定理处。大同六年，移桂州于今理。隋大业三年，罢州。唐武德四年，复置桂州。①

译文：《十道志》说：桂州（今桂林市），三国吴国时叫始安郡。《禹贡》记载夏代属荆州的地域。春秋时属于骆越地。战国时位于楚国和骆越国的交界处。秦始皇三十三年（公元前 214 年），曾征发逃亡人、上门女婿、商人攻取骆越地，设立桂林郡。西汉和东汉时分属零陵、苍梧两郡。吴国时分设始安郡。晋代孝武帝时改为始建郡。南北朝齐代时恢复为始安郡。南北朝梁代天监六年（公元 507 年），设立桂州在苍梧郡和郁林郡的地域，没有固定的治所。梁代大同六年（公元 540 年），移桂州到现在的治所。隋代大业三年（公元 607 年），撤掉桂州。唐代武德四年（公元 621 年），再设立桂州。

解读：引文出自宋代李昉编纂的《太平御览》。关于秦代桂林郡所设县史书并没有具体的记载，史界学者多认为秦代所设的零陵郡越过南岭到达今全州和兴安，以控制灵渠古水道，这种说法有点牵强。秦始皇已占领了整个岭南，灵渠古水道无论是由零陵郡管辖或者桂林郡管辖都不会影响到秦廷对这一古水道的控制力。汉代吕后专权时，汉朝廷与赵佗政权对立，吕后对南越国采取封关政策，绝南岭孔道，即使如此，灵渠古水道仍在南越政权控制之下，吕后想将灵渠古水道区域划归零陵郡管辖也是空想。只有汉武帝统一岭南后，将灵渠古水道区域划归零陵郡管辖才有理有据。因此《十道志》说，桂州在秦代为古桂林郡地域比较有说服力。

原文：《十道志》曰：昭州，平乐郡。秦桂林郡地。二汉属苍梧郡。宋属始建国。齐属始安郡。隋亦然。唐武德四年，置乐州。贞观八年，改为昭州，取昭潭为名。②

译文：《十道志》说：昭州（今平乐县），唐代天宝元年（公元 742 年）改昭州为平乐郡。秦代时属桂林郡地。西汉和东汉时属苍梧郡。南北朝宋代时属于始建国。

① （宋）李昉编纂，王晓天、钟隆林校点：《太平御览》第二卷，637 页，石家庄，河北教育出版社，1994。
② （宋）李昉编纂，王晓天、钟隆林校点：《太平御览》第二卷，637 页，石家庄，河北教育出版社，1994。

南北朝齐代时属于始安郡。隋代也依然属于始安郡。唐代武德四年（公元621年），设立乐州。唐代贞观八年（公元634年），改名为昭州，取昭潭（茶江与漓江汇合处深潭）之名作为州名。

解读：引文出自宋代李昉编纂的《太平御览》。《十道志》载明，平乐县秦代时属桂林郡，汉代时属于苍梧郡。平乐县城扼漓江与茶江古水道的咽喉，与兴安县灵渠古水道地位一样重要。这条古水道在岭南属于一个地理单元，秦代属于桂林郡是由其内在的地理条件决定的。汉代后，平乐茶江与潇贺古道相通，在交通上与苍梧郡关系更为密切，因此划归苍梧郡管辖更为合理。

原文：临桂县沿革：秦，县境属桂林郡。①

秦始皇统一岭南后，今荔浦属桂林郡。②

秦始皇统一岭南后，今阳朔属桂林郡辖地，郡治在今贵县境。③

秦始皇在岭南置三郡后，今灵川县地属桂林郡。（民国《灵川县志》云：“届长沙郡”）。④

秦始皇统一岭南后，今永福县地属桂林郡所辖。⑤

恭城县建置沿革：秦属桂林郡地。汉为富川县地。三国至隋初为平乐县地。⑥

平乐县建置沿革：秦属桂林郡地，汉属苍梧郡富川、荔浦二县地。平乐，秦属桂林郡所治临贺地。⑦

全州地，秦属长沙郡，汉置零陵县，元鼎六年，于县置零陵郡，领洮阳县，后汉移郡治泉陵，以零陵、洮阳二县属之。隋废二县改置湘源县，仍属零陵郡。唐属永州，五代晋天福中马氏改县曰清湘，于是置全州。⑧

春秋、战国时期，今兴安县境属楚国的疆土，秦属零陵县地。汉元鼎六年。今县境属始安县地，隶属零陵郡。⑨

---

① 李荣典：《临桂县志》，37页，北京，方志出版社，1996。
② 龙兆佛、莫凤欣编：《广西地理沿革简编》，74页，南宁，广西人民出版社，1983。
③ 龙兆佛、莫凤欣编：《广西地理沿革简编》，58页，南宁，广西人民出版社，1983。
④ 龙兆佛、莫凤欣编：《广西地理沿革简编》，60页，南宁，广西人民出版社，1983。
⑤ 龙兆佛、莫凤欣编：《广西地理沿革简编》，69页，南宁，广西人民出版社，1983。
⑥ 广西壮族自治区通志馆编：《广西市县概况》，460页，南宁，广西人民出版社，1985。
⑦ 平乐县地方志编纂委员会编：《平乐县志》，27页，北京，方志出版社，1995。
⑧ 广西壮族自治区通志馆编：《广西方志提要》，222页，南宁，广西人民出版社，1988。
⑨ 张永年主编，兴安县地方志编纂委员会编：《兴安县志》，31页，南宁，广西人民出版社，2002。

灌阳在夏、商、周属荆州之地，春秋、战国为楚南裔境。秦以楚南置长沙郡，灌阳隶属该郡。①

龙胜古称桑江，秦朝属黔中郡，西汉归武陵郡。清乾隆六年设“龙胜理苗分府”(亦称龙胜厅)，直属桂林府。民国元年“龙胜厅”改为“龙胜县”。②

资源县系民国24年从原全县（今全州）和兴安县各析出一部分地方而设立。原属兴安县的车田、浔源（今两水、河口）两乡，春秋战国时期为楚国辖地；秦时为零陵县地……资源建县前属全（州）县的西延地方，春秋战国时为楚国荆州辖地，秦代属长沙郡零陵县地。③

解读：引文出自桂林市各县县志及相关资料。按《十道志》记载，桂林市全市在秦代应属于桂林郡地，但后代一些学者考证提出今全州、兴安、灌阳、龙胜、资源县分属零陵郡和武陵郡的观点，因此本书两种观点均录存，以供方家研究。

(七) 贺州市

贺州市位于潇贺古道的咽喉地带，扼古骆越国穿越南岭山脉北上的重要关口龙虎关和谢沐关，历史上是古骆越国苍梧部的祖居地，骆越文化遗存丰富，许多地名都有古骆越文化的基因，如贺江古叫“临贺”或“达贺”，意为“咽喉之江”，贺州市辖八步区、平桂区、钟山县、昭平县、富川瑶族自治县。

原文：《十道志》曰：贺州，临贺郡。秦属南海郡。二汉属苍梧郡。吴置临贺郡。晋因之。宋为临庆国。齐复为临贺郡。陈因之。隋平陈，置贺州，因贺水为名。④

译文：《十道志》说：贺州，是古临贺郡。秦代时属南海郡。西汉和东汉时属苍梧郡。三国时吴国在这里设立临贺郡。晋代建置沿袭吴国。宋代是临庆国地。南北朝齐代时又改回临贺郡。南北朝陈代时沿袭齐代的建置。隋代平定陈朝，设立贺州，贺州因为贺水得名。

解读：引文出自宋代李昉编纂的《太平御览》。贺州在骆越古国时代是北上联结中原的重要门户，应属于古骆越地。秦代将岭南西部划为桂林郡，古贺州应属秦

---

① 灌阳县志编委办公室编：《灌阳县志》，1页，北京，新华出版社，1995。

② 《广西事业单位公开招聘工作人员考试用书》编委会编：《广西事业单位公开招聘工作人员考试用书公共基础知识》，72页，南宁，广西科学技术出版社，2012。

③ 资源县志编纂委员会编：《资源县志》，31~32页，南宁，广西人民出版社，1998。

④ (宋) 李昉编纂，王晓天、钟隆林校点：《太平御览》第二卷，634页，石家庄，河北教育出版社，1994。

桂林郡地。南越国时期，政治中心从古贵港转移到了秦南海郡的中心古广州城，贺州又成为南越国北面的重要水道交通中心，与古广州的联系更为密切，这可能是《十道志》所说贺州秦代时属南海郡的原因。汉武帝平定南越国后，岭南的政治、经济和文化中心移到了苍梧郡的广信（今广东封开），作为扼岭南北上中原的交通要道的古贺州自然归属苍梧郡管辖。

原文：昭平，古为百越地，因地处岭南，亦称南越地。秦始皇三十三年（公元前214年），置桂林郡，县地属之。汉初90余年，县地属南越国。[①]

钟山县沿革：秦始皇统一中国后，公元前214年置南海郡钟山地属南海郡。汉高祖元年（公元前206年）南海赵佗击并象郡、桂林郡。自立为南越王，县地属南越国。[②]

富川县沿革：春秋、战国时期，今县地属楚越交界之地。秦始皇三十三年（公元前214年），秦统一岭南，置桂林、南海、象郡，县地属南海郡。[③]

解读：引文出自贺州市各县县志。贺州市的八步区和平桂区属古贺州，除昭平县秦代属于桂林郡外，贺州市八步区、平桂区、钟山县、昭平县、富川瑶族自治县秦代均属于南海郡。

（八）梧州市

梧州市位于浔江、桂江、西江汇合处，是西江航运的枢纽城市，古代是岭南北上中原和中原进入岭南的古骆越水道的重要关节点，桂江和西江的汇合处有著名的骆越古道标志性文化遗存龙母古庙。梧州在骆越古国时代是骆越的重要支系仓吾部的分布区域，仓吾部的分布区域从西江流域中部沿着潇贺古道越过南岭，一直到湖南的道州，近年来沿着潇贺古道修建的道州到贺州高速公路，出土了许多带有古骆越文化元素的文物，说明了这条古道就是骆越古道，这也有助于我们理解为什么秦代时的桂林郡辖区会越过南岭到达湖南南部。梧州市现在辖万秀区、长洲区、龙圩区、苍梧县、岑溪市、藤县和蒙山县，这些县区在秦代都属于桂林郡。

---

① 昭平县志编纂委员会编：《昭平县志》，36页，南宁，广西人民出版社，1992。
② 《钟山县志》编纂委员会编：《钟山县志》，49页，南宁，广西人民出版社，1995。
③ 富川瑶族自治县志编纂委员会编：《富川瑶族自治县志》，35页，南宁，广西人民出版社，1993。

原文：《十道志》曰：梧州，苍梧郡。秦属桂林郡。二汉为苍梧。晋以后并因之。梁属成州。隋平陈，改为封州。唐为梧州。①

译文：《十道志》说：梧州，苍梧郡。秦代时属于桂林郡。西汉和东汉时是苍梧郡。晋代以后都沿袭这一建置。梁代时属于成州。隋朝时平定陈朝，改为封州。唐代时称为梧州。

解读：引文出自宋代李昉编纂的《太平御览》。梧州在汉代属于苍梧郡治地，说明它在苍梧郡地域中是中心城市。梧州历来被称为“岭南之都”，但这一中心城市在秦代却属于桂林郡，说明在先秦时岭南的中心城市不在梧州而在古贵港布山城。汉代的苍梧郡辖地越过南岭到达湖南南部，这一辖地的走向基本沿着潇贺古道，如此看来，湖南南部在秦代时属于桂林郡就好理解了。舜帝南巡“崩于仓吾之野”的九嶷山，说明湖南南部的九嶷山地域还是属于古梧州的管辖范围。

原文：藤县，按《汉书南海郡》，秦置沿革以来，即今怀集岑溪藤县贺等地，汉平南越为猛陵县，地属苍梧郡，秦时苍梧属桂林郡，汉始置苍梧郡。②

译文：藤县，按照《汉书南海郡》记载，秦代建置沿革以来，藤县就是今天怀集、岑溪、藤县、贺县等地，汉武帝平定南越为猛陵县，地域属于苍梧郡，秦代时苍梧属于桂林郡，汉代开始设置苍梧郡。

解读：引文出自《藤县志》。藤县县城在骆越古国时代就是一个重要的交通中心，它位于古郁水（浔江）与古圭江（北流江）的交汇处，是南、北流江出海通道的起点。清代光绪年间编撰的《藤县志》认为，藤县自秦代有建置以来就管辖广东的怀集县，广西的岑溪县、藤县、贺县等地，这可能是指秦代时的猛陵县所管辖的地域，汉代时怀集属广信县，贺县属临贺县。旧《藤县志》认为秦代时的猛陵县包括今藤县，属于桂林郡地，而新《藤县志》认为：“藤县，秦以前属百越地。秦始皇三十三年（前214）属南海郡。郡治番禺（今广州）。”③ 新《藤县志》这一说法值得商榷。近代编著的《苍梧县志》认为苍梧县秦代时属于桂林郡，《平南县志》认为平南县秦代时属于桂林郡，岂有夹在苍梧县和平南县之间的藤县秦代时属于南海郡的道理。因此编者认为旧《藤县志》的说法较合情理。

---

① （宋）李昉编纂，王晓天、钟隆林校点：《太平御览》第2卷，638页，石家庄，河北教育出版社，1994。

② （清）边其晋修，胡毓璿纂：《藤县志》卷三，清光绪三十四年（公元1908年）铅印本。

③ 藤县志编纂委员会编：《藤县志》，26页，南宁，广西人民出版社，1996。

关于藤县名字的来历，新《藤县志》说：“州以藤名，传因境内盛产白藤而得。”这说法也值得商榷。秦汉时代各郡县的名字按朝廷的命令要以山川之名来命名，如古贵港称“桂林”（桂江），贺县称“临贺”（贺江），藤县古名“猛陵”，这是以县城所在的古郁水（浔江）与古圭江（北流江）交汇形成的大深潭为名，古壮语称大水潭或大湖为“陵”（也写作“埌”，如南宁市区的南湖就叫“埌西”，意为城边的湖），“猛”意为地域或国土，“猛陵”就是“潭之国”或“湖之国”。藤县县城南边还有一个地名叫“埌南”，这就是重要的佐证。“藤”是“陵”字的另一异写，“藤县”也就是“湖之国”。骆越故地在两江交汇处一般都建有骆越祖神（龙母）庙，藤县县城的龙母庙就是两广著名的龙母庙。

原文：苍梧县沿革，秦始皇南取百越，置南海、桂林、象郡三郡。县地属桂林郡。①

今蒙山县古称蒙州。秦始皇统一岭南后，今蒙山属桂林郡辖地。②

岑溪市志，解放后在市境内出土新石器和青铜器文物多起，说明早在五千多年前已有先民在这里生息繁衍。秦设郡县，市境属南海郡（一说属桂林郡）以后各朝代市地归属和名称屡有变更。③

解读：引文出自梧州市各县县志。岑溪市秦代时属于南海郡这一说法也值得商榷。岑溪市秦代时属于猛陵县地，秦代时整个猛陵县都属于桂林郡，岑溪市秦代时也应属于桂林郡。

（九）河池市

河池市地域大体位于南岭、云贵高原与红水河之间，是秦代时桂林郡、且兰国（牂牁郡）、黔中郡三地交界的“金三角”。河池是中国有色金属之都，南丹县是我国古代丹砂的重要产地。境内红水河是云贵高原连接珠江三角洲的重要水道，古称牂牁江或都泥江。河池养生资源丰富，是全国少有的长寿市。河池市辖宜州区、金城江区、南丹县、环江毛南族自治县、天峨县、凤山县、东兰县、巴马瑶族自治县、都安瑶族自治县、大化瑶族自治县、罗城仫佬族自治县。“今河池市境秦代为桂林

① 苍梧县志编纂委员会编：《苍梧县志》，63页，南宁，广西人民出版社，1997。
② 龙兆佛、莫凤欣编：《广西地理沿革简编》，81页，南宁，广西人民出版社，1983。
③ 陈旭相主编，岑溪市志编纂委员会编：《岑溪市志》，1页，南宁，广西人民出版社，1996。

郡属地，汉代为郁桂郡属地，三国时期为吴国郁林郡地，晋代先为郁林郡、后为桂林郡，隋朝部分为始安郡地、部分为郁林郡地，唐时隶属粤州（今宜州）。五代十国始建河池羁縻智州。”[①] 在秦代河池市地域除南丹县、天峨县属于夜郎国以外，其余各县区均属于桂林郡。

原文：庆远府禹贡荆州之南境，古百粤地，秦为桂林郡。[②]

译文：庆远府，《禹贡》记载在荆州的南部境内，古代是百粤之地，秦代时隶属桂林郡。

解读：引文出自清乾隆十九年刻本的《庆远府志》。其中说：庆远府“秦为桂林郡”。但这一说法遭到清道光年本《庆远府志》的驳斥，说：“旧志谓：秦属桂林郡皆忆度耳。汉初为南海尉赵佗所据，尚未入中国版图，无籍可考。”[③] 笔者认为道兄本的说法很武断，秦统一岭南实行郡县制，建桂林、南海、象三郡，《史记》等古籍都有记载，秦岭南各县名虽记载较少，但史界都认为汉设的岭南各县大体依秦旧制，庆远府属定周县地。《广西地理沿革简编》记载：“秦始皇统一岭南后，今宜山为桂林郡辖地。秦末汉初，今宜山为南越国属地。汉武帝时，改秦朝之桂林郡为郁林郡，并在元鼎六年（公元前 111 年）置定周县，属郁林郡，今宜山为定周县地，这是该县建制之始。”[④] 一些史籍如《读史方舆纪要》说庆远府属象郡，更是以讹传讹，红水河流域各县秦代时都属于桂林郡，而红水河流域北面的庆远府却属于象郡，这怎么也难圆其说。

原文：南丹县县名始见于宋元丰（公元 1085 年）前，以出产朱砂（又称丹砂）向朝廷进贡，又地处南方故称南丹。南丹西北部（今月里、六寨、里湖一带）古为夜郎国属地。[⑤]

解读：引文出自《南丹县志》。南丹自古以来以产丹砂著名。丹砂是秦代方士们炼丹药的主要药材，秦始皇好丹药，想求不死之药，曾下诏全国献方献药，盛产丹砂的南丹不会被他遗漏，南丹属于秦代时的桂林郡顺理成章，而南丹的西北部离

---

① 河池市金城江区地方志编纂委员会编：《河池市志 1991—2002》，16 页，南宁，广西人民出版社，2008。

② （清）英秀：《庆远府志》卷一，清乾隆十九年（公元 1754 年）刻本。

③ （清）李文琰修，向天禅纂：《庆远府志》卷四，清道光九年（公元 1829 年）刻本。

④ 龙兆佛、莫凤欣编：《广西地理沿革简编》，114 页，南宁，广西人民出版社，1983。

⑤ 广西壮族自治区南丹县地方志编纂委员会编：《南丹县志》，26 页，南宁，广西人民出版社，1994。

夜郎国的中心较近，也有可能属于夜郎国管辖。

原文：秦始皇三十三年（公元前214年）秦统一岭南，设置桂林郡、南海郡、象郡，今环江大部分地属桂林郡，西北少部分地属象郡。①

解读：引文出自《环江毛南族自治县志》。笔者认为，环江西北少部分地属象郡也和庆远府秦代时属象郡一样不合情理。

原文：今天的天峨县境，在古代属百越地。秦时属象郡。汉时属益州刺史部牂牁郡，直至三国、晋代、隋朝仍属牂牁郡。②

解读：引文出自《天峨县志》。笔者认为，与前类似，天峨县境秦时属象郡这一记载并不可信。

原文：凤山史志，建置沿革；秦属桂林郡地。汉属郁林郡地。宋属羁縻兰州地。元属东兰州地。③

解读：引文出自《凤山史志》。《凤山史志》明确指出，凤山秦属桂林郡地。

原文：东兰县沿革，秦朝，今县地东部属桂林郡，西部属象郡地。④

解读：引文出自《东兰县志》。笔者认为其中关于东兰县西部秦朝属象郡这一记载也不可信。

原文：秦始皇三十三年（公元前214年）秦统一岭南，置南海、桂林、象郡，今巴马境地属桂林郡。⑤

解读：引文出自《巴马瑶族自治县志》。《巴马瑶族自治县志》明确指出，秦代时巴马境地属桂林郡。

原文：今之都安地域，古为百越之地。秦始皇三十三年（公元前214年），今

---

① 环江毛南族自治县志编纂委员会编：《环江毛南族自治县志》，44页，南宁，广西人民出版社，2002。

② 天峨县志编纂委员会编：《天峨县志》，25页，南宁，广西人民出版社，1994。

③ 政协凤山县委员会编：《凤山史志》，118页，内部资料。

④ 东兰县志编纂委员会编：《东兰县志》，22页，南宁，广西人民出版社，1994。

⑤ 巴马瑶族自治县县志编纂委员会编：《巴马瑶族自治县志》，28页，南宁，广西人民出版社，2003。

都安地域统属桂林郡地。汉代，都安全境统属郁林境地。汉元鼎六年（公元前111年）置定周县。都安地域划入定周县版图。①

解读：引文出自《都安瑶族自治县志》。《都安瑶族自治县志》明确指出，秦代时今都安地域统属桂林郡。

原文：大化县政区沿革 1987年12月析河池地区都安瑶族自治县西部的板升、七百弄雅龙、六也、棉山、都阳、百马、江南大化乡；巴马瑶族自治县东部的板兰乡全部，凤凰乡那色、巴岩、巴追、京屯村公所，差圩乡差圩、乙圩、常吉、常怀、坡马艾圩、果好、洪筹、那良、古龙、东扛、健康村公所；南宁地区马山县西北部的古感镇古感，坡了村公所贡川乡龙口，龙马、城内、等宜、贡川清坡、什陇、龙江、龙勒、龙眼、红柳村公所，永州乡共和、中良、龙乐、频桃、皂江、龙亮、水力、碧草、古乔村公所，合置大化瑶族自治县，县政府驻大化镇。②

解读：引文出自《中国县情大全》。因大化县地域是由都安、巴马、马山三县部分乡镇合并而成，这三县在秦代时均属于桂林郡地，因此大化县地域在秦代时也属于桂林郡。

原文：罗城仫佬族自治县，由原罗城、天河两县合并而成。秦朝，今县地属桂林郡地。③

解读：引文出自《罗城仫佬族自治县志》。《罗城仫佬族自治县志》明确指出，秦朝时县地属桂林郡。

（十）百色市

“百色”由“博涩寨”演变而来，来源于明代武缘县大明山下的驻兵寨博涩寨，“博”壮语意为“口”，“涩”意为挑水或洗衣码头。“博涩”意为“河口码头”。清代壮族著名文人黄君巨所撰的《武缘县图经·地略下·古迹》记载：“博涩废寨（读史方舆纪要）县东六十里。谨案：故址在今马头圩文村（即敬三村），后不知何时移驻土田州西境，仍曰博涩寨巡司，即今百色厅也。百色盖即博涩之讹。”百色

---

① 都安瑶族自治县志编纂委员会编纂：《都安瑶族自治县志》，31页，南宁，广西人民出版社，1993。

② 张文范主编：《中国县情大全·中南卷》，1682页，北京，中国社会出版社，1992。

③ 罗城仫佬族自治县志编纂委员会编：《罗城仫佬族自治县志》，2页，南宁，广西人民出版社，1993。

市位于右江流域。右江古称“文象水”意为“壮人之江”。右江是古骆越文明的重要发祥地，流域内有骆越鸟部落始祖布洛陀文化遗址、骆越古城横山寨遗址、骆越感桑石刻文出土遗址、句町普合古城遗址等。秦代时百色市大部分属于桂林郡，小部分属于且兰国和夜郎国故地。汉代百色属郁林郡增食县地。百色市辖右江区、田阳区、田东县、德保县、那坡县、凌云县、乐业县、田林县、西林县、隆林各族自治县，代管靖西市、平果市。市政府驻地右江区。

原文：秦始皇在岭南置三郡（桂林郡、南海郡、象郡），今百色属象郡。秦末汉初，百色为南越国属地；汉武帝平定南越国后，今百色属郁林郡增食县地。①

解读：引文出自《百色市志》。这里的百色市指原来的百色县级市，即现在的百色市右江区。该志认为百色县级市秦代时属于象郡地，这一说法值得商榷。右江古称郁水也称骆越水，所在的右江河谷是骆越文化的重要发祥地，与古贵港秦代桂林郡治布山城同属郁江流域，是一个统一的地理单元，也是古骆越文化的核心区。秦代划分郡县多以山河自然条件和交通条件为据，显然，对于管理右江河谷来说，桂林郡治布山城比象郡郡治合浦更为直接和方便。秦始皇没有道理将右江河谷划归山河阻隔的象郡郡治合浦管理。

另据《太平御览》卷一百七十二，“邕州”条下记载：“《十道志》曰：邕州，朗宁郡。古越地。秦为桂林郡。汉郁林郡之岭方县地。晋置晋兴郡于此。隋为郁林郡之宣化县。武德四年，置南晋州。贞观六年，改为邕州。”② 又“田州”条下记载：“《十道志》曰：田州，横山郡。土地与朗宁郡同。唐为田州。”③ 田州“土地与朗宁郡同”的意思是说田州的地域和朗宁郡（邕州）的地域一样，秦代时都是桂林郡辖地。显然，这一说法较为合情理。

原文：田阳县域古为百越地。秦统一中国后在岭南设桂林郡、南海郡和象郡，今田阳县域属象郡。汉武帝时始设增食县（今田阳县境），元鼎六年（公元前111年）辖今百色、田阳、田东、平果、隆安等区县，县治在今田阳县，属交州郁林郡

① 百色市志编纂委员会编：《百色市志》，25页，南宁，广西人民出版社，1993。

② （宋）李昉编纂，王晓天、钟隆林校点：《太平御览》第二卷，639页，石家庄，河北教育出版社，1994。

③ （宋）李昉编纂，王晓天、钟隆林校点：《太平御览》第二卷，640页，石家庄，河北教育出版社，1994。

（今贵港市境）。①

解读：引文出自《田阳县志》。汉代的增食县管辖的地域就是右江河谷的百色（右江区）、田阳、田东、平果、隆安等区县，也是古田州所辖范围。《太平御览》记载田州秦代属桂林郡，今田阳在秦代应该属于桂林郡。

原文：秦前，今田东县地属百越（粤）地。秦始皇三年（公元前 214 年），略定杨越，置桂林、南海、象郡。今田东县地分属桂林郡及象郡。汉元鼎六年（公元前 111 年），改故秦桂林郡为郁林郡，今田东县地大部分属郁林郡增食县地。延至西晋时期为止。②

解读：引文出自《田东县志》。田东县和右江区、田阳一样，汉代属郁林郡增食县地，秦代应属于桂林郡。

原文：现在德保县的行政区域是解放初期由天保，敬德两县合并组成的。这两个县在秦始皇统一岭南后，属象郡的范围，汉朝属郁林郡辖地。③

解读：引文出自《广西地理沿革简编》。德保县域附近的田东祥周是骆越时代右江河谷的政治、经济、文化中心，“祥周”在古壮语中意为“王廷”，“祥周”有布洛陀文化遗址、战国墓葬群，还有著名的骆越古道与德保县域相通，关系十分紧密，而德保县域与象郡的中心城市合浦和河内山河阻隔，因此说“这两个县在秦始皇统一岭南后，属象郡的范围”于理无据。后代德保县域都属邕州管辖，秦代时应属于桂林郡。

原文：那坡县，秦，地属象郡，未有建置。汉，元鼎六年（公元前 111 年），地属益州刺史南部牂牁郡句町县地（治今云南省广南县）。尚无建置。④

解读：引文出自《那坡县志》。那坡县宋代时才置镇安峒，秦代时无建置，说那坡县地秦代时属象郡值得商榷，既然那坡县地汉代属于牂牁郡句町县地，说明那坡县地在汉代前也应与句町县联系更紧密，而与象郡郡治的合浦联系较疏远，因此，

---

① 田阳县志编纂委员会编：《田阳县志》，3 页，南宁，广西人民出版社，1999。
② 田东县志编纂委员会编：《田东县志》，1 页，南宁，广西人民出版社，1998。
③ 龙兆佛、莫凤欣编：《广西地理沿革简编》，131 页，南宁，广西人民出版社，1983。
④ 广西那坡县志编纂委员会编：《那坡县志》，35 页，南宁，广西人民出版社，2002。

笔者认为那坡县地秦代时不可能属象郡管辖。

原文：凌云县，秦代以前，今凌云境已有人类居住，主要为壮族及部分少数民族，历史上被称为“獠人”、“俚人”、“雒越”等，是岭南百越（百粤）各部族的一部分。秦始皇三十三年（公元前214年），秦朝统一岭南地区，设置桂林郡、南海郡、象郡，今凌云属桂林郡。秦末汉初，今凌云为南越国统辖，隶属桂林郡。汉元鼎六年（公元前111年），今凌云属郁林郡管辖。元封五年（公元前106年），为交州统辖下的郁林郡管辖，属增食县。[①]

解读：引文出自《凌云县志》。凌云县的主要河流泗水河、布柳河分属右江、红水河两大水系，这两大水系古代属郁水流域，古郁水流域秦代均为桂林郡地，凌云县地在秦代属于桂林郡的记载应比较准确。

原文：乐业县境，秦代属象郡。汉初，属南越地。汉元鼎五年（公元前112年），汉武帝出兵南越，次年冬平定南越重新置郡，县境属交州郁林郡、益州牂牁郡且兰县地。县境大部为夜郎国地。[②]

解读：引文出自《乐业县志》。乐业县境和凌云县一样，属于古郁水流域，有水道与古桂林郡郡治布山相通，因此说乐业县境秦代属象郡，显然不符合秦代郡县制以山河地理条件设置的原则，笔者认为乐业县境秦代应属于桂林郡。

原文：田林县，秦时，东南部属象郡，西北部属夜郎部落，西南部属句町部落。汉时，东南部属郁林郡广郁县，西南部属牂牁郡句町王国，西北部属夜郎王国。[③]

解读：引文出自《田林县志》。田林县域较大，但其水系仍然属于古郁水水系，秦代时与郁水的中心城市桂林郡郡治布山联系较密切，因此笔者认为田林县秦代时应属于桂林郡。

原文：西林县，春秋战国，公元前5世纪，今境内及附近地区居住着句町部族。西汉，元鼎六年（公元前111年），汉王朝平定南越后，回兵统一西南地区句町、

---

① 凌云县志编纂委员会编：《凌云县志》，64页，南宁，广西人民出版社，2007。

② 乐业县志编纂委员会编：《乐业县志》，34页，南宁，广西人民出版社，2002。

③ 田林县地方志编纂委员会编：《田林县志》，51页，南宁，广西人民出版社，1996。

夜郎等边地民族小国家，于且兰（今贵州西南）设牂牁郡，建句町县，隶属牂牁郡。元封五年（公元前106年），在今西南地区设益州刺史部（治在今成都），辖牂牁郡句町县。始元四年（公元前83年），因句町首领毋波协助汉室平定“郡兵”反叛有功，受汉昭帝诏封为王，句町县同时受封为王国。始建元年（公元9年），王莽篡国实行“尊王攘夷”政策，下诏贬降句町王号，改王为侯，句町王国降为侯国。东汉，建武元年（公元25年），光武帝下令恢复句町王的称号。自建武元年至建安八年（公元25年—公元203年），句町县隶属益州刺史部牂牁郡。①

解读：引文出自《西林县志》。西林县有秦汉时的大型铜棺葬墓和铜鼓葬墓，是滇、黔、桂三省区三角地带中最重要的墓葬群，也应该是这一地带的政治、经济、文化的中心，实际上从西林县古称句町这一地名也可看出其中的端倪，“句町”和“祥周”的名字一样，意思都是骆越“王廷”，“句町”实际上是“祥周”的克隆版，是骆越“王廷”西迁形成的一个中心。西林出土的许多青铜文物和田东出土的完全是一个类型，西林战国时与右江河谷关系非常密切，秦代时如果不属于桂林郡管辖也应该是一个政治、经济、文化上相对独立的单位，即句町国管理的地域，汉代时西林县属于牂牁郡句町县，这说明西林在秦代不可能归象郡管辖。

原文：隆林县，夏、商两代至周朝的春秋时期，属百越与百濮交界的地方，未见史载建置行政单位。战国时，属夜郎国。秦时，属黔中郡。汉元鼎元年（公元前116年）置牂牁郡后，属牂牁郡句町县（县治所在今云南省广南县境内）。②

解读：引文出自《隆林各族自治县志》。秦代所设置的黔中郡郡治设在黔城，即今湖南怀化市沅陵县城西的黔城。黔中郡地域属于沅水流域，属于长江水系，而隆林县域属于珠江水系。两地山河阻隔，隆林县秦代时不可能属于黔中郡地，属于桂林郡地的可能性更大。

原文：靖西县，秦始皇三十三年（公元前214年）派尉屠睢率五十万大军平定岭南，在岭南置桂林、南海、象三郡，今县境属象郡，郡治临尘（在今崇左县境）。秦末代理南海尉赵佗兼并三郡，建立南越国，县地属南越国。汉武帝元鼎六年（公

① 西林县地方志编纂委员会编：《西林县志》，41页，南宁，广西人民出版社，2006。

② 隆林各族自治县地方志编纂委员会编：《隆林各族自治县志》，27页，南宁，广西人民出版社，2002。

元前111年）平定南越，将岭南分为南海、苍梧、郁林、合浦、交趾、九真、日南、珠崖、儋耳九郡，今县境属益州刺史部南部牂牁郡句町县地，牂牁郡治故且兰，句町县治在今云南省广南县境，古为句町国，汉武帝时灭，置句町县。[1]

解读：引文出自《靖西县志》。靖西县域既然汉代时属于牂牁郡句町县地，说明靖西县域历史上与句町县关系较紧密，而与象郡的临尘县联系并不紧密，而且秦代时的象郡郡治也不是临尘，后世的史志如明万历《太平府志》就清楚记载“秦始皇三十三年略定百粤置郡，太平为象郡，象郡驻今廉州”。[2] 在先秦时的岭南，环北部湾地区是一个水事交通发达联系紧密的地理单元，并且是野生象的分布区，这应该是秦始皇在这一地区设置象郡的原因。在这一地理单元中，古廉州（合浦）是一个重要的政治、经济和交通的中心，因此象郡郡治设在合浦是合理的，合浦上万座的汉墓也证明它辉煌的历史。环北部湾地区还有一个骆越文化遗存丰富的越南河内地区，这也可能是古象郡郡治的另一个所在地。秦代的靖西县域与北部湾地区的交通并不便利，因此靖西县域秦代时应属于古句町国地。

原文：现在平果县的行政区域是解放初期由平治、果德两县合并组成的。这两个县在秦始皇统一岭南后属象郡的范围。汉朝为增食县地。[3]

解读：引文出自《广西地理沿革简编》。平果县域在右江河谷，汉代时属于增食县地，唐代时也属于古田州地域，按《太平御览》记载，田州的地域和朗宁郡（邕州）的地域一样，秦代时都是桂林郡辖地。

① 靖西县县志编纂委员会编：《靖西县志》，59页，南宁，广西人民出版社，2000。
② （明）甘东阳：《太平府志·沿革》卷一，南宁，广西人民出版社，2016。
③ 龙兆佛、莫凤欣编：《广西地理沿革简编》，130页，南宁，广西人民出版社，1983。

第四章　古桂林郡独特的自然环境与物产

一、“金钩落玉盆”的独特地形

古桂林郡的地形特点可以概括为“金钩落玉盆”。它的东部是和广东的分界山脉云开大山，西边是云贵高原，北面是南岭山脉，南面是西江流域和钦江流域的分水岭由低山和丘陵组成的贵南山脉。这些山地将古桂林郡围成了一个盆地，这个盆地的中间有一条被著名地质学家李四光称为“广西弧”的山脉，即都阳山—大明山—大瑶山—驾桥岭山脉，“广西弧”是亚欧大陆板块、太平洋板块和印度洋板块共同挤压形成的特殊山脉。这一地形被人们称为“金钩落玉盆”，这一独特的地质地貌对于古桂林郡成为中国自然资源和历史文化的富矿区产生了重要作用。

原文：都广之野，
珍怪所聚；
爰有羔谷，
鸾歌凤舞；
后稷托终，
乐哉斯土。[①]

译文：都广有沃野，
珍奇多汇聚；
遍长野百谷。
鸾唱凤起舞，

---

① （晋）郭璞：《山海经图赞译注》，352 页，长沙，岳麓书社，2016。

后稷托终身，

这里是乐土。

解读：引文出自郭璞所著《山海经图赞》。《山海经图赞》是郭璞对《山海经》绘图所作的解说，他认为“都广之野”是一块“乐土”，这块“乐土”生长着各种珍奇的植物，其中有长得嫩白如同羊羔般的野生稻谷，百鸟在这里快乐地歌舞。在古籍中，“都广之野”是一个引人的千古之谜，历代学者对“都广之野”的位置众说纷纭，有说是成都平原的，有说是昆明盆地的，有说是华北平原的……可是许多学者都没有注意到“都广之野”的三个重要特点，那就是田野广宽，遍长野生稻谷，并且野生稻谷名字带有“羔”字词头。“羔”字在其他《山海经》的版本中写作“膏”字，可见“羔”字是一个音译的古字。郭璞对“羔”字的解释是：“嫩白如同羊羔”，这是郭璞的附会说法。据梁庭望先生等壮族学者的考证，认为“膏”音字是古壮语粮食类名词前的冠词，意为粮食一类的谷物。符合这三个特点的“都广之野”只能是岭南最大的稻作起源平原古贵港的西江平原。“都广之野”的“都”字是“垌”字的通假字，贵港的西江平原是全国垌字地名分布最为密集的地区，是野生稻最大的分布区，也是壮族先民古骆越人重要的分布区，现在这一地区的壮族同胞称呼粮食类谷物都带有“膏”音字的冠词，显然古之“都广之野”最有可能就是古桂林郡郡治所在的西江平原。

原文：建木在都广，众帝所自上下，日中无景，呼而无向，盖天地之中也。①

译文：建木长在都广之野，各帝王从这上天下地，这里夏至日中午时没有影子，呼喊也没有声音，是天地的中心。

解读：引文出自汉代淮南王刘安所编的《淮南子》。从这段引文可看出“都广之野”还有一个重要的特点，那就是夏至日中午太阳照射树木没有影子，即“立竿无影”。全国的平原只有北回归线穿过的古桂林郡郡治所在的西江平原有这样一个地理特征。桂平市还根据这一地理特点建立了一座北回归线标志建筑。“建木”是传说中的神树，高达天庭，地上的帝王和天上的帝王都可通过它“上下”，“建木”所在的“都广之野”是天地的中心，“建木”是天之柱。《山海经》成书于战国时代，是当时的中原人对于远古先人祖居地的记忆，剥离其中的神话内容，实际上这

① （汉）刘安撰，（汉）许慎注，陈广忠校点：《淮南子》，85页，上海，上海古籍出版社，2016。

一祖居地就是“百谷自生”“日中无影”的稻作文明的发源地，是古骆越人生活的乐土。“建木”和“扶桑”树一样，都带有古骆越语的印记，“建木”意为“坚硬的树木”，“扶桑”意为“高树”。贵港汉墓中出土的青铜扶桑树灯就是这一神话文化的遗存。

原文：南山经之首曰鹊山。其首曰招摇之山，临于西海之上，多桂，多金玉。①

译文：南山经所载的第一列山叫鹊山，它的第一座山叫招摇山，靠近西海的上面，山上长有很多肉桂树，蕴藏着许多金属矿产和玉石。

解读：引文出自《山海经》，前已有引用，这里从另一个角度再进行解读。本段为《山海经》开头的第一段文字，《山海经》把“鹊山”和“招摇山”列为天下百山之首，反映了中原先民以南为上，以南为“干”、为“天”的理念，则所谓“先天八卦”的理念。笔者认为，这或许说明在中原先民的记忆中祖居地是在南方的。在中原先民的记忆中祖居地叫“都广之野”，是稻作起源之地，“都广之野”北面的第一列山系叫“鹊山”和“招摇山”。这些名字都带有深刻的骆越文化密码，古骆越人把引导发现野生稻的鸟名作为稻谷的名字，水稻叫“雒”，后写作“糯”，旱稻称为“鹊”，长野生旱稻的山叫“鹊山”。古骆越人把始祖王叫“召佬”，音转为“招摇”。“招摇之山”就是“始祖王之山”。这就是贵港北面的大明山——大瑶山系，即北山山脉。贵港的北山山脉确实“多桂，多金玉”，至今仍然是世界最大的肉桂产区。这是北山地理特点的真实记录。《读史方舆纪要》记载：“县北十五里又有北山，一名宜贵山，上有瀑布千仞。其北为登仙岩，路接仙女岭。”②

二、北回归线横穿的独特天象

古桂林郡自然环境的一个重要特点是北回归线穿过其中部，使古桂林郡的气候成为典型的亚热带气候区，产生了许多独特的天象。古代典籍对这一独特的天象有过许多记载，称北回归线以南的地区为“北向户”，即阳光可以照进房屋北面门户的地区。在北回归线上，夏至日中午“日中无影”。古人利用这一天象在北回归线上设立观测点，测定“永日”以修正历法。

---

① （汉）刘向、刘歆：《山海经》，3 页，沈阳，万卷出版公司，2014。

② 《边疆史地文献初编》编委会编：《边疆行政建制初编 · 西北及西南》第 13 册，399 页，北京，知识产权出版社，2011。

原文：车同轨。书同文字。地东至海暨朝鲜，西至临洮、羌中，南至北向户，北据河为塞，并阴山至辽东。[1]

译文：车辙轨迹统一（使车宽相同）。书写文字统一。秦朝的领土东到大海及朝鲜，西到临洮和羌中，南到岭南可以向北开门户的地方，北方据守黄河作为要塞，依傍阴山一直延续到辽东。

解读：引自司马迁编著的《史记·秦始皇本纪》。秦始皇扩张领土"南至北向户"。"北向户"的意思按照《中国历史大辞典》的解释是："北向户，地区名。简称'北户'，泛指五岭以南中原王朝势力所及地区。北回归线以南，居民往往向北开门户，故名。"[2] 这说明岭南的桂林郡故地是北回归线穿过的地区。北回归线以南的地区有一个独特的天象，那就是太阳可以从北面门户照到屋内。南、北回归线之间的地区从地理概念上说属于热带，这条北回归线虽然是看不见的线，但是对古桂林郡自然环境的影响很大，古桂林郡之所以遍生野生稻，冬天和夏天都能播种，夏至日中午日照无影，奇珍特产丰富，就是因为北回归线从其中部穿过。

原文：申命羲叔，宅南交，平秩南讹，敬致，日永星火。以正仲夏，厥民因，鸟兽希革。[3]

译文：尧帝又命令羲叔住在南方的交趾，观察辨别太阳向南运行的情况，恭敬地迎接太阳南来。根据白天最长，黄昏时火星出现在南方的天象，来确定仲夏时节。这时人们居住在高处，鸟兽的羽毛稀疏。

解读：引文出自《尚书·虞书·尧典》。这段记载证明远在尧舜时代，中原政权已经有效地管理到了岭南地区，向这里派出了观测天文的官吏羲叔，"永日"是夏至日，这时在北回归线上可以准确测定一个回归年的时间，以制定历法。测定的地点应该在古人认为是"天地之中"的"都广之野"，并且观测点应该在北回归线上。这一观测点只能是北回归线通过的西江平原上，羲叔的住所也应在离观测点最近的岭南中心城市古布山城。

---

① （汉）司马迁：《图解史记》，32 页，北京，中国华侨出版社，2018。

② 中国历史大辞典·历史地理卷编纂编委会编：《中国历史大辞典·历史地理》，227 页，上海，上海辞书出版社，1996。

③ 剑楠、崔永晨编：《四书五经》，267 页，长春，吉林大学出版社，2011。

三、郁水——古桂林郡文明之源

古郁水也称越江或粤江，即现代地理学所称的珠江，它是岭南的主要河流，也是中华民族的母亲河之一。它的干流西江流域是古桂林郡的主要疆域。西江的主干流上源为南盘江、红水河、黔江。但是孕育珠江文明的母亲河不是西江干流，而是它最重要的支流郁江，左、右江至桂平的郁江河段也叫文象水或讙水，即古之骆越水。近年来骆越文化研究的最新成果已证明，郁江流域是世界稻作文明的起源地，也是古骆越文明的起源地和核心区。我国人类学之父裴文中到骆越水流域的武鸣考察古人类文化遗址后，曾说过这么一句名言："中国可以成为世界上古人类学的中心，广西是中心的中心。"① 我国著名的历史学家厉声指出：骆越文化是百越文化的核心，是中华文明的重要组成部分。② 郁江流域之所以成为中华文明的重要源头之一，是它独特的自然环境形成的。郁江流域是我国气候最温暖的区域，也是降水量最大的区域。这一独特的自然环境使郁江流域成为我国农业文明最早的发源地和民族医药最早的发源地。

原文：郁水出象郡，而西南注南海，入须陵东南。③

译文：郁水发源于象郡，向西南流入南海，入海处在须陵的东南方。

解读：引文出自《山海经》。这是古籍中关于岭南第一大河珠江最早的整体叙述。珠江古称郁水，后来才称粤江。"象郡"是秦代才设置的郡，记述郁水发源于象郡，说明这是秦代以后的学者对于珠江起源地的认识。郁水的支流左江确实发源于越南的北部山地，这里确实是学界公认的秦代象郡属地。郁水流经广西、广东最终流入南海。郁水的整体流向是从西向东流，到广东的三水后才转向东南流，珠江与东江的汇合形成的黄埔湾是古代郁水的入海口，入海处有一个著名的南海神庙，南海神庙旁边的古镇叫扶胥，在古骆越语中"扶"也就是"埔"，即骆越祖神龙母的名字，"胥"或"须"意为城，"陵"意为河湾或深潭，"须陵"就是河湾城，入海处正好位于"扶胥"城的东南方。

---

① 裴文中：《广西是古人类学的重点地区》，见梁庭望：《壮族文化概览》，74 页，南宁，广西民族出版社，2018。

② 参见罗世敏、谢寿球主编：《大明山骆越养生》，11 页，南宁，广西人民出版社，2008。

③ （西汉）刘向、刘歆校订，孙红颖解译：《山海经全鉴》（典藏版），243 页，北京，中国纺织出版社，2016。

原文：伯虑国、离耳国、雕题国、北朐国皆在郁水南。郁水出湘陵南海。一曰相虑。[1]

译文：郁水南边有伯虑国、离耳国、雕题国、北朐国。郁水从湘陵流人南海。湘陵也有的说是“相虑”。

解读：引文出自《山海经》。“伯虑国、离耳国、雕题国、北朐国”是中原人对于古代郁水以南城市和族群的记忆，“伯”是古骆越语“口”的记音字，“虑”意为“船”，“伯虑”的意思是停船的海口或河口，很可能这是指古合浦的“北海”港。“离耳”，学者们多认为是耳朵戴大耳环的族群，即海南岛上的古黎族人。“雕题”即头上刺青描纹饰的族群。《礼记·王制》记载：“南方曰蛮，雕题交趾，有不火食者矣。”[2] 学者多认为“雕题”是指越南北部的交趾族群。“北朐”，“朐”通“煦”，“北煦”即“北户”，是北向开门户的地方，在交趾以南。郁水流入南海的地方是“湘陵”，即上一条引文的“须陵”，也叫“相虑”，“虑”意为船，“相虑”即港口。

原文：又东南七十里，曰讙山，其木多檀，多封石，多白锡。郁水出于其上，潜于其下，其中多砥砺。[3]

译文：再往东南70里有座山，名叫讙山，山上生长的树大多是檀树，山上还蕴藏有很多硅玉石，蕴藏有很多的白色锡矿石，郁水发源于这座山上，在山下潜流，郁水中有很多砺石。

解读：引文出自《山海经》。这里记载郁水的一个重要源头是讙山，“讙”是古骆越语“雁”的记音字，“讙山”就是“大雁之山”或“天鹅之山”，这座山的特点是山上生长着很多檀树。“檀”原指坚硬的木材，后特指檀香树。还出产硅玉和白锡矿，“白锡”就是铝土矿，山上有大泉水，潜流流进了郁水。郁江上游中符合这几个条件的只有平果县城附近感桑村的“鹅山”，“鹅山”壮语叫“岜汉”也就是“讙山”，“鹅山”附近地区古代盛产一种叫“思櫑木”的檀香树，这一地区也是中国最大的铝土矿区，“鹅山”附近地区还盛产硅玉，是古骆越人的一个重要的

---

① （汉）刘向、刘歆编，程秀波注释：《山海经》，252 页，沈阳，万卷出版公司，2011。

② 陈成国：《四书五经校注本》第一册，422 页，长沙，岳麓书社，2006。

③ （西汉）刘向、刘歆校订，孙红颖解译：《山海经全鉴》（典藏版），157 页，北京，中国纺织出版社，2016。

玉石器加工区，曾出水过大量的玉石器和磨制玉石器的砺石。山上有大泉注入右江，泉边有古骆越人的祭祀坛，曾出土著名的骆越石刻文字石片。看来古骆越人是把“鹅山”当作郁水的源头来祭祀的。《山海经》对于郁水源头的记载基本上是准确的。

原文：宣化，州所治。汉岭方县地属郁林郡。秦为桂林郡地。驩水在县北，本牂牁河，俗呼郁林江，即骆越水也，亦名温水。古骆越地也。①

译文：宣化县是邕州的治所。汉代时是岭方县，属郁林郡辖地。驩水流经宣化县北部，本来叫牂牁江，俗称郁林江，也就是古代的骆越水，也叫温水。宣化属于古骆越地。

解读：引文出自《旧唐书·地理志》。许多学者在解释这段记载时常常把骆越水当作是红水河，因为许多古籍也把红水河称为牂牁江和温水。理解这段记载的关键词是“驩水”和“宣化县北”，“驩水”就是《山海经》所说的郁水之源“讙山”流下来的右江。“驩”和“讙”应都是古壮语“天鹅”即“大雁”的记音字（读音如同“汉”）。古汉语中的“雁”和古壮语中的“雁”是同源词，上古汉语“雁”字读音也如“汉”。“讙山”就是“雁山”，“驩水”也就是“雁江”。这就是右江的本名，右江绝不会越过大明山注入红水河，因此红水河也就不可能是骆越水。许多古籍也明载右江也叫牂牁江或温水，如清代屈大均所著《广东新语》中的《水语》就认定：“牂牁江即今巴盘江。黔之水惟此为大。由滇阿迷、罗雄。径广南泗城、田州乃至粤。自广南以上。皆崎岖不通舟楫。”

原文：句町。文象水东至增食入郁。又有卢唯水、来细水、伐水。莽曰从化。②

译文：句町县。有文象水东流到增食县汇入郁江。又有卢唯水、来细水、伐水汇合。王莽主政时改句町县名叫从化县。

解读：引文出自班固编撰的《汉书·地理志》。“文象水东至增食入郁”，文象水应是句町县和增食县的主干河流，句町国的中心在西林县，西林县的主干河流叫驮娘江，据近年广西骆越文化研究会专家考证，西林是骆越文化的一个重要中心，

---

① （后晋）刘昫：《旧唐书》第二册，1188 页，北京，中华书局，2000。

② （汉）班固撰，王继如主编：《汉书今注》，935 页，南京，凤凰出版社，2013。

“句町”的“句”字在古壮语中意为“王”，“町”意为地方，“句町”意为“王之地”或“王廷”。古籍《鸿庞氏传》记载：骆越王子叫“官郎”，公主叫“媚娘”。“驮娘江”的“驮”字，古壮语音为“达”，意为江，“娘”是古骆越公主“媚娘”的尊称，“驮娘江”就是骆越公主江。西林普合乡驮娘江铜棺墓和铜鼓墓遗址旁边的句町祭祀坛又叫“岜郎”，意为骆越王子山。“驮娘江”就是古之文象水。“文象”是古骆越语“壮人”的记音字，文象水流到百色市区汇入右江，百色市区就是古增食县地，右江也就是文象水，是郁江的主干河流，文象水、邕江、郁江是骆越文化的核心区，因此郁江也叫骆越水。

原文：龚江之水出焉，东流会诸水入于南海，西一百四十里曰贵县，本秦桂林郡之南境，汉魏郁林郡之广郁县，吴改阴平县，晋改郁平县。①

译文：龚江水发源于此，向东汇合诸流进入南海，西边一百四十里是贵县，原本是在秦代桂林郡的南部，汉魏郁林郡的广郁县，东吴改为阴平县，晋代改为郁平县。

解读：引自《广西通志》，明嘉靖十年（公元 1531 年）刻本。西江的平南河段叫龚江，它向东流，汇合桂江、贺江、北江、东江等河流注入南海。龚江上游郁江汇合黔江后的桂平河段叫浔江，郁江与宝江汇合处是贵港城区的前身贵县，古贵县就是古桂林郡郡治布山县。历代几经更名为广郁县、阴平县、郁平县。

原文：西江。西有三江。其一为漓。一为左。一为右。右江至浔而汇左为一。而右江之名隐。左江至梧而汇漓为一。而左江之名亦隐。惟曰西江。西江在西粤为三。在东粤为一。一名郁水。唐志称。南海名山灵洲。大川郁水。亦曰牂牁江。予以其源远委长。经流四省。可为一大渎。而岣嵝碑有南渎衍亨之语。因名之曰南渎。盖东粤江之大者无如牂牁。故南海一名牂牁海。亦曰牂牁大洋。南海固以江而重也。则祠牂牁于广州以为南渎也亦宜。牂牁者。江中两山名。左思云。吐浪牂牁。西江之水。以牂牁之山为始。以蕉门之口为终。牂牁其亦西江之岷山也。②

译文：西江。西江流域西部有三条江，其中之一是漓江，一是左江，一是右江。右江至浔江汇合左江成为一条江，而右江的名称就隐藏了。左江到梧州汇合漓江成

① （明）林富、黄修：《广西通志》卷一，明嘉靖十年（公元 1531 年）刻本。
② （清）仇巨川：《羊城古钞》，131 页，广州，广东人民出版社，2009。

为一条江，而左江的名称也隐藏了，只叫西江。西江在广西分为三条江，但在广东只是一条江，只有一个名字叫郁水。《唐书·地理志》说，南海名山是灵洲山，大河流是郁水，也叫牂牁江，我因为它源头遥远曲折流长，流经四省，可认其为一条大河渎。而《岣嵝碑》有“南方大河渎流远昌盛”的语句，因此命名它叫南方大河渎。广东江河最大的不如牂牁江，因此南海的一个名称叫牂牁海，也叫作牂牁大洋。南海原本以江河为重要水源，于是建祠庙祭祀牂牁江把它作为南方最大河渎祭祀也是应该的。牂牁是江中两座山的名字，左思说：“倾吐大浪的牂牁，是西江的大河”。西江以牂牁的山为起点，以蕉门的出海口为终点，牂牁山也是西江的岷山。

解读：引文出自明末清初广东著名学者屈大均所著的《广东新语·水语》。屈大均在书中对西江作了一个概说。他所说的左、右江不是今天的左、右江，而是指郁江和黔江，郁江和黔江在桂平汇合成浔江。浔江流到梧州汇合漓江（实际上是桂江）成为西江。值得注意的是屈大均把西江和珠江统称为“郁水”，也称为“牂牁江”，说明这两个江名都是西江和珠江的古称。灵洲山在今广东南海市北。《新唐书·地理志》记载：广州南海县“有灵洲山，在郁水中”。灵洲山是广东的一座名山。“岣嵝碑”原刻于湖南省境内南岳衡山岣嵝峰，故称“岣嵝碑”，相传此碑为颂扬夏禹遗迹，亦被称为“禹碑”“禹王碑”“大禹功德碑”。碑文中有“南渎衍亨”的记载。蕉门位于广东省南沙区广兴围、虎门江以西约 8 千米处，是珠江的八大入海口之一。左思是晋朝著名的文学家，他的名著《三都赋》中有称赞西江“吐浪牂牁，西江之水”的句子。屈大均对“牂牁”的解释是郁水源头的两座山，所以郁水也叫牂牁江，郁水流入的大海叫牂牁海或牂牁洋。屈大均认为西江发源于“牂牁山”，出蕉门入南海。从《广东新语》关于西江记载可以看出，郁水上游的文化对郁水下游的文化有很深的影响。

原文：府江即漓江，源出兴安县之海阳山，至分水塘北流为湘，南流为漓。漓水下桂林，历平乐至梧州，以其经桂平梧三府城也，故又名府江云。左江之源有三：一由安南十万山夷界入思明、宁明二州，为明江；一由广渊夷州入上下冻土州，历下龙司，为下龙江；二江会于太平府（古丽江郡）为丽江；一由云南土富州古牂牁地入田州、奉议州，为牂牁江，历上林县、果化州、归德州、隆安县，与丽江会于南宁府古邕州之合江镇，为邕江。由南宁历永淳县古郁林地，为郁江。由永淳历横州、贵县至浔州府，是为左江。右江之源有四：一由贵州黎平府入怀远县，历融县，为融江；一由都匀府入南丹州，历河池州，至庆远府府城北有白龙洞，号龙城，为龙江；二江会于柳州府，为柳江；一为云南陆谅州浊水河，一为维摩州清水河，皆入于西隆州，“渭以泾浊”为红江。历那地、安宁诸土司及迁江、来宾二县，与柳江会于象州，为象江。由象历武宣县至浔，是为右江。二江会于浔，又为浔江。由浔历平南县、藤县与府江会于梧州府城之西南，是为三江口。由江口历东省之肇庆、广州、则入海矣。①

译文：府江（今桂江）就是漓江，源头出自兴安县的海阳山，到分水塘（灵渠）北流成为湘江，南流成为漓江。漓江流下桂林，经过平乐到梧州，因为它流经桂林、平乐、梧州三个府城，所以又叫作府江。左江的源头有三个：一个是由安南（今越南）十万山外族境内发源流经思明、宁明二州，叫明江；一个由越南广渊外族州发源流入上下冻土州（今龙州县水口镇、下冻镇），经过下龙司（今龙州县龙州镇），叫下龙江；明江和下龙江两江在太平府（古丽江郡，今崇左市）汇合称为丽江；一个由云南土富州（今云南省富宁县）古牂牁地（今南、北盘江流域）发源流入田州（今广西百色市田阳区）、奉议州（今百色市田东县），叫作牂牁江，流经上林县（今百色市田东县思林镇）、果化州（今平果市果化镇）、归德州（今平果市马头镇）、隆安县（今南宁市隆安县），与丽江在南宁府古邕州的合江镇（今南宁市三江口）汇合，叫邕江。由南宁经永淳县（今南宁市横县峦城镇）古郁林地，叫郁江。由永淳县流经横州（今南宁市横州市区）、贵县（今贵港市城区）到浔州府（今桂平市），这是左江。右江的源头有四个：一个由贵州黎平府（今贵州省黎平县）发源流入怀远县（今广西三江侗族自治县），流经融县（今广西融水苗族自治县），叫融江；一个由都匀府（贵州省都匀市）发源流入南丹州（今广西南丹县），流经河池州（今广西河池市金城江区），流到庆远府（今广西宜州市），府城的北面有白龙洞，又叫作龙城，这是龙江；融江和龙江两江在柳州府（今广西柳州市）汇合，叫作柳江；一个源头在云南省陆谅州（今陆良县）叫浊水河，一个源头在维摩州（今云南省丘北县）叫清水河，浊水河与清水河都流入西隆州（今广西隆林各族自治县），“渭水因为泾水浊”，叫作红江（今红水河）。流经那地（今广西东兰县）、安宁（今广西都安瑶族自治县）诸土司地界及迁江（今广西来宾市兴宾区迁江镇）、来宾（今广西来宾市区）二县，与柳江在象州（今广西来宾市象州县）汇

① （清）谢济世撰，黄南津等校注：《梅庄杂著》，55~56页，南宁，广西人民出版社，2013。

合，称为象江。由象州经过武宣县（今广西来宾市武宣县）到浔州（今广西桂平市），这称为右江。左、右两江汇合在浔州，又称为浔江。由浔州经平南县（今广西贵港市平南县）、藤县（今广西梧州市藤县）与府江汇合在梧州府城的西南，这称为三江口。由三江口经广东省的肇庆、广州，就流入海了。

解读：引文出自清代谢济世编著的《梅庄杂著》。谢济世，清朝文学家，号梅庄，广西全州县人。这是清代较全面论述广西水系的论文。清代时由于交通的发展，当时的文人学士对广西水系的考察已较前代大为准确详尽。值得注意的是，谢济世把右江称为牂牁江，实际上许多古籍都把红水河和今右江称为牂牁江，甚至流经广州的珠江也称为牂牁江，很可能牂牁江是古郁水的古称，“牂牁”多数古籍称为江中系船木或系船石，也有解释为江中小山的。“牂”字“爿”为形旁，指木头类的东西，“羊”为声旁，是古壮语记音的声旁，意为“关”或“系”，“牁”即舸，“牂牁”意为“系船地”即“码头”，“牂牁江”即“能通船有码头的江”，按这个意思，整个珠江水系当然都可称为“牂牁江”。谢济世的论文还解释了左、右江得名由来，沿西江上航，到桂平三江口，右边流下来的黔江也叫右江，左边流下来的郁江也叫左江。在南宁的三江口，右边流下来的牂牁江也可叫右江，左边流下来的牂牁江也可叫左江。这就是古桂林郡水系的概况。

四、古桂林郡的主要特产

骆越故地独特的天象、地脉和水文孕育了古桂林郡独特的物产。稻作农业文明的发达使“都广之野”成为鱼米之乡，被称为“百药之祖”的肉桂、薏苡、三七等药材的开发使广西成为中华医药的祖源之一，肉桂、檀香、沉香、郁草、八角贸易的勃兴使千古骆越水成为郁水、香江，珍珠、象牙、犀角等宝贝的诱惑直接导致秦始皇用兵岭南。除了以上特产外，古桂林郡影响中华历史的特产还有甘蔗、芭蕉、荔枝、龙眼等。古桂林郡确实像郭璞所歌咏的：都广之野，珍怪所聚；爰有羔谷，鸾歌凤舞；后稷托终，乐哉斯土。[①]

（一）三七

原文：三七。释名：山漆、金不换。〔时珍曰〕彼人言其味左三右四，故名三

① （晋）郭璞：《山海经图赞译注》，352页，长沙，岳麓书社，2016。

七，盖恐不然。或云本名山漆，谓其能合金疮，如漆粘物也，此说近之。金不换，贵重之称也。集解：〔时珍曰〕生广西南丹诸州番峒深山中，采根暴干，黄黑色。团结者，状略似白及；长者如老干地黄，有节。根，【气味】甘、微苦，温，无毒。【主治】止血散血定痛，金刃箭伤跌扑杖疮血出不止者，嚼烂涂，或为末掺之，其血即止。亦主吐血衄血，下血血痢，崩中经水不止，产后恶血不下，血运血痛，赤目痈肿，虚咬蛇伤诸病。(时珍)【发明】〔时珍曰〕此药近时始出，南人军中用为金疮要药，云有奇功。又云：凡杖扑伤损，瘀血淋漓者，随即嚼烂，罨之即止，青肿者即消散。若受杖时，先服一二钱，则血不冲心，杖后尤宜服之，产后服亦良。大抵此药气温、味甘微苦，乃阳明、厥阴血分之药，故能治一切血病，与麒麟竭、紫矿相同。①

译文：三七。解释名字：山漆、金不换。〔李时珍说〕有些人说它的药味左三右四，所以药名叫三七，恐怕不是这样。又说本名山漆，是指它能配成治刀枪伤的药，像漆粘住东西，这个说法意思接近。金不换，是贵重的名称。集各家解释：〔李时珍说〕三七原生地是广西南丹各州蛮峒的深山中，采挖它的根晒干，颜色黄黑色。结成团的根，样子略像白芨；长条的根像老干的地黄，有节。根，【气味】甘、微苦，温，无毒。【主治】止血散血止痛，刀枪箭伤跌伤杖刑的疮伤血出不止的，嚼烂涂伤口，或者研成粉末使用，血立即止住。也主治吐血积血，拉血血痢，血崩中经水不止，产后恶血不下，血运行血脉痛，眼痈肿，毒蛇咬伤各种病。(李时珍)【说明】〔李时珍说〕这个药近年时候才出现，南方人军队中用作治疗刀枪伤的重要药材，说是有奇特的功效。又说：凡是用刑受伤损，瘀血淋漓的，随即嚼烂，敷盖上就止血，青肿就消散。如果受杖刑时，先服下一二钱，血就不冲心，杖刑后更应该服用，产后服用效果也很好。大抵上这个药气温良、味甘微苦，是治阳明病、厥阴病调理血分的药，因此能治疗一切血病，和血竭、紫矿的药效相同。

解读：引文出自李时珍的名著《本草纲目》。《本草纲目》是第一次系统介绍广西地道药材三七的著作。三七因为在古田州集散，因此也叫田七。三七虽然明代时才传到中原，但自古以来就是壮族先民古骆越人军队中使用历史悠久的壮药。三七原产古桂林郡西部右江的壮族土州峒地区。后来传到云南文山地区，成为当地的大产业，著名的中成药云南白药的主要成份就是三七。李时珍对三七的药效评价很高，

① 常学辉：《本草纲目全解》，174～175 页，天津，天津科学技术出版社，2018。

说它能治一切血病，有奇特的功效。三七及其制剂近年来已成为我国预防和治疗心血管疾病首选的安全有效的药物，被誉为血科圣药。三七是影响中华医药历史的重要壮药，它的开发和应用，打破了西药垄断心血管病药的局面，为心血管病的防治提供了新的路径。三七的发现和应用是壮族先民对中华医药的重大贡献。

（二）甘蔗

原文：诸蔗。一曰甘蔗。交趾所生者，围数寸，长丈余，颇似竹，断而食之甚甘；笮取其汁，曝数日成饴，入口消释，彼人谓之石蜜。吴孙亮使黄门以银碗并盖就中藏吏取交州所献甘蔗饧。黄门先恨藏吏，以鼠屎投饧中，启言吏不谨。亮呼吏持饧器入，问曰："此器既盖之，且有油覆，无缘有此，黄门将有恨汝?"吏叩头曰："尝从臣求莞席，臣以席有数，不敢与。"亮曰："必是此。"问之，具服。南人云，甘蔗可消酒。又名干蔗，司马相如《乐歌》曰："太尊蔗浆折朝酲"是其义也。泰康六年，扶南国贡诸蔗，一丈三节。①

译文：诸蔗。又叫甘蔗。交趾所出产的甘蔗，径围有数寸，长达一丈多，很像竹子，折断吃很甘甜；榨取它的液汁，曝晒几天就成糖饴，吃入口中就消溶化释，当地人叫作石蜜。吴国君孙亮派太监用有盖的银碗向中藏吏（保管宫中物品的官吏）领取交州所进贡的甘蔗糖。太监原先和中藏吏有仇，把鼠屎放进糖中，告状说中藏吏失职。孙亮叫中藏吏拿装糖的容器入宫，询问中藏吏说："这容器既然盖着，并且盖上涂有油，老鼠没有机会干这事，太监和你以往有仇是吗?"中藏吏叩头说："太监曾经向我求取莞席，我因为席有数量，不敢给。"孙亮说："原因一定是这样。"审问太监，全承认了。南方人说，甘蔗可以解酒。又叫干蔗，司马相如所作的《乐歌》说："官太爷的蔗浆解了早上还有的酒醉意"，这就是它的功效。泰康六年（公元285年），扶南国进贡诸蔗，一丈长有三节。

解读：引文出自晋代著名学者嵇含所撰的《南方草木状》。《南方草木状》是我国最早的岭南植物志。书中关于植物产地和引种历史的记载，是研究古代岭南植物分布和原产地的宝贵资料。书中说甘蔗产自交趾，指的是三国时吴国的交州，包括广东、广西和越南北部，但是甘蔗只产在交州南部地区，郁江流域是主产区之一。

---

① （晋）嵇含：《南方草木状》，见王根林等校点：《博物志（外七种）》，142页，上海，上海古籍出版社，2012。

交州向吴国进贡甘蔗糖，可见当时的甘蔗糖是珍贵的特产。经过历代人民的不断开发，蔗糖成为广西的重要产业。特别是中华人民共和国成立后，广西的蔗糖产业发展迅速，自 1992 年以来，广西食糖产量连续 28 年居全国第 1 位，2005 年以来，连续 15 年占全国总产量的 60%左右。

（三）芭蕉

原文：甘蕉望之如树，株大者一围余。叶长一丈，或七八尺，广尺余二尺许。花大如酒杯，形色如芙蓉，着茎末百余子大，名为房，相连累，甜美，亦可蜜藏。根如芋魁，大者如车毂。实随华，每华一阖，各有六子，先后相次，子不俱生，花不俱落。一名芭蕉，或曰巴苴。剥其子上皮，色黄白，味似蒲萄，甜而脆，亦疗饥。此有三种，子大如拇指，长而锐，有类羊角，名羊角蕉，味最甘好。一种子大如鸡卵，有类牛乳，名牛乳蕉，微减羊角。一种大如藕，子长六七寸，形正方，少甘，最下也。其茎解散如丝，以灰练之，可纺绩为絺络，谓之蕉葛。虽脆而好，黄自不如葛赤色也。交广俱有之。《三辅黄图》曰：汉武帝元鼎六年，破南越，建扶荔宫，以植所得奇草异木，有甘蕉二本。①

译文：甘蕉看上去像树木一样，株形大的有一个径围那么大。叶长一丈，或者长七八尺，叶的宽度有一尺至二尺多。花如同酒杯般大，形状颜色像芙蓉花，果实附着花茎末端有百多个子大，名叫房，果实互相连着叠累着，味道很甜美，也可以像蜜一样收藏。根像芋头一样，大的像车毂。果实随着花长，每花一排，各有六子，先后排列，子不一起生，花不一起落。甘蕉另一个名字叫芭蕉，或者叫巴苴。剥它的果实上皮，色黄白，味道像葡萄，甜而且脆，也可以解饥饿。这果有三种，子实大像拇指，长而尖的，有点像羊角，名叫羊角蕉，味道最甘甜良好。一种子实大像鸡蛋，味道有点像牛奶，名叫牛奶蕉，品质稍微比羊角蕉减少。一种大像莲藕，子实长六七寸，形状正方形，缺少甘甜，品质最下等。它的茎散开像丝一样，用灰炼制，可纺绩做成网络布，名叫蕉葛布。虽然脆但是样子好，黄色自然不如葛布的红色。交州和广州都有出产。《三辅黄图》说：汉武帝元鼎六年（公元 111 年），攻破南越，在长安建造扶荔宫，用来种植所得到的奇草异木，宫中有甘蕉两棵。

---

① （晋）嵇含：《南方草木状》，见王根林等校点：《博物志（外七种）》，141 页，上海，上海古籍出版社，2012。

解读：引文出自《南方草木状》，从其中的记载可以知道，甘蕉也就是我们平常所说的芭蕉，晋代时的品种有羊角蕉、牛奶蕉、方形蕉，这三种蕉都是所谓的土蕉。现在市场上销售的香蕉和西贡蕉当时尚未传入我国，《南方草木状》自然没有这些优良品种的记载。值得注意的是岭南晋代时已掌握了用芭蕉茎杆做蕉葛布的技术，现在这一技术已经失传。估计是因为蕉葛布较脆，实用性差因此遭到淘汰。汉代时芭蕉还是一种珍稀的植物，汉武帝造扶荔宫，芭蕉被当作奇草异木引种长安。但是由于历代香蕉种植业的发展，目前芭蕉在市场上几乎绝迹，香蕉现在已成为南果北销的主要品种。

（四）槟榔树

原文：槟榔树，高十余丈，皮似青桐，节如桂竹，下本不大，上枝不小，调直亭亭，千万若一。森秀无柯，端顶有叶。叶似甘蕉，条派开破，仰望眇眇，如插丛蕉于竹杪。风至独动，似举羽扇之扫天。叶下系数房，房缀数十实，实大如桃李，天生棘重累其下，所以御卫其实也。味苦涩，剖其皮，鬻其肤，熟如贯之，坚如干枣。以扶留藤古贲灰并食，则滑美下气消谷。出林邑。彼人以为贵，婚族客必先进，若邂逅不设，用相嫌恨。一名宾门药饯。①

译文：槟榔树，高十多丈，皮像青桐树，有节像桂林郡产的竹子，槟榔树下面的根干部不大，上面的枝干部也不小，笔直亭亭而立，千万株如同一个样子。槟榔树森绿秀挺没有枝柯，顶端长有叶子，叶子像芭蕉叶，一条条破列分开，仰头看气势渺渺，如同插入丛丛芭蕉在竹子的末梢上，风吹来独自摆动，好像举起羽扇打扫天空的样子。槟榔树叶下面挂着几个子房，子房缀满几十个果实，果实大像桃果和李果，天生的棘条重叠累累挂在果实的下面，以此来保卫它的果实。果实味道苦涩，剖开它的皮层，像煮粥一样处理它的肤肉，煮熟使它里外一样，晒干后坚硬像干枣子。用蒌叶和牡蛎灰一起食用，就润滑味美，止嗳气消腹胀。出产林邑（越南中部）的槟榔。那个地方的人把它当作贵重的东西，婚礼请客必须先敬，如果疏忽不设置，因此互相记恨。又叫请客礼中的药制渍品。

解读：引文出自《南方草木状》。槟榔是南方热带的标志性风景树，《南方草木

① （晋）嵇含：《南方草木状》，见王根林等校点：《博物志（外七种）》，148页，上海，上海古籍出版社，2012。

状》对槟榔树形欣赏有加，说明在晋代时岭南交州的槟榔已成为公认的嘉木。岭南槟榔的吃法是将槟榔和蒌叶（扶留藤）及牡蛎灰（古贲灰）一起咀嚼。槟榔是仅次于烟草、酒精和咖啡的世界第四大成瘾型消费品。中国的槟榔原产岭南郁江以南地区，在三国时槟榔北传吴国，很快成为士大夫们时尚的食品。清代乾隆朝实行海禁，槟榔只能通过潇贺古道和湘漓古道北运，湘潭成为槟榔重要的集散地，湖南食槟榔的习俗大盛。湖南民歌《采槟榔》也风传全国，使国人误以为湖南是槟榔的原产地。槟榔属于药食同源的食品，有杀虫、消积、利水消肿的作用，但会损伤牙齿，损伤口腔黏膜，容易得口腔黏膜癌，因此医生提醒大家无病不要咀嚼槟榔。

（五）荔枝

原文：荔枝。树高五、六丈余，如桂树，绿叶蓬蓬，冬夏荣茂，青华朱实。实大如鸡子，核黄黑，似熟莲；实白如肪，甘而多汁，似安石榴。有甜酢者，至日将中，翕然俱赤，则可食也，一树下子百斛。《三辅黄图》曰："汉武帝元鼎六年，破南越，建扶荔宫。扶荔者，以荔枝得名也。自交趾移植百株于庭，无一生者，连年移植不息。后数岁，偶一株稍茂，然终无华实，帝亦珍惜之。一旦，忽萎死，守吏坐诛死者数十，遂不复茂矣。其实则岁贡焉，邮传者疲毙于道，极为生民之患。"①

译文：荔枝。树高五六丈多，像桂树，绿叶浓浓，冬天和夏天都长得很茂盛，花青绿色，果实朱红色。果实大，像鸡蛋，种核黄黑色，像成熟的莲子；果肉白，像脂肪，甘甜多汁液，味道像石榴一样。有甜醋样黄白色的荔枝，到太阳将近中午时，突然间都变成红色，就可以吃了，一棵树结子有百斛那么多。《三辅黄图》说："汉武帝元鼎六年（公元 111 年），攻破南越国，在长安建造扶荔宫。扶荔是因荔枝得名的。从交趾（今广西南部）移植百株种在庭院里，没有一株种活的，于是连年移植不停。后来几年后，偶然有一株稍为成活茂盛，但是始终没开花结果，汉武帝还是很珍惜它。有一天，这成活的一株忽然枯死，守宫的官吏受牵连被杀死的有几十个，于是不再有长活的。每年进贡荔枝，通过驿站邮吏传送的人因疲劳倒在路上死掉，成为民众极大的灾难。"

解读：引文出自《南方草木状》。荔枝是岭南重要的特产，古桂林郡是重要产

---

① （晋）嵇含：《南方草木状》，见王根林等校点：《博物志（外七种）》，148 页，上海，上海古籍出版社，2012。

区，特别是贵港市和玉林市的荔枝产量最高、品质最佳，但说荔枝一棵树结子有百斛那么多则是夸张的说法。荔枝热气大，有“一颗荔枝三把火”的说法，贵港市和玉林市夏至时太阳光直射北回归线，是所谓阳中至阳的日子，当地民众传统用阳中至阳的荔枝泡酒，认为这能有效地提升人的阳气，达到天、地、人三气同步的健康状态。荔枝也被称为岭南果中之王，历代王朝都将其列为进贡皇家的珍奇。唐代杨贵妃爱吃荔枝，岭南进贡荔枝的故事闻名史册。杜牧有诗讽刺说“一骑红尘妃子笑，无人知是荔枝来”。值得注意的是，这段引文记载，汉武帝对荔枝的喜爱比杨贵妃有过之而无不及，他不顾自然规律，硬要引种荔枝到长安，一株荔枝枯死就杀几十个人。每年因进贡荔枝给汉武帝，多少邮传驿吏累死在路上，可谓一颗荔枝就有一个冤魂，岭南荔枝历史的沉重，超出许多人的想象。

（六）桄榔

原文：桄榔，树似拼榈实，其皮可作绠，得水则柔韧，胡人以此联木为舟。皮中有屑如面，多者至数斛，食之与常面无异。木性如竹，紫黑色，有文理，工人解之，以制弈枰。出九真、交趾。①

译文：桄榔，树像棕榈的果实，它的皮可作绳子，绳子浸水后就很柔韧，东南亚的人用桄榔绳子并联桄榔木做船。桄榔皮里有粉屑像面粉一样，多的达到数斛，吃起来与平常的面粉没有不同。桄榔木的品性像竹子，颜色紫黑色，有纹理，工人锯解桄榔木，用来制作棋盘。桄榔出产在九真郡和交州。

解读：引文出自《南方草木状》。桄榔在古桂林郡各地都有出产，材质坚硬，耐腐蚀，可并联起来做成木船，也可做扁担和筷子。里面的粉屑叫桄榔粉，可作粮食，也是特色药材，有健胃补气的功能。实际上桄榔树全身都是宝，是上天馈赠古桂林郡百姓的特产之一。桄榔树在村边亭亭玉立，是标志性的南亚热带风光。许多山村，用桄榔树干做的水槽节节相接，可把高山上的泉水引进家中，这也是南亚热带壮家山村特有的景观。在壮族农家，用桄榔木做的扁担、蒸笼、筷子等到处可见。夏天在壮族农家小憩，主人端出一碗用桄榔粉制作的凉粉，顿时暑气全消。桄榔树是农家之宝，应该广为种植，使它成为生态产业。

① （晋）嵇含：《南方草木状》，见王根林等校点：《博物志（外七种）》，146页，上海，上海古籍出版社，2012。

（七）橄榄

原文：橄榄树，身耸，枝皆高数丈。其子深秋方熟，味虽苦涩，咀之芬馥，胜含鸡骨香。吴时岁贡，以赐近侍。本朝自泰康后亦如之。①

译文：橄榄树，身躯硬挺耸立，分枝都高好几丈。它的果实深秋才成熟，味道虽然苦涩，但咀嚼有浓郁的香气，胜过含中药鸡骨香。吴国时每年进贡，吴王用来赏赐身边的侍臣。本朝（晋朝）自从泰康年（公元265年—公元289年）后也这样进贡。

解读：引文出自《南方草木状》。橄榄分为黄榄和黑榄两种，在古桂林郡各地都有分布，为岭南特产之一。黄榄虽有点苦涩，但咀嚼回甘味很醇，桂林郡故地乡间民众多将黄榄舂碎用盐腌制做佐餐的小菜，对黑榄则煮熟割成榄角加盐做成常年吃的干菜。黑榄核仁则是做月饼馅的佳品。橄榄树高大常绿，是园林绿化的优良树种。引文透露了一个重要的历史信息：吴国时郁林郡每年都进贡橄榄，吴王用来赏赐身边的侍臣；晋朝时橄榄也是进贡的特产。这说明历史上橄榄就被视为养生佳品。

（八）龙眼

原文：龙眼。树如荔枝，但枝叶稍小，壳青黄色，形圆如弹丸，核如木梡子而不坚，肉白而带浆，其甘如蜜，一朵五、六十颗，作穗如葡萄。然荔枝过，即龙眼熟，故谓之“荔枝奴”，言常随其后也。《东观汉记》曰：“单于来朝，赐橙、橘、龙眼、荔枝。”魏文帝诏群臣曰：“南方果之珍异者，有龙眼、荔枝，令岁贡焉。”出九真、交趾。②

译文：龙眼。树像荔枝，但枝叶稍小，果实皮壳青黄色，形状圆像弹丸一样，果核像木梡子不坚硬，肉白色带有浆液，它的味道甘甜像蜂蜜，果实一串有五六十颗，长的果穗像葡萄串。但荔枝过后，龙眼才熟，因此它叫作“荔枝奴”，说是经常跟随荔枝的后面。《东观汉记》说：“外族首领来朝拜，赏赐橙、橘、龙眼、荔枝。”魏文帝命令群臣说：“南方果类珍贵奇异的，有龙眼、荔枝，下令每年都进

---

① （晋）嵇含：《南方草木状》，见王根林等校点：《博物志（外七种）》，149页，上海，上海古籍出版社，2012。

② （晋）嵇含：《南方草木状》，见王根林等校点：《博物志（外七种）》，149页，上海，上海古籍出版社，2012。

贡。”龙眼出产在九真郡、交趾郡。

解读：引文出自《南方草木状》。木梡子即无患子，俗称洗手果，是一种常用的中药，果肉和水搓擦会产生大量泡沫，可用来洗手和洗衣服。它的种核与龙眼核极为相似，有小毒，有清热、祛痰、消积、杀虫等功效，用于治喉痹肿痛、咳喘、食滞、白带、疳积、疮痹、肿毒等病症。龙眼是桂林郡故地的重要特产，龙眼虽然有“荔枝奴”的名称，但用途却比荔枝广泛，晒干的龙眼肉叫桂圆，是名贵的食品和中药补品。桂圆因产于桂林郡故地而得名，也以产于桂林郡故地最为医药界所推崇，品质最佳，种植龙眼已成为当地农村脱贫致富的重要产业。桂圆有补脑益智，益气补血，提高免疫力，延缓衰老等作用，是中老年人的保健佳品。

（九）思櫑木

原文：思儡木生两江州洞，坚实，渍盐水中，百年不腐。[①]

译文：思儡（櫑）木生长在左、右两江的土州土峒中，木质坚硬结实，浸渍在盐水里面，一百年也不腐烂。

解读：引文出自宋代范成大所著的《桂海虞衡志》。思儡木是左、右江地域特产的珍贵硬木，以耐腐蚀著称。“思儡”是壮语的记音词，也写作“思櫑”，意为“最硬的木”。思儡木和被称为广西四大硬木之一的金丝李很相似，壮族同胞称金丝李为“白櫑”，称耐腐蚀和具有特殊香气的“思儡”为“黄櫑”。思儡木很珍贵，土司家族和富裕人家通常用来做房屋构件或家具，边角料则用高度米酒泡作治跌打刀伤的药酒。

原文：思櫑木生两江州峒。坚，入清水中，百年不腐。峒人及交趾以为弓弩、标枪之材，为天下最。[②]

译文：思櫑木生长在左、右两江的土州土峒中。木质坚硬，浸入清水里面，一百年也不腐烂。当地土峒人和交趾人用来做制造弓弩、标枪的材料，这是天下最好的材料。

解读：引文出自周去非所著的《岭外代答》。这里周去非所说的“思櫑木”和

① （宋）范成大撰，胡起望、覃光广校注：《桂海虞衡志辑佚校注》，155 页，成都，四川民族出版社，1986。

② （宋）周去非撰，屠友祥校注：《岭外代答》，179 页，上海，上海远东出版社，1996。

范成大所说的“思儡木”是同一种树木，也就是《山海经》所记载的产于讙山周边的檀木，也叫“郁櫑”，“郁櫑”是古壮语，意为“香櫑木”。“郁櫑”是古代骆越王族使用的“天医上药”，它有独特的驱邪定心功效。家有“郁櫑”，满室充盈幽幽的香气，“瘴气”不入，家人也很少得感冒等瘟病。多重的外伤，用“郁櫑”泡的酒喷治，伤口会很快愈合。“郁櫑”泡的茶，百日不变味。村后的山林长有“郁櫑”，村中就会有百岁老人。古代骆越王族用“郁櫑”防病养生、陶冶性情、雅化环境，形成了一种独特的习俗叫香道。后来骆越香道传入中原，商周之时，中原王族香道盛行，熏香、沐香、佩香成为一种时尚。① 商代古墓中，多出土熏香炉，商代甲骨文中也出现了记载“郁櫑”的“櫑”字，这是骆越香道在商代王族中的文化遗存。到了汉代，沐香成为国家制度，每五天放假一天给官员沐浴，叫作沐浴日，周代的金文多有“郁櫑”的记载。由于需求的旺盛，“郁櫑”源源不绝地沿着珠江古水道向北方和沿海地区外运，古珠江因此被称作“郁水”，即“香江”。可惜的是经历代过度砍伐，郁水上游的“郁櫑”活体在明清已基本绝迹。只有古家具和古建材才有少量的“郁櫑”木遗存。

（十）蛇黄

原文：蛇黄，出镇南蛇腹中，得之圆重如锡，黄黑青雄色。广西平南县有蛇黄岗，土人九月掘下七八尺，始得蛇黄。大者如鸡子，小者如弹丸，其色紫。②

释文：蛇黄，出产在平南县镇南的蛇肚子中，得到它细看，圆形，重像金属锡一样，外表黄黑色青红色。广西平南县有蛇黄岗，当地人九月挖下地七八尺深，才得到蛇黄。蛇黄大的像鸡蛋，小的像弹丸，它的颜色是紫色的。

解读：引文出自《粤西丛载》。《粤西丛载》是清代学者汪森编撰的有关广西史志的杂着。汪森，浙江桐庐人，曾任桂林通判和太平府通判。《粤西丛载》三十卷，征引资料繁多，对研究广西地方史较有价值。《粤西丛载》所记载的平南县镇南村出产的“蛇黄”是一种特别的矿物药材。蛇黄是褐铁矿和陨石熔化冷却形成的矿结核。中医用以入药，有安神镇惊、止血定痛的功效。古人以为是生于蛇腹中之物，或以为是蛇蛰伏时口含之物，又称蛇含石。

---

① 傅斯亮：《中国香文化》，3~6 页，济南，齐鲁书社，2008。

② （清）汪森：《粤西丛载校注》中，783 页，南宁，广西民族出版社，2007。

原文：蛇黄岗，在平南县北五里，出蛇黄，其岗势盘行数里。每九月邑人掘深七八尺始得之，大者若鸡子，小者类弹子，其色紫，磨之可傅肿毒尤治小儿惊痫。[①]

释文：蛇黄岗，在平南县北五里，出产蛇黄，蛇黄冈地势盘延几里。每年九月当挖七八尺才得到它，大的像鸡蛋，小的像弹子，它的颜色是紫色，研磨成粉可敷治肿毒，尤治小儿惊痫。

解读：引文出自《舆地纪胜》。古贵港产蛇黄和冷石的记载见于多种古籍，都带有神奇的色彩。桂林郡故地是陨石的重要陨落区，陨石与各类岩石结成的结核状矿物民间称之为雷公屎、养金石、冷石、蛇黄等。有陨石陨落的地带往往土壤富硒、锶、锗等，并且地下泉水也多有养生的微量元素。这是古骆越地和古桂林郡地多长寿之乡的重要原因。蛇黄含有多种微量元素，和冷石一样，具有独特的治热疫的功效或可作为特产药材进一步开发，有益于本地医药产业。

① （宋）王象之编撰，赵一生点校：《舆地纪胜》第八册，2600页，杭州，浙江古籍出版社，2012。

第五章　古桂林郡的首府布山

秦时设置的桂林郡郡治在哪里？两千年来聚讼纷纭，有说是今贵港城区的，有说是今桂平市的，更有说是今象州县的。这三个地方哪一个是真正的桂林郡郡治呢？桂林郡得名的由来是因为一种重要的特产——肉桂，它只产于北回归线以南的地区，古代的大明山地区是其主要产区，在商周时代肉桂就进入了中原，成为最重要的药材之一，被称为百药之长。肉桂从产地到集散中心的运输水道称为“桂林”，即桂江，流经古桂平的河流和流经古象州的河流都不叫“桂江”，只有发源于大明山地区在贵港城区流入郁江的河流“浮江”（也叫宝江或大茶江）才是古“桂江”。古桂林城因为位于古桂江和古郁江的交汇处而得名。古桂林城北面的山系也叫“浮山”，因此古桂林城也叫“浮山”城，“浮”和“布”都是骆越祖母神“浦”的记音字，“浮山”城也就是“布山”城。古布山城之所以成为古桂林郡的首府是由于它的自然条件和经济、文化地位决定的。

一、布山——古桂林郡稻作生产中心的形成

（一）“饭稻羹鱼”是古越人经济生活的重要特征

原文： 楚越之地，地广人稀，饭稻羹鱼，或火耕水耨，果隋蠃蛤，不待贾而足，地执饶食，无饥馑之患，以故呰窳偷生，无积聚而多贫。是故江淮以南，无冻饿之人，亦无千金之家。①

译文： 楚越地区，地广人稀，百姓以稻米为饭、以鱼类为菜，刀耕火种，水耨除草，瓜果螺蛤，不须从外地购买，便能自给自足。地形有利，食物丰足，没有饥馑之患，因此人们生活懒散得过且过，没有积蓄，多为贫穷人家。所以，江淮以南

① （汉）司马迁：《史记》第12册，146页，长春，吉林文史出版社，2006。

既没有挨饿受冻的人，也没有千金富户。

解读：引文出自《史记·货殖列传》。汉代时源于古骆越的稻作生产已扩展至整个江南地区，但是普遍采取的是刀耕火种、水耨除草的生产方式，生产力水平较低。因为包括岭南骆越地区在内的江南地区，气候暖湿，物产丰饶，同时从事渔猎生产，蔬果和鱼类水产物都是重要的食物。民间商贸活动不发达，也没有大的财富积累，但民众的生活尚能维持温饱水平。引文反映了江南地区农耕生产与渔猎生活的状况，稻作生产是主要的生产方式。

原文：江南地广，或火耕水耨。民食鱼稻，以渔猎山伐为业，果窳蠃蛤，食物常足。故呰窳偷生，而亡积聚，饮食还给，不扰冻饿，亦无千金之家。①

译文：江南地区地域辽阔，有的地区用烧荒和原始的水稻耕作技术从事农业生产。老百姓吃鱼和米作主食，靠打渔狩猎和采集为谋生的手段。瓜果螺蛤，不须从外地购买，便能自给自足。因此人们苟且懒惰，没有积蓄，由于食物的供给有保障，人们不担心挨冻受饿，但这里也没有非常富有的人家。

解读：引文出自班固编撰的《汉书·地理志》。引文记述了江南地区生产方式的特点。生产方式是由自然条件决定的，古骆越地的郁江平原土地宽广，资源富饶，因此成为岭南最大的稻作区，"饭稻羹鱼"是这一地区典型的经济特征。越人源于骆越，"骆越"就是用"戉"为工具种植水稻的民族，最早的稻作工具就是双肩石器"戉"，其标志性工具被称为"大石铲"。郁江流域是"大石铲"遗址的中心分布区，也是骆越人的发祥地。骆越人随着稻作生产的扩张而遍布整个江南，史籍称之为"百越"。江南和岭南因地形和气候适于稻作而成为富裕地区，但说古越人因为富足而苟且偷生，不但逻辑上说不通，也和历代史籍所记载的民风不符。稻作是最精细的农活，需要耗费巨大的劳动量，岂有"苟且偷生"就可富足之理。说越地没有"千金之家"，这也不确。骆越地多铜鼓，拥有铜鼓的多是豪富之家。秦皇用兵岭南，也是"利越之犀角、象齿、翡翠、珠玑"，这说明骆越王族多珍宝，并非"亡积聚"。贵港古墓葬出土的铜鼓、扶桑铜灯、外国的珍宝等文物，都是全国少有的。青铜文化和玉文化也是从楚越之地扩展到中原的，说楚越之人苟且偷生，没有积蓄是中原文人的一种历史偏见。

① （东汉）班固：《汉书·地理志》，见（清）曾国藩编：《经史百家杂钞》，730页，西苑出版社，2003。

（二）象耕是古桂林郡稻作文化的祥瑞标志

原文：传书言：舜葬于苍梧，象为之耕，禹葬会稽，鸟为之田。盖以圣德所致，天使鸟兽报佑之也。……象自蹈土，鸟自食苹，土厥草尽，若耕田状，壤糜泥易，人随种之，世俗则谓为舜、禹田。①

译文：传书说：舜帝葬在苍梧，大象为他耕田，大禹葬在会稽，野鸟为他耘田。这都是圣明的德行所致的结果，苍天派鸟兽报答保佑他们。……大象自然踩踏泥土，野鸟自然吃野苹，泥土踏烂了杂草除尽了，像田地耕耘过了一样，土壤松烂了，泥土改变了，人们随之种田耕作，世俗的人们就说是为舜帝、大禹种田。

解读：引文出自《论衡》。王充是东汉杰出的唯物主义思想家和教育家，他的主要著作《论衡》是中国历史上一部重要的无神论著作。这是他在《论衡》中对史书记载的象耕鸟耘祥瑞所作的批评，他认为“象自蹈土，鸟自食苹”是自然的现象，把这两种自然现象附会成舜帝和大禹的圣迹和祥瑞是错误的。

苍梧是骆越的重要部族，分布的地域主要位于今广西东北部，秦汉时属于桂林郡。但大象这一热带动物历史上只在北部湾沿岸生活，苍梧地区并不产象，舜帝死后大象为他耕田的祥瑞显然不靠谱。“蹈土”即以象践踏田土，使之破碎糜烂，然后播种。这种驯象耕田方法在骆越时代曾流行一时，右江古称“文象水”，“文象”二字古壮语的意思就是“驯象耕田之人”，“象”在壮语中的读音就是“壮”，这是壮族名称的来源。宋代，广西尚有“民种山田见象耕”的记载。明代朝廷曾在宁明州和横州设立过“驯象卫”的机构。因此古桂林郡和象郡的壮族先民驯象耕田就不是王充所认为的自然现象，而是历史上确实存在的标志性水稻耕作方式。“鸟耘”也不会是大禹的德行感动野鸟为他耘田，壮语称“鸟”为“骆”，“鸟耘”就是骆越人耕种水稻田。“鸟耘象耕”实际上应该是古骆越人水稻田耕作方式的历史记忆，说明稻作农业是古骆越人的主要生产方式。

（三）布山——古桂林郡稻作生产中心的形成

原文：西南黑水之间，有都广之野，后稷葬焉。爰有膏菽、膏稻、膏黍、膏稷，百谷自生，冬夏播琴。鸾鸟自歌，凤鸟自舞，灵寿实华，草木所聚。爰有百兽，相

① （东汉）王充：《论衡·卷四·书虚篇》，58页，上海，上海人民出版社，1974。

群爰处。此草也，冬夏不死。[1]

译文：西南部黑水河之间，有一个叫“都广”的田野，谷祖后稷死后葬在这里，于是出产名字有“膏”的豆子、稻谷、黍米、稷粟等粮食，百种谷物在这里野生自长，冬天和夏天都可以播种。鸾鸟在这里自由歌唱，凤鸟在这里自由跳舞，灵寿木在这里结实开花，草木在这里丛生，于是百种野兽成群在这里生活。这里的草冬天和夏天都不枯死。

解读：引文出自《山海经》。“都广之野”是古籍《山海经》所记载的一个神秘的田野，对其具体位置历代学者聚讼纷纭，因为它的位置有一个重要的特征就是位于“昆仑”仙山的旁边，因此有说是四川成都平原的，有说是华北平原的，有说是长江中游平原的，有说是昆明地区的，但多数学者都没有注意除了在“昆仑”旁边之外，“都广之野”还有四个重要特点：一是广布“都”（垌）的地名；二是有许多以“膏”字为词头命名的粮食作物；三是遍生野生稻等野生谷物；四是冬天也能播种耕作。对比全国的所有平原，只有古桂林郡的郁江平原具有这些特点：一是古昆仑山（大明山脉）在它的旁边；二是“垌”地名分布最广的平原；三是许多粮食作物的壮族名称都是以“膏”（古汉语“糇”）字为词头，壮语也称粮食为“糇”；四是冬天能播种玉米、小麦、三角麦等农作物。显然，古之“都广之野”就是以布山为中心的郁江平原。

布山成为古桂林郡的稻作文化中心的独特自然条件是因为它是广西最大的普通野生稻的分布区。中央民族大学梁庭望先生在他的论文《论原创稻作文化带及其展示中心设立》中说：“广西野生稻资源最为丰富，境内主要生长有普通野生稻（O. rufipogon G.）和药用野生稻（O. officinalis W.）两种野生稻类型。1917 年，英国农业史专家墨里尔到珠江西江流域做田野调查，发现遍生野生稻；1927 年到 1933 年，中山大学丁颖多次到西江考察，同样发现遍生野生稻；1978—1981 年，广西农业科学院在全区开展了第一次野生稻资源考察与收集工作，通过对广西 85 个县 736 个公社进行调查，发现普通野生稻和药用野生稻分布于其中 47 个县、1100 多个分布点，其中普通野生稻覆盖面积达 369.93ha，药用野生稻覆盖面积达 25.00ha，是全国野生稻覆盖面积最多的省区（全国野生稻资源考察协作组，1984）。……贵县

---

[1] （西汉）刘向、刘歆校订，孙红颖解译：《山海经全鉴》（典藏版），293 页，北京，中国纺织出版社，2016。

（今贵港市）麻柳塘普通野生稻面积达 27.96 hm^2，生长非常稠密，是当时世界上最大的野生稻分布区之一。”① 直立野生稻的广泛分布为古骆越人驯化野生稻，发明人工栽培水稻技术提供了坚实的基础。

蒋廷瑜先生曾对贵港一号汉墓出土的木牍《从器志》做过深入的研究，他指出“汉代对于培育和选择农作物的优良品种已很重视。《从器志》的木牍，提到‘仓种’，这种仓种就是经过挑选的种子。有两片木简上，分别写有‘客秈米一石’和‘客秈□’等字。‘秈’即是‘籼’，是稻之不粘而早熟者。‘客’就是外来的意思。客籼就是从外地引进来的籼稻。因此推测当时已经把外地良种引进到岭南来。”②《从器志》关于“仓种”和“客秈”的记载，证明汉代的布山县已有了先进的稻作生产技术。

（四）布山县历代为岭南的重要产粮区

原文：文学曰：荆、扬，南有桂林之饶，内有江湖之利，左陵阳之金，右蜀、汉之材，伐木而树谷，燔莱而播粟，火耕而水耨，地广而饶财。③

译文：文学贤良之士说：荆楚扬州，南有桂林郡的丰饶，内有长江湖泊的水产，左边有陵阳的黄铜，右边有蜀郡、汉中的木材，砍伐树木而种植五谷，焚烧荒草而播种粟米，火烧播种再灌水除草，土地广阔而资源丰富。

解读：引文出自西汉桓宽所著的《盐铁论》。《盐铁论》原为汉昭帝时盐铁会议的文献，后经桓宽整理而成此书。《盐铁论》记载了当时全国的经济状况和百官对经济政策的争论，是了解汉代经济的重要历史文献。汉昭帝召开盐铁会议时从全国召集了 60 多位文学贤良之士来参加会议，这些文学贤良之士发言时公认当时的桂林郡是全国的富饶之地，但“伐木而树谷，燔莱而播粟”的生产方式是指长江流域种植小米地区的生产方式，桂林郡是“火耕而水耨”种植水稻的生产方式，文学贤良之士认为桂林郡和长江流域一样“地广而饶财”。这说明当时以布山为中心的桂林郡是全国的重要的水稻产区。

原文：正统八年户部上奏：“广西贵县仓所贮之粮，年久溃烂，簸出成灰，不

① 梁庭望：《论原创稻作文化带及其展示中心设立》，载《百色学院学报》，2015（1）。

② 梁庭望、谢寿球主编：《古丝路上的骆越水都》，20~21 页，南宁，广西教育出版社，2016。

③ 许嘉璐主编：《诸子集成》中，2609 页，广州，广东教育出版社，2006。

堪食者五百九十三石有奇。”①

译文：正统八年（公元1443年）户部上奏说：“广西贵县官仓所贮藏的粮食，年久腐烂了，簸出的部分都成了灰，不能食用的有五百九十三石还多。”

解读：引文出自《明实录》的《明英宗实录》。《明实录》是明代历朝官修的编年体史书。书中记录了从明太祖朱元璋到明熹宗朱由校共十五代皇帝、约两百五十年的大量资料，具有重要史学价值，是研究明朝历史的基础史籍之一。明清两代，以古布山县设置的贵县仍然是全国重要的稻米产区，贵县所产的稻米除了远销广州地区外还是官仓储备粮的主要来源。户部对贵县官仓的稻谷不能擅自处理，必须上奏朝廷。当时贵县官仓的稻谷因存放太久，许多霉烂碎成为粉状，因此户部上奏朝廷，请示处理办法。这说明贵县在明清时官仓稻谷多年积压无法处理，官仓如此，民间储粮也应该不少，是全国著名的富饶之地。

二、布山是骆越经济扩张形成的新中心

（一）骆越稻作中心东移的历史记忆

原文：西南四百里，曰昆仑之丘，是实惟帝之下都，神陆吾司之。其神状虎身而九尾，人面而虎爪。是神也，司天之九部及帝之囿时。②

译文：向西南400里有座山，名叫昆仑丘，这里是天帝在下界的城邑，由天神陆吾负责看管。陆吾的外形像老虎但长着九条尾巴，有着人一样的脸和虎一样的爪子。这位天神还掌管着天上的九个部界和天帝苑圃里的时令节气。

解读：引文出自《山海经》。《山海经》在神话的外壳下保留着许多历史的记忆。关于“昆仑之丘”的记述实际上是对骆越古国古都的历史记忆。汉代的权威字典《说文解字》对“昆仑”的解释是“非雅言”而是南方的方言，意为“天柱”。壮族民间称广西大明山为“昆仑”，意为“天之根”，南宁昆仑关就是这一历史的文化遗存。直到明代大明山下还保留着“天柱寨”的军事营寨。“帝之下都”实际上就是对“骆越古都”的记忆。据民间传说，骆越始祖王龙母麾下有两位牵马的将军，一位是“陆”（鸟）将军，一位是“吾”（蛇）将军，也就是《山海经》所说

① 《明英宗实录》卷103，见《明实录·广西史料摘录》，南宁，广西人民出版社，1990。

② （西汉）刘向、刘歆校订，孙红颖解译：《山海经全鉴》（典藏版），43页，北京，中国纺织出版社，2016。

的“陆吾”神。“陆吾”将军是昆仑祖山的保护神，大明山地区流传的“骆垌舞”（骆越将军舞）就是“陆吾”将军的文化遗存。“骆垌舞”已被列为广西壮族自治区区级非物质文化遗产名录。

原文：昆仑之丘，或上倍之，是谓凉风之山，登之而不死。或上倍之，是谓悬圃，登之乃灵，能使风雨。或上倍之，乃维上天，登之乃神，是谓太帝之居。①

译文：昆仑丘，如果向上走一倍路的地方，这地方叫作“凉风”山，登上山就不会死。如果再上去一倍路的地方，这地方叫作“悬圃”，登上它就有灵气，能求风雨。如果再上去一倍路的地方，这地方就能联系上天，登上它就成为神，这里是太上帝的居所。

解读：引文出自《淮南子》。从大明山下的骆越祖庙罗波庙经昆仑关到古布山城有一条著名的古道叫“昆仑古道”，这条古道留下了许多骆越古都往古布山城迁移的文化遗存：罗波庙往东到古布山的古道上有许多和“昆仑”记忆相吻合的地名，第一个驿站叫作“板冯”，也叫“布凌”。在壮语中“板”（也写作“樊”或“番”）意为“村”，“冯”（也写作“逢”或“风”）意为“祭祀”，“布”意为“泉”，“凌”（也写作“埌”或“凉”）意为“潭”，实际上“板冯”就是“凉风”。“板冯”民间传说是骆越始祖王龙母养虎和蛇的地方，还遗存着“陆吾”神“虎身而九尾，人面而虎爪”的记忆。从“凉风”往东走的第二个驿站叫“天马”，隐含着上到天上的意思。再往东走的第三个驿站就是昆仑关，意为上天的门户。再到第四个驿站就是古称“临浦”的宾阳县，“悬圃”实际上就是“临浦”的转音记法，意为“龙母江”。第五个驿站叫“黎塘”，第六个驿站叫“黄练”。在第五和第六驿站之间有一座著名的庙，叫“六五”庙，供的神灵就是“昆仑”的守护神“陆吾”神。从骆越古都“八树”城到古桂林郡布山城的古道名和文化遗存与《山海经》的历史记忆如此“巧合”，这说明古布山城是骆越古都东移而形成的新都。怪不得马山县广泛流传的古童谣说：“骑马到宾州，游去到王都，就见皇帝家，皇帝扎银带。”

原文：建木在都广，众帝所自上下，日中无景，呼而无向，盖天地之中也。②

① （汉）刘安撰，（汉）许慎注，陈广忠校点：《淮南子》，84页，上海，上海古籍出版社，2016。
② （汉）刘安撰，（汉）许慎注，陈广忠校点：《淮南子》，85页，上海，上海古籍出版社，2016。

译文：建木在都广之野，众天帝从那里上下天庭，夏至正午的太阳照不出影子来，呼喊时也没有回音，这大概就是天地的正中央。

解读：引文出自《淮南子》。前文亦已提及，“都广之野”意为有“广阔田垌”的平原，“都广之野”的一个重要特点就是夏至正午的太阳照射时立竿不见影子，在全国的所有的平原中，只有桂林郡郡治布山城所在的郁江平原有这个特点。北回归线穿过郁江平原的中部，在北回归线上，夏至正午会出现“日中无影”的景象。如今桂平市已在郁江平原的中心石咀镇小汶村建设了广西第一座北回归线标志塔。主体工程于1996年11月1日动工，1997年6月21日竣工落成。在这里可以观赏到夏至正午“日中无影”的景象。“都广之野”是古骆越人所认为的天地中心，是非常宜居的地方。

原文：黑齿国在其北，为人黑，食稻啖蛇，一赤一青，在其旁。一曰在竖亥北，为人黑首，食稻使蛇，其一蛇赤。①

译文：黑齿国位于它的北面，这个国家的人牙齿呈黑色，他们吃稻米和蛇，还有一红一青两条蛇，经常伴随其身边。也有说黑齿国位于竖亥所居之地的北面，那里的人都长着黑色的脑袋，以稻米为食，还能驱使蛇，并且其中一条蛇是红色的。

解读：引文出自《山海经》。据《山海经》记载，“都广之野”的北面还有一个“黑齿国”。“黑齿国”与古布山城历史上记载的“乌浒人”也高度相似：“乌浒人”是骆越人的一个重要部落，布山城的西北面是“乌浒人”的大本营，“乌浒人”因爱吃槟榔牙齿变黑，生产方式以稻作为主，并且以蛇为图腾。“黑齿国”是后人对“乌浒”人的历史记忆。

原文：下有汤谷。汤谷上有扶桑，十日所浴，在黑齿北。居水中，有大木，九日居下枝，一日居上枝。②

译文：下面还有汤谷。汤谷上长着一棵扶桑树，那里是10个太阳洗澡的地方，位置在黑齿国的北面。在汤谷的水中，有一棵大树，九个太阳栖居在下面的树枝上，

① （西汉）刘向、刘歆校订，孙红颖解译：《山海经全鉴》（典藏版），215~216页，北京，中国纺织出版社，2016。

② （西汉）刘向、刘歆校订，孙红颖解译：《山海经全鉴》（典藏版），216页，北京，中国纺织出版社，2016。

一个太阳住在上面的树枝上。

解读：引文出自《山海经》。古骆越的中心迁移到布山城后，因人口的增加和稻作生产扩大的需要还不断地向东面的珠三角方向迁移，他们认为东边有个太阳居住的地方，叫“汤谷”，“汤”是古骆越语“暾”（太阳）的记音字，“谷”意为“根”，“汤谷”意为“太阳的家所在的地方”，“汤谷”旁边有“扶桑”树，“扶桑”也是古骆越语，“扶”意为树，“桑”意为“高”，“扶桑”就是“高大的树木”，传说有十个太阳住在“扶桑”树上，每天轮流到天上去值班。令人惊异的是古布山城的一号汉墓中也出土了一株青铜“扶桑”树造型的灯具。这株“扶桑”树造型的灯具旁边正好有九个灯台，顶上还有一个太阳鸟的造型。“汤谷”“扶桑”“黑齿”是骆越后裔民族向东方迁徙的历史记忆。

（二）布山是中原治理南海的重要关节点

原文：江汉之浒，王命召虎：式辟四方，彻我疆土。匪疚匪棘，王国来极。于疆于理，至于南海。[①]

译文：长江汉水之滨，周王向召虎颁布命令：“开辟新的四方国土，料理划定疆土边境。不是扰民不是过急，要以王朝政教为准。经营边疆料理天下，一直到达南海边境。”

解读：引文出自《诗经》。《诗经》，是中国古代最早的一部诗歌总集，收录了西周初年至春秋中叶（公元前11世纪至前6世纪）的诗歌，共311篇，据传由孔子修订成书。《诗经》内容丰富，反映了劳动与爱情、战争与徭役、压迫与反抗、风俗与婚姻、祭祖与宴会，甚至天象、地貌、动物、植物等方方面面，是周代社会生活的一面镜子。汉武帝时，《诗经》被儒家奉为经典。引文记载周王给大臣召虎颁发出师平定淮夷叛乱的命令内容。意思是要召虎利用平叛为契机，重新治理整顿全国疆土，一直到达南海的疆土边境。这首颂诗反映了两个史实：一是从中原到南海有一条交通古道，这条古道主要是一条水道，它起点在长江和汉水之滨，即今武汉，到达洞庭湖，再沿湘江或潇水越过南岭到桂江或贺江，进入西江和郁江再经古布山城到达南海，从古布山城到南海有两条较便捷的古道，一条是经今瓦塘江即龙母江到南流江，再到合浦出海。一条是经武思江越过六万山到达南流江再到合浦出海。

① （春秋）孔丘编，［日］细井徇绘：《诗经》（名物图解版），203页，沈阳，万卷出版公司，2017。

不管走那一条路，古布山城都是一个重要的节点，可以称为骆越水都。另一个史实是南海在周朝时就是我国的疆土，召虎南下的重要使命就是重新治理整顿全国的疆土，一直治理整顿到最南边的疆土南海为止。

三、布山是南海连通中原地区古道的交通中心

（一）中原地区有连通越裳国的古道

原文：周公治致太平，越裳氏重译来贡白雉一，黑雉二，象牙一，使者迷其归路，周公锡以文锦二匹，轿车五乘，皆为司南之制，使越裳氏载之以南。缘扶南林邑海际，期年而至其国。①

译文：周公治国使天下太平，越裳国派使者通过双重语言的翻译来进贡白山鸡一个，黑山鸡两个，象牙一个，但是使者却迷失回去的路，周公于是赠送他有纹饰的织绵两匹，马驾轿车五辆，车辆上都有指南的设置，给越裳国的使者装载回南方。沿着扶南国和林邑国的海边航行，第二年才回到他的国家。

解读：引文出自晋代崔豹撰的《古今注》。今本《古今注》共分舆服、都邑、音乐、鸟兽、鱼虫、草木、杂注、问答释义八类，分别汇录史料，可作研究古代文物、制度的参考。这条史料见于众多古籍，而以崔豹所记述的较为详细。周公以德治理天下，因此远在天涯的越裳国也派使者朝贡。越裳国的位置史界多有争议，较为一致的意见为今越南的最南边。越裳国使者记不得归国的路，但周王朝是清楚的，因此在使者车上装了指南针一类的器具给他指引方向，使他能顺利地回国。这一记载说明周朝时从南海到我国的中原有一条古道，这条古道早于汉代的“海上丝绸之路”，可称之为骆越古道。这条古道从南海的最南端沿着古扶南国（今越南南部和柬埔寨）和林邑国（今越南中部）的海边向北进入北部湾后入南流江经骆越国布山城沿郁江、贺江越过南岭进入洞庭湖到中原。古布山城是这条古道的中心。

原文：越裳，在象林（古县名，故址在今越南）界外，越之裳也。越诸上郡为衣，而诸下郡为裳也。南极人地，至南海而益下，故称交州为天下之趾，而象林界

① （晋）崔豹：《古今注》，见王根林等校点：《博物志（外七种）》，119 页，上海，上海古籍出版社，2012。

外为越之裳也。[①]

译文：越裳，在古象林县界以外，在古骆越地的下部；古骆越地各个上部的郡县如同人的上衣，各个下部的郡县如同人的下衣。南到了人和地的尽头，到南海更下去的地方，因此交州被称为天下的脚趾，而象林县边界以外的地方如同人的下衣。

解读：引文出自《广东新语》。对于越裳国的位置，清代著名学者屈大均认为是在象林以南，并且认为越裳国属于骆越国的管辖范围，是整个骆越国的“下衣”部分。屈大均这个说法并非没有根据。从骆越国的中心可以沿海航行到达越裳，这条海上航线就是汉代以后的“海上丝路”，说明骆越与越裳的联系是密切的。“象林”的名字有骆越语言的文化基因，意为“大象之江”。越南南部最大的河流是湄公河，“象林”正好在湄公河三角洲一带，后来建立了一个国家叫“象林邑国”，简称为“林邑”。如果骆越国管辖的范围不到越裳和象林，它们的地名不会有这么多骆越文化的基因。

（二）骆越国与中原有进贡的水道

原文：周隐（赧）王三年四月，越王使公师隅来献舟三百，箭五百万，及犀角象齿。[②]

译文：周隐（赧）王三年（公元前316年）四月，越王派公师隅来魏国献战船三百艘，箭五百万支，以及犀牛角、象牙等。

解读：引文出自古籍《竹书纪年》。《竹书纪年》是战国时期魏国编写的一部编年体史书，出自汲郡（今河南汲县西南）魏襄王墓。该书本名为《纪年》，因它是用竹简书写而成的，所以后人称之为《竹书纪年》。《竹书纪年》因为是魏国编写，因此记载的大事多以魏国为中心。魏国当时的国都在大梁（今开封），东部疆土到达江苏北部。周隐（赧）王三年（公元前316年），正是魏国联合东方各国抗击秦国之时，“越王”派使臣公师隅来魏国进献战船弓箭等武器，这说明战国时魏国疆域是有水道与“越国”相通的。有学者认为“越王”为当时称雄江浙的“越国”国君，但从“越王”所进献的犀牛角、象牙等宝物来看，这些宝物并不是当时江浙一带的“越国”所产。因此，这“越国”只能是出产犀牛角、象牙等宝物的骆越

① （清）屈大均撰，李育中等注：《广东新语注》，30页，广州，广东人民出版社，1991。

② （战国）佚名：《竹书纪年》，见赖咏主编：《中国古代禁书文库》第二卷，527页，北京，大众文艺出版社，2010。

国，“越王”也只能是骆越王。这说明战国时代，骆越国与中原的水道虽有万里之遥，但却是畅通的，骆越国与中原联系相当密切。当时的骆越国“水事重陆事寡”，国都已从商周时的大明山下迁到古布山港，布山港也成为骆越水都，成为水事交通的中心。

古布山在骆越国时位于古郁水的中段，东可通古郁水出海口的贲禺城，北可经临贺（今贺江）或古桂江越南岭到洞庭湖和长江北上中原，南可经合浦而连海南和东南亚，西可溯郁水和古文象水（今右江和驮娘江）而往云贵高原。种种迹象表明，在秦始皇经略岭南之前，布山就是岭南重要的商业贸易与交通中心。

（三）桂林郡与中原有珠宝贸易的古道

原文：美玉珊瑚出于昆山，珠玑犀象出于桂林，此距汉万有余里。计耕桑之功，资财之费，是一物而售百倍其价，一揖而中万钟之粟也。[①]

译文：美玉、珊瑚出在昆仑山，珍珠、犀角、象牙出在桂林郡，两地距离京都长安有一万余里。计算一下耕田植桑的劳动和采集远方珍奇之物的费用，就知道一件物品的价格高出原来的百倍，一捧珍奇之物相当于万担粮食。

解读：引文出自《盐铁论》。这段记载是汉昭帝时盐铁会议中的贤良文学之士的一段议论，中心意思是说珠宝一类的东西比农产品贵百倍，权贵们爱珠宝就会滋长侈靡之风。引文说美玉、珊瑚出在昆仑山，而事实上珊瑚只产在热带海域南海，显然这昆仑山不是人们所熟知的青海省的昆仑山，而是骆越最早的古都所在的祖山大明山。这段话也告诉我们两个信息：一是桂林郡郡治布山城是珍珠、犀角、象牙等珠宝的集散地。珍珠、犀角、象牙历代均产于南海北部湾沿岸，而中原地区却说是产于桂林郡，显然桂林郡郡治布山是北运的起点和集散中心，因此中原地区只知道珍珠、犀角、象牙等珠宝产于桂林郡郡治。二是桂林郡在汉代有一条连接中原的运输珍珠、犀角、象牙等珠宝的古道，距离有上万里，桂林郡郡治布山城是这条古道的重要交通中心。经布山城可以到达北部湾沿岸各港口，珍珠、犀角、象牙等珍宝从北部湾沿岸各港口运抵布山城后才集中北运。

（四）布山港是对外贸易的中心

原文：自日南障塞，徐闻、合浦船行可五月，有都元国；又船行可四月，有邑

① （西汉）桓宽：《盐铁论》，见许嘉璐主编：《诸子集成》中，2607页，广州，广东教育出版社，2006。

卢没国；又船行可二十余日，有谌离国；步行可十余日，有夫甘都卢国；自夫甘都卢国船行可二月余，有黄支国。[①]

译文：自日南障塞，徐闻、合浦船行可五月，有都元国；又船行可四月，有邑卢没国；又船行可二十余日，有谌离国；步行可十余日，有夫甘都卢国；自夫甘都卢国船行可二月余，有黄支国。

解读：引文出自汉代班固所著的《汉书·地理志》。汉武帝统一岭南后，将桂林、南海、象三郡析为南海、苍梧、郁林、合浦、日南、九真、交趾、儋耳、珠崖九郡。其中，合浦郡地处桂东南一带，郡首初设于临海的徐闻，后移至临海的合浦，成为桂东南一带的政治中心和商品贸易集散地。《汉书·地理志》所提及的这些国家皆属印支半岛的东南亚古国，若非汉时封建官府经常组织船队由徐闻或合浦下海前往其国从事商业贸易活动，《汉书》断不可如此详细、准确地记录官商船队的具体航程、地点与时日。从具体的航线来看，“他们出航起点是徐闻或合浦，回程当然也以徐闻或合浦为终点，接着将货物肩挑车运或马驮到布山（今贵港市），乘船下广信（今广东封开，一说今梧州）转溯漓江过灵渠入湘水出境；或从徐闻或合浦溯南流江北上，转入北流江下广信。现今的合浦、梧州与贵港等几个城市的汉墓中出土众多的中原输出品和海外输入品，便是桂东南‘古越道’长期对外贸易的证据”[②]。由此可以看出，汉时桂林郡郡治布山（即今贵港市）俨然已成为桂东南一带的交通枢纽和重要中转站。

四、特色药物的集散使布山成为古代岭南药都

（一）布山出产治瘟病的特色药材

原文：布山【集解】惠栋曰：《吴录·地理志》云：县多虺，其毒杀人，有冷石可以解之。石色赤黑，味苦，屑此石着疮。先谦曰：前汉县，三国吴因。一统志：故城今浔州府贵县治。[③]

译文：布山县，在《三国注集解》一书中惠栋说：《吴录·地理志》说：布山县多虺蛇，它们喷出的毒气能杀死人，有一种叫冷石的矿石药可以解这种毒气。冷

① （汉）班固：《汉书·地理志》，长沙，岳麓出版社，1990。
② 覃正：《岭南桂东南“古越道”之钩沉》，载《玉林师范学院学报》（哲学社会科学版），2013（1）。
③ 钱林书：《续汉书郡国志汇释》，427 页，合肥，安徽教育出版社，2007。

石的颜色红黑，药味苦，粉碎这种石头还可以治好痈疮。王先谦说：布山是西汉时设置的县，三国时的吴国因袭设置。《大清一统志》记载：布山旧城在现在浔州府贵县县城。

解读：引文出自《续汉书郡国志汇释》中对布山县相关史志的汇集，以惠栋所撰的《三国注集解》为主。惠栋是清代著名的经学家，他的《三国注集解》中摘引了许多关于三国时代的史料，如说布山县多虺蛇，虺蛇的毒气能杀死人的史料出自张勃所著的《吴录·地理志》。王先谦也是清代著名的经学家，曾编著《释名疏证补》。

骆越故地位于亚热带，历史上是一个瘟疫流行的区域，古代北方中原人士进入骆越故地，多数人会染上瘟疫，很少人能活着回去，因此有诗哀叹："一去一万里，十去九不还。"称之为大法场。古人不懂得布山有瘟疫的原因，说是虺蛇喷出的毒气形成的。但是奇怪的是在这样的环境中布山却人丁兴旺，发展成为岭南的中心城市。原来当地出产一种特别的石头叫"冷石"，可以解瘟疫的毒气。这一药物被记入史册，可见它的稀有和珍贵。这种名叫"冷石"的解瘟疫特效药究竟是什么呢？有专家认为是滑石，也有专家认为是石膏，但这些观点都被壮医药著名专家黄汉儒先生所否定，因为滑石和石膏虽然有清热功能，但都没有"颜色红黑，药味苦"的特点，也不是治瘟疫的特效药。古布山县解瘟疫毒气的"冷石"到底是什么药至今仍然聚讼纷纭，成为我国医药史上的"悬案"。近年来有专家分析，古布山县的"冷石"应为该县北山山脉特有的含铋、铪等稀有元素的矿石，因为据研究这些稀有元素矿物具有抗病毒和抗癌作用。

不管怎么样，"冷石"曾对三国两晋前的古布山县的瘟疫防治发挥过重要的作用，我们应该像屠呦呦一样，寻找回古代神秘的"冷石"，研制出新时代的防疫利器，让它像青蒿素一样造福于人类。

（二）吉利草演绎的传奇治疫故事

原文：吉利草，其茎如金钗股，形类石斛，根类芍药。交广俚俗多畜蛊毒，惟此草解之，极验。吴黄武中，江夏李俣以罪徙合浦，始入境，遇毒，其奴吉利者，偶得是草，与俣服，遂解。吉利即遁去，不知所之。俣因此济人，不知其数，遂以吉利为名。岂李俣者，徙非其罪，或俣自有隐德，神明启吉利者救之耶？[①]

译文：吉利草，它的茎像金钗的枝，形状类似石斛，根类似芍药的根。交州和广州俚人的习俗多有养蛊虫给人放毒的，惟有这种草能解蛊毒，很灵验。吴国黄武年间，江夏（今武汉市武昌）的李俣因为犯罪被贬谪到合浦，刚进入合浦界，染上了蛊毒，他的仆人叫吉利的，偶然得到这种草药，给李俣服下，于是解了毒。过后吉利就失踪了，不知去了哪里。李俣就拿这种草药救治人，不知道救了多少人。于是就用吉利做这种草的名字。难道是因为李俣受贬不是他的罪过，或者李俣本人暗中积有功德，神灵派吉利这个人来救助他？

解读：引文出自晋朝嵇含所著的《南方草木状》。“蓄蛊放蛊”的传说实际上是岭南民间对瘴疠产生原因的误解。由于气候炎热，远古时代的岭南草木繁盛，细菌和病毒也很容易滋长，所以瘴疠猖獗。所谓“瘴”就是现代所说的疟疾病，是一种蚊子叮咬传播的疾病，“疠”是病毒传染的瘟疫。李俣所染的“蛊毒”估计是疟疾病，按照《南方草木状》的记载，“吉利草”是解“蛊毒”的特效药。“吉利草”是因李俣的仆人“吉利”而得名。但是“吉利草”是什么草药因年代久远不得而知。当代许多医药专家也多方探究想解开“吉利草”的千古之谜，但至今没有突破，估计“吉利草”可能是青蒿一类的治疟特效草药。《南方草木状》记载这种草药是在李俣刚进合浦边界得病时仆人吉利在路上采到的，这说明晋朝时这种草药在布山到合浦的路上多有分布，是古布山县和合浦县特产的治疟草药。

（三）布山是岭南药都

产于古布山县著名的瘴疠防治药还有肉桂、薏苡、铁冬青、金银花等。

肉桂是古籍中许多古方名方治温病的药，被称为百药之长。肉桂原产于古布山城西面的宝江江源大明山地区，宝江也因此被称为“桂林”即桂江。薏苡是古骆越人治瘟疫的名药。《后汉书·马援列传》记载：“初，援在交址，常饵薏苡实，用能轻身省欲，以胜瘴气。”[②] 贵港城区孔屋岭东汉墓出土的薏苡仁证明古布山城是我国古代薏苡的主要产区。铁冬青也叫“救必应”，是岭南著名的清热解毒凉茶“王老吉”的主要成份。金银花历史上也是治病毒性感冒的圣药。铁冬青和金银花等清热

① （晋）嵇含：《南方草木状》，见王根林等校点：《博物志（外七种）》，144 页，上海，上海古籍出版社，2012。

② （宋）范晔：《后汉书》，846 页，北京，中华书局，1965。

解毒药，至今仍然是防治病毒性感染的重要推荐用药，在全国形成了很大的产业。

古布山是中草药的重要集散中心，“罗泊湾汉墓中的植物标本，有不少是药物，如铁冬青、稻、粟、大麻、黄瓜、香瓜、番木瓜、葫芦、橘子、李、梅、青杨梅、橄榄、仁面、罗浮树、金银花、花椒、姜等”①。在整个岭南的汉代遗址中，贵港市城区古布山城汉代遗址是出土药材最多的遗址。古布山城墓葬中出现众多的药物，说明这些药物在古代已成为人们生活中的必需品，而当时的布山城应该是岭南药品的集散中心，可以称为岭南药都。

① 戴铭主编：《壮族医学史》，78页，南宁，广西民族出版社，2006。

第六章　古桂林郡的历史文化遗址

一、古桂林郡的稻作文化遗址

原文：海内昆仑之虚在西北，帝之下都。昆仑之虚方八百里，高万仞。上有木禾，长五寻，大五围。[①]

饭之美者：玄山之禾，不周之粟，阳山之穄，南海之秬。[②]

秏：稻属。从禾，毛声。伊尹曰："饭之美者，玄山之禾，南海之秏。"（呼到切）[③]

译文：海内昆仑墟在西北方向，是天帝的地上都城。昆仑墟方圆八百里，高万仞（约七八千丈）。上面有木禾，长度有五寻（三十五尺），有五个人围那么粗大。

美味的饭有：玄山的小米饭、不周山的小米饭、阳山的黄黍饭、南海的稻米饭。

秏：稻米一类的粮食。形旁是禾，声旁是毛。伊尹说："美味的饭有玄山的小米饭，南海的稻米饭。"（读音为呼到切）

解读：引文出自《山海经》《吕氏春秋》《说文解字》等典籍中的相关记载，反映了我国古籍对于先秦时代稻米生产中心的历史记忆。"海内昆仑墟"就是"都广之野"旁边的骆越祖山大明山，"帝之下都"是骆越最早古都的历史记忆，说"昆仑墟""方八百里""高万仞"是古人对它的神化和夸大。"木禾"就是古骆越人赖以安身立命的主粮"禾稻"，古人说它"长五寻，大五围"，也是对它的神化和夸大。伊尹是商朝的开国丞相，那时还没有秦始皇设置的"南海郡"，因此伊尹说的"南海"就是南海沿岸地区，这一地区的稻米生产中心就是以古布山城为中心的郁江平原，即传说中的"都广之野"。"秬"即是"秏"，是稻米的骆越语名字，如今的贵港市壮语仍然称稻米为"秏"。水稻栽培技术是古骆越人发明的，"名随主

---

① （明）冯梦龙撰，孙红颖解译：《山海经全鉴》（典藏版），225 页，北京，中国纺织出版社，2016。

② （战国）吕不韦：《吕氏春秋》，165 页，哈尔滨，北方文艺出版社，2018。

③ 李恩江、贾玉民主编：《说文解字译述》，623 页，郑州，中原农民出版社，2000。

人”，因此古代中原之人也跟着骆越人叫稻米为“秏”。这是我国稻米具有骆越文化基因的明证。

古贵港因为是栽培稻的重要发源地，所以民间有许多保留着野生稻特性的水稻品种。民国时代贵港的前身贵县有一种有名的高大水稻，叫作“一品红”。据田曙岚的《广西旅行记》介绍：贵县“又有名‘一丈红’者，亦稻属也，俗名‘浮禾’，一名‘十丈禾’，为县属附城特产，散漫于深三四尺之水中，能从水底抽芽出水，与常稻同熟，苗长近丈，谷有芒，米粒大如粳，色赤，宜酿酒。春雨未濡，播种于积潦之区（俗名埌塘）；及长，禾苗随波上下，不患淹没”。[①] 这“十丈禾”是目前所知最高秆的水稻品种，很可能是《山海经》所记载的“昆仑墟”“木禾”的原本。

能证明古贵港是历史上重要的稻米产区的证据还有稻作文化遗址。贵港市科学考古发现了许多汉代的稻作文化遗址，重要的有罗泊湾西汉前期墓遗址，“该墓除发现稻谷实物外，还发现在同墓出土的《从器志》木牒上写有‘仓种及米厨物五十八囊’，说明有稻谷种子作陪葬品。同墓出土的木简残片上还有‘客籼米’字样，说明陪葬品中还有稻米”[②]。对这一稻作文化遗址，参加挖掘的我国著名考古专家蒋廷瑜认为：“汉代对于培育和选择农作物的优良品种已很重视。《从器志》木牍提到‘仓种’，这种仓种就是经过挑选的种子。有两片木简上，分别写有‘客秈米一石’和‘客秈□’等字样。‘秈’即‘籼’，是稻之不粘而早熟者。‘客籼’就是从外地引进来的籼稻。因此推测当时已经把外地良种引进到岭南来。”[③] 籼稻就是原产于古占城国的稻种，我国的基因学家已测定，占城稻是由广西最早栽培的糯稻与占城本地的野生稻杂交而形成的水稻新品种。因为我国最早驯化的野生稻是黏性较大的糯稻，而引种的籼稻黏性较低，所以籼稻很快成为我国水稻种植的当家品种。对于我国籼稻引进的时间，许多学者包括越南的学者都认为是宋代引进来的，贵港汉墓木简关于“客籼米”的记载证明，早在汉代籼稻已被引进了古桂林郡。这说明在汉代以前，骆越都城古贵港与古占城的联系已很密切，古占城很有可能就是古骆越国的属地。

---

① 田曙岚：《民国人文地理丛书·邕乡处处广西旅行记》，185 页，沈阳，辽宁教育出版社，2018。

② 广西壮族自治区博物馆编：《广西贵县罗泊湾汉墓》，北京，文物出版社，1988。

③ 梁庭望、谢寿球主编：《古丝路上的骆越水都》，20~21 页，南宁，广西教育出版社，2016。

二、古桂林郡的铜鼓文化遗址

（一）铜鼓是骆越民族创制的标志性礼器

原文：援好骑，善别名马，交趾得骆越铜鼓，乃铸为马式，还上之。[①]

译文：马援爱好骑术，善于辨别名马，他在征讨交趾得到了骆越的铜鼓，于是铸造成标志马的样子，回军后献给了皇上。

解读：引文出自宋代范晔的《后汉书·马援传》。东汉时交趾的征侧、征贰姐妹起义，波及合浦等地。马援领兵南下征讨，得到了骆越国时的铜鼓，于是他把铜鼓熔铸成铜马，当做战利品献给了皇帝。这是骆越铜鼓之名首次见于古籍，并且铜鼓和骆越的名字同时关联，这说明铜鼓是骆越古国创制的礼器。这条史料所说的交趾，是广义的交趾，即岭南地区，骆越故地。骆越国虽然在汉武帝元鼎六年（公元前 111 年）灭亡，但它的国之重器还在民间广泛使用。马援得到的铜鼓有可能是两征义军所使用，被马援缴获成为战利品；也可能得之于民间。学者们对于马援得到铜鼓的具体地点做了不少的考证，但不管马援的铜鼓得之于何处，都是骆越铜鼓，历史上的铜鼓有着深刻的骆越文化基因。我国民族学研究的先驱徐松石先生指出："无论如何，我们可以断定铜鼓是僮族和骆越僚族的创制品。……所以我们在中国所发现这些铜鼓，必系骆越和两广僮人之所首先使用的。"[②] 中国近代著名民族学家罗香林先生曾经指出："古代越族文化之最令人注意者，为铜鼓之制作与使用。而越制铜鼓，又以骆越为最盛，故又称骆越铜鼓。"[③]

（二）古贵港是冷水冲型铜鼓遗址的主要分布区

原文：咸通末，幽州张方直贬龚州刺史，到任后，修葺州城，因掘土得一铜鼓，载以归京，到襄汉以为无用之物，遂舍于延庆禅院，用大木鱼，悬于斋室，今见存焉。[④]

译文：唐懿宗咸通末年（约公元 874 年），幽州（今河北、北京和天津北部）

① （宋）范晔：《二十五史·后汉书》，114 页，乌鲁木齐，新疆青少年出版社，1999。
② 徐松石：《徐松石民族学文集》上卷，桂林，广西师范大学出版社，2005。
③ 蒋廷瑜：《铜鼓艺术研究》，1 页，南宁，广西人民出版社，1988。
④ 孙廷林、王元林：《珠江中古学说学派千年南学兴旺期》，336 页，广州，广东旅游出版社，2018。

的张方直贬龚州（今广西平南县）担任刺史，到任以后，修整龚州城，因为挖土得到了一面铜鼓，把它装载回京城。到襄汉（今襄阳）认为是无用的东西，于是放置在延庆禅院，用来做大木鱼，悬挂在斋房，现在（指当时的咸通末年）还可看见。

解读：引文出自唐代刘恂撰写的《岭表录异》。《岭表录异》是一部地理杂记，全书共三卷，记述岭南地区的异物异事，是研究唐代岭南地区经济和文化的重要古籍。唐代的龚州是现在的平南县，当时修整州城出土了一面铜鼓。平南是冷水冲型铜鼓的主要分布地，估计这一面出土的铜鼓也是冷水冲型。“1990 年 12 月 2 日，广西平南县大坡乡莲塘村农民何宇华等三人，在山上挖树时发现铜鼓一面，现藏平南县博物馆。该鼓面径 71.5 厘米，高 50 厘米，重 40 公斤。鼓面中心饰 12 芒太阳纹，余以单弦、二弦或三弦分晕，共 26 晕，向外散出的纹饰依次为席纹、重圈纹、翔鹭纹、麦芒纹、骑兽纹、眼纹等，鼓面饰立体青蛙四只，按逆时针方向行走，鼓面尚有双马单骑士四个，（一负人，一空马），马长 5.5 厘米，高 2.5 厘米，负人马高 3 厘米，每 2 个一组，对称，马尾呈弯弓状下垂，蛙体饰以绹纹，鼓眼翘首。”[①] 平南县大坡乡莲塘村出土的铜鼓是冷水冲型铜鼓的典型样式，平南县博物馆的馆藏铜鼓有 12 面，桂平博物馆的馆藏铜鼓有 20 面，贵港市博物馆的馆藏铜鼓有 10 面，包括各地馆藏的贵港市出土的铜鼓共 57 面，绝大部分是冷水冲型铜鼓。古贵港是冷水冲型铜鼓遗址的主要分布区。

（三）古桂林郡是骆越铜鼓遗址的主要分布区

原文：广西土中铜鼓，耕者屡得之，其制正圆，而平其面，曲其腰，状若烘篮，又类宣座，面有五蟾，分据其上，蟾皆累蹲，一大一小相负也。周围款识，其圆纹为古钱，其方纹如织簟，或为人形，或如琰璧，或夹如浮屠，如玉林，或斜如豕牙，如鹿耳，各以其环成章，合其众纹大类细画圆阵之形，工巧微密，可以有之。州县用以为更点。交趾尝私买以归，复埋于山，未知其何义也。按《广州记》云：“俚獠铸铜为鼓，惟以高大为贵，面阔丈余。”不知所铸果在何时，按马援征交趾，得骆越铜鼓，铸为马式。或谓铜鼓铸在西京以前。此虽非三代彝器，谓铸当三代时可也。[②]

---

① 刘学文：《平南县莲塘村铜鼓》，载《中国古代铜鼓研究通讯》，1994（10）。

② （宋）周去非：《岭外代答》，见任继愈总主编：《中国科学技术典籍通汇之地学卷》第二册，695 页，郑州，河南教育出版社，1995。

译文：广西地里埋藏的铜鼓，耕田的人经常挖得，出土铜鼓的样式是正圆形，它的上面是平的，它的腰部是弯的，形状像烤火用的竹篮，又像官府堂上的坐凳，鼓面上有五只蟾蜍，分开蹲踞在上面，蟾蜍都是重叠蹲坐，一只大的和一只小的背负着。周围的纹饰圆纹的是古钱形，方形的纹饰像竹簟编织纹，或者是人的形状，或者像玉琰玉璧的形状，或者夹角形像塔的样子，也像是玉树。或者斜列像猪的牙齿，也像鹿的耳朵，各自环绕形成纹饰，综合它的众多纹饰很像细画圆形阵图的形状，画工精巧细密，可以与之相比。州府和县府衙门用来做报更（的鼓）。交趾国的人曾私自买回去，再埋藏在山中，不知其中有什么含义。据《广州记》说："俚獠族人（壮族先民）铸铜做鼓，惟独以高大为贵重，面宽有一丈多。"不知道铜鼓在什么年代铸造，按照马援征讨交趾，得到骆越人的铜鼓，熔铸成标准的马模型记载，有人推断在汉代以咸阳为西京以前。铜鼓虽然不是尧、舜、禹三代的礼器，但说是铸造的年代在尧、舜、禹三代时也可以。

解读：引文出自周去非的《岭外代答》。周去非当时任静江府通判，经常在广西境内执行公务，有条件观赏到各地出土的铜鼓，他对于广西出土铜鼓的描述应当是实情。《岭外代答》关于广西铜鼓的记载至少告诉了我们三个历史史实：一、广西多出土铜鼓。二、广西出土铜鼓纹饰精美。三、广西铜鼓铸造的年代在西汉以前，甚至也可以说是在尧、舜、禹三代时。从现存铜鼓的数量上来看，广西所藏铜鼓约占全国总数三分之一还多，居全国首位。1980 年，中国古代铜鼓研究会在全国作了一次普查，当时藏于国内各级博物馆、文物管理机关和有关大学、研究所收藏的铜鼓，总数为 1380 多面，广西各级博物馆、文物管理所收藏是 507 面，是全国收藏铜鼓最多的地区。全国铜鼓分为八个类型，以冷水冲型数量最大。1980 年，全国藏冷水冲型铜鼓 114 面，广西为 82 面，占全国总数的 79.3%。冷水冲型铜鼓是古桂林郡的标志性铜鼓，显然古桂林郡是我国古代铜鼓出土的中心，而古贵港是中心的中心。

古桂林郡的铜鼓文化代表性的重要遗址是罗泊湾一号墓。"罗泊湾一号墓器物坑中的乐器就包含有二件铜鼓。其中，10 号铜鼓出土时金光灿烂，面径 56.4 厘米，身高 36.8 厘米，鼓面太阳纹 12 芒，晕圈中饰点纹夹同心圆纹、为变体勾连雷纹、翔鹭纹，10 只翔鹭，逆时针方向飞翔，形成一个美丽的花环；胸部饰 6 组船纹，每船 6 人，奋力划桨。船间有鹭、凫、龟；腰部纵分为 10 格，其中 8 格饰舞人 2 名—

3名，头戴羽冠，翩翩起舞。它是目前所知最精美的铜鼓之一。”①

三、古桂林郡的冶铁文化遗址

原文：罗秀冶铁遗址，位于桂平市东南约65公里罗秀镇罗秀圩北和东北面的丘陵地带，主要分布在进路岭、木村的孔村村背岭、六角岭大木化岭和西路岭东侧的铁屎尾岭、露棠村的喉咙岭等土岭上。一般在岭的顶部散布有数量不等的铁渣、风管及陶瓷器残片等。其中，在罗秀圩西北约2公里的奕垌村民国嘴岭、进路岭一带的岭坡及岭的顶部，发现的铁渣、风管残片最多，有些则成堆堆积。调查时在该岭采集铁渣6件，风管残片3件，汉代陶片8件，唐代陶瓷片12件，宋代瓷片3件。所见的风管为圆管状，用白膏泥渗和少量石英细砂制成，壁厚3至4厘米、管的孔径4至5厘米。采集的汉代陶片均为泥质灰陶，有的表面饰以方格纹加方形对角线戳印纹，有的饰以弦纹，有的饰以弦纹与水波纹相间。从考古资料看，这些纹饰的陶器多盛行于西汉。②

广西贵港早期冶铁遗址群分布在平南县六陈镇到桂平市罗秀镇约100km^{2}范围内，是迄今为止岭南地区发现最早的冶铁遗迹。2006年3月、11月两次考察了平南县六陈镇登塘村的六穴岭、坡咀屋背山、铁屎尾、顶龙岗、茶蛉、顶龙岗东坡，桂平市罗秀镇罗秀村、木村等多处冶铁遗址以及平南县六陈镇大头冲古矿遗址，并发现了平南县六陈镇大妙村铁屎塘、登塘村筒水表顶2处新的冶铁遗址，试掘出形制独特的炼炉，采集到大量炉渣、矿石、鼓风管、陶器残片等样品，揭示了这一地区至迟于汉代就已能够炼铁。③

解读：引文出自关于贵港市发现战国至汉代的冶铁文化遗址的田野调查报告及论文等，这些遗址及相关文物的发现填补了岭南地区汉代前冶铁文化的空白。文物和遗址是古代历史真实性的铁证。按照一些专家的观点，古骆越地（古桂林郡）在汉代以前是不懂得冶铁的文明低地：“根据以往发掘资料，岭南地区目前尚未发现秦汉时期与生铁生产相关的考古遗址。汉代文献中，也未提及岭南地区（即南海、合浦、郁林诸郡）出现过铁官相关的记载。”④ 但贵港市早期冶铁遗址群的发现，证

① 林强、蒋廷瑜：《贵港罗泊湾汉墓》，载《中国文化遗产》，2008（5）。

② 黄启善主编，广西博物馆编：《广西博物馆文集》第2辑，293页，南宁，广西人民出版社，2005。

③ 黄全胜、李延祥：《广西贵港地区早期冶铁遗址初步考察》，载《有色金属》，2008（1）。

④ 林永昌、张强禄、陈建立：《汉代岭南铁器的传播与运输方式：以墓葬随葬铁器的空间分析为视角》，载《南方文物》，2019（3）。

明远在战国时代岭南地区的古骆越人就掌握了冶铁技术，创造了灿烂的铁器文明。一些专家也把过往岭南考古中发现的铁器文物往北方中原靠拢，认为“在今贵港罗泊湾发掘的汉墓中，出土的一件题为《东阳田器志》的木牍中，记载了从东阳（泛指太行山以东的平原地区）输入的用以陪葬的农具清单，其中有锸、铣、锄等种类，数量从数十到百余具不等”①。但贵港市早期冶铁遗址群的发现，可推断《东阳田器志》中所说的“东阳”就在平南县六陈镇到桂平市罗秀镇一线的铁器生产地。当时在今贵港一带已大量使用当地制作的铁制农具。而“以目前的考古资料统计，贵港是岭南地区发掘出土汉代铁器最多的地区之一，其铁器的出土数量仅次于广州地区，类型多为农具、手工业工具和武器，且多出于低等级墓葬，表明其铁器的使用具有一定的普及性。贵港地区考古发掘出土的铁器最显著的特点是拥有数量众多、种类繁杂，在岭南地区具有相当代表性”②。贵港市战国至汉代前冶铁文化遗址的发现证明当时的社会生产力水平完全与中原不相上下。

四、古桂林郡的古城文化遗址

（一）古桂林郡古城遗址

原文：2011 年 7 月，广西文物考古研究所组织专业技术人员入驻港北，对莲城宾馆地块地下遗存进行考古发掘。这次考古发掘出土了大量汉代至明清时期的遗物，包括各时期的陶瓷器及建筑材料，不仅数量众多，而且种类丰富，特别是遗址内出土的大量建筑材料，包括筒瓦、板瓦、瓦当等，不仅序列完整，时代互相衔接，而且特征明显。另外，遗址内发现的大量遗迹，包括灰坑、壕沟、柱洞、水井、道路、房址、城墙等，这些生活设施的发现，对于了解港北古代市井生活，复原古代生活场景，了解城市布局及各个时期人类活动区域的变迁均具有重要意义。特别是唐代城墙的发现，对于了解港北自唐宋以来城址的位置，为今后进一步探索城址的分布范围提供了比较明确的线索。

通过考古发掘，专家发现这一区域地下文化堆积非常丰富，而且堆积序列较为完整，包含了从南越国时期直到明清的所有文化层堆积，在这些堆积里面，不仅有

① 蒋廷瑜：《从考古发现看汉代农业》，载《广西日报》，1980-09-28。

② 黄全胜、李延祥：《广西贵港地区早期冶铁遗址初步考察》，载《有色金属》，2008（1）。

丰富的建筑材料，而且还发现大量的建筑基址及城市设施，尤以汉代及唐宋至明清时期的遗存最为丰富，而三国两晋南朝的建筑材料略为稀少，表明两汉及唐宋时期这一片人类活动频繁，而三国两晋时期活动略有衰减。专家推测，贵城遗址就是秦桂林郡、汉郁林郡郡治及唐宋以来历代城址所在地。贵城2000多年的建城史，自此展现。漆木器运回南宁后，用了许多木箱装上清水浸泡。开始是用蒸馏水，每天派人到轮胎厂去拉；后来改用井水，则到南宁市公园路的双孖井去提取。换水的时候，要把漆木器一件一件地捧出来。利用这个机会，我们几乎对每件漆器残片都作过仔细观察。结果发现许多漆盘、漆耳杯底部正中烙印有“布山”二字。“布山”二字外有方框，这种漆盘、漆耳杯是在木胎上烙印“布山”戳记以后再髹漆的。按秦汉时期漆器烙印戳记的惯例，“布山”应是漆器制造地的地名。有一些铜器上刻有“布”字，应是“布山”的省文。

“布山”作为地名，最早见于《汉书·地理志》郁林郡条，其文曰：“郁林郡，故秦桂林郡，属尉佗。武帝元鼎六年开，更名。”郁林郡所辖十二县，首县就是“布山”。照《续汉书·郡国志》的说法，在一郡之下“凡县名先书者，郡所治也”，“布山”就是郁林郡治的所在。汉代的郁林郡是从秦代桂林郡“更名”而来的。秦代桂林郡的郡治也应是布山县。①

解读：引文出自蒋廷瑜、彭书琳合撰的考古专著《历史的足迹：广西历史时期考古手迹》。古桂林郡郡治在桂平还是在贵港城区历来学术界聚讼纷纭，烙印“布山”二字的汉代漆器在贵港城区的出土，为古桂林郡郡治布山城就是贵港城区提供了确凿的证据。之前已论证过，古桂林郡郡治的命名是严格遵照汉代朝廷颁布的以山水取名的原则的。流入贵港城区郁江的支流叫“桂林”（桂江），是运输“百药之长”肉桂的主要水道，古贵港因肉桂而兴，因此以“桂林”为名，后来郁江成为广东、广西盐和米运输的黄金水道，郁江古称“郁林”，因此古贵港由“桂林”更名为“郁林”。古贵港是骆越水都，带有骆越祖神“浦”的深刻印记，“浦”的另一记音字为“浮”（也写作“宝”或“布”），流入骆越水都的“桂江”也叫“浮江”或“宝江”，贵港城区北面的北山叫“浮山”或“布山”，因此古贵港城以山为名也叫“布山”。

---

① 蒋廷瑜、彭书琳：《历史的足迹：广西历史时期考古手迹》，52页，南宁，广西人民出版社，2005。

原文： 因城市地产项目开工建设，广西文物保护与考古研究所于2008年5—10月组织考古队对遗址进行发掘，发掘面积约2000平方米，发现了大量汉代至明清时期的遗迹及遗物，包括城壕、壕沟、灰坑、房址、水井等遗迹及大量各时期的砖、瓦、陶瓷等遗物，特别是汉代城壕及唐宋大型建筑基址的发现，确定了遗址所在位置就是贵港历代城址所在位置。2011年7—10月，因贵港市防洪改造工程郁江北堤及堤园路项目施工，广西文物保护与考古研究所对郁江名城南部的原莲城宾馆地块进行考古发掘，发掘面积1025平方米。本次发掘继2008年发现汉代城壕之后又发现唐宋时期的城墙，而且残存的城墙与现存清代城墙基本重合，进一步丰富了对贵城遗址的认识。

通过前后两次发掘，贵城遗址发现了较为丰富的遗迹及遗物，时代从汉代（包括秦及南越国时期）一直延续至明清时期，包括汉代、六朝、唐宋、元及明清时期，且各个时期遗存在空间上均有分布，在时间上相互衔接。

汉代遗存包括西汉和东汉两个大的时段，其中西汉前期（南越国时期）遗存相对较少，以西汉中晚期及东汉堆积为主。遗迹有城壕、壕沟、水井、灰坑、房址、柱洞等。遗物种类较为丰富，包括大量砖、瓦及各类陶器，尤以瓦片最为丰富，有筒瓦和板瓦两种，其中西汉瓦以红色为主，胎较薄，烧制火候不高，表面纹饰均为绳纹，绳纹浅而凌乱，里面多拍乳钉纹，少量戳印有文字，大多无法识别，个别瓦片可见“零陵”戳印。东汉瓦主要以灰瓦为主，胎稍厚，烧制火候略高，表面纹饰以绳纹为主，有部分菱形纹、叶脉纹、五铢钱纹及几何纹。与西汉相比，东汉时期的瓦绳纹细而深，且较规整，里面乳钉纹基本被布纹取代。另外，这一时期还发现不少表面戳印有文字的瓦片，但字迹多数模糊不清，仅“永元”年号就发现近30件，较常见的有“永元四年”“永元十年”“永元十一年”等，另外还发现有“零陵郡”“零陵郡三年”戳印文字。除此之外，在两汉堆积中还发现大量瓦当，有云纹瓦当、“万岁”瓦当等，本期发现的无论是瓦还是瓦当均与南越宫苑遗址出土同类器物较为类似。陶器主要有瓮、罐、壶、瓿等，纹饰有方格纹、篦点纹、戳印纹、米字纹等。①

解读： 引文出自广西文物保护与考古研究所编著的贵城遗址考古挖掘报告《广

① 广西文物保护与考古研究所编：《广西基本建设考古重要发现》，126~128页，南宁，广西科学技术出版社，2015。

西基本建设考古重要发现》。古桂林郡郡治布山城遗址的发现为布山城在桂平或贵港城区的争论画上了句号。布山城遗址中出土的大量汉代文物以无可辩驳的事实证明古桂林郡郡治布山城就在古贵港城区，也证明了汉代郡县的命名以山水为名的历史。值得注意的是布山古城遗址出土了大量有方格纹、篦点纹、戳印纹、米字纹等骆越文化纹饰的陶器，说明布山城不但是汉代古城，也是骆越古城。而万岁瓦当等与广西南越王墓遗址出土的宫殿器物则说明古布山城曾是王都级的古城，是骆越古都城的延续。

（二）骆越方国最早的古都八树城遗址

原文：1. 大明山西南麓有“骆越”和“骆越水”的地名遗存，在古骆越国范围内是唯一有骆越地名遗存的地域。

2. 环大明山地区有“岜是”（祖宗神山），“临浦”（祖母江）、“达娅”（祖母河）等纪念人文始祖居住地的山水地名遗存，说明这一地区是古骆越人的发源地。

3. 大明山有丰富的铜矿蕴藏，有骆越地最早的青铜器特别是有最早的骆越鹭鸟标志铜鼓出土，并且所出土的青铜器多是本地铸造，说明大明山西南麓是古骆越地区最早的青铜文化发源地，是古骆越地区最早迈入文明门坎的中心。

4. 大明山西南麓有大量的骆越王文化遗存，有正规的将帅和军队等国家机器，这说明骆越在商周时已成为一个国家实体。

5. 大明山西南麓的骆越国有独特的严密的军事防御体系，有自己独特的“都城”。

6. 环大明山地区是龙母文化的发祥地，龙母崇拜已成为骆越古国的强大的宗教和精神支柱。

综上所述，我们完全可以说大明山西南麓是骆越古国的中心，是骆越文化的发祥地，是骆越古国最早的都城。①

解读：引文出自《骆越古国历史文化研究》。骆越古国最早的都城在广西大明山西南麓是近年来引起中国学术界广泛关注的研究成果。广西大明山是骆越人的祖山，壮语叫“岜是”，也写作“岜虽”或“八树”，骆越古都以山为名也叫“八树”城，即祖山城。流经骆越古都城的河流叫可滤江，也叫骆越水，骆越古都以江为名也叫可滤城或骆越城。“可滤”中的“可”字在古壮语中意为“地方”，“滤”意为

① 罗世敏主编：《骆越古国历史文化研究》，21~22页，南宁，广西民族出版社，2006。

“船”，“可滤”城就是“码头”城。“滤”的中古音音转为“鲁”，因此骆越古都城也叫“古鲁”城。在骆越古都城“八树”城周边发现了大量的商周古墓群，在大明山上发现了新石器时代的祭祀坛，这说明骆越古都城的历史远在新石器时代和商周时代。值得注意的是，越南人所认定的河内附近的骆越都城也叫“可缕”城和“古螺”城，但是这个城周边所出土的文物多为战国青铜器，不少青铜器的器型与秦始皇军队所用的完全一样，估计越南的“可缕”城是大明山骆越古都城“可滤”城的克隆版。

原文：从目前已掌握的考古材料和田野调查材料看，大明山的古骆越都城实际上是一个以关隘寨城群为护卫的大城。这一大城北面以大明山为屏障，东面以昆仑关、博涩寨、思陇寨城为护卫，西面以罗降隘、何旺堡、岜城为干城，南面以高山寨城、岜马山峨寨城守住水路关口。这些寨城、关口组成一个严密的防线，守卫的中心是古陆斡罗波城、可滤城（古鲁城）和小陆寨城。在这些大城中，众多的小城寨和村落星罗棋布。正因为这一地带是骆越方国的大都城，所以古骆越墓葬遗址比周边地区都要庞大和密集。

对于大明山地区的关隘寨城，清代顾祖禹所著的《读史方舆纪要》卷一百十一思恩府武缘县条下曾有记载：博涩寨，县东六十里。有巡司。又县东五十里有镆鎁寨巡司，县西北百里有西舍寨巡司，县南四十里又有横山寨巡司，俱为戍守处。高峰堡县南四十里。又县东百十四里有马头堡，百二十里有彭岭堡，百四十里有扶台堡。又有暗山堡，在县南三十里。俱拨兵戍守。

顾祖禹记载的清代大明山地区的关隘寨城是沿袭明代的建制，从明清两代的关隘寨城布局来看大明山地区的防守体系也是非常严密的。

除了大的防守寨城关隘外，大明山地区古骆越城边每一条能通行的山路险隘处都设有驻兵的关隘。据《武鸣县志》卷二载：清代大明山小路上有守兵的关隘就有渌潭隘、安更隘、渌淇隘、匣石隘、渌昌隘、渌赵隘、渌达隘、告止隘、水锦隘（也叫罗降隘）等。这些关隘虽然是明清时代所设，但防守的蓝图却是沿于远古的。

位于武鸣县两江镇大明山上赵江支流鹅溪的磨刀石隘遗址就是这一类型关隘的代表。磨刀石隘有一个能驻扎100多人的古营寨遗址，营寨边遗存有三合土舂垒的寨墙残段。营寨旁的鹅溪谷中遗留着密密麻麻的古磨刀石。据当地老百姓说，整个山谷有一百多处磨刀的痕迹。经广西骆越文化研究会的专家初步考察，在一段二十多米的溪谷中，已确认的磨刀痕迹有四十多处，这些痕迹十分古老，刃面很宽且形状独特，显然为打磨古兵器所留。在每一处磨痕的旁边，均凿有一个蓄水池，大小不一。当地上山打猎的村民曾在营寨遗址拾到青铜剑的残件，结合当地有关召王兵马在这里出发夜袭秦始皇兵马的传说，磨刀石隘可能是一个骆越军队驻扎过的兵寨遗址。磨刀石隘遗址与大明山上望兵峰遥遥相望，望兵峰的得名可能与大明山上各关隘的驻兵有关联。①

解读：引文出自梁庭望和厉声主编的国家哲学社会科学规划重点项目成果专著《骆越方国研究》。梁庭望先生是中央民族大学原副校长，厉声先生是中国史地研究中心原主任。《骆越方国研究》是有关骆越文化的权威著作。项目的主要研究成果之一就是认定了骆越方国最早的中心和都城在大明山骆越水流域。《骆越方国研究》对骆越方国的都城做了广泛深入的考证，认为骆越方国都城实际上是以天然屏障和关隘为城，并指出这比单纯的砖石城和土筑城更为宏大，防御更是固若金汤。它护卫的地盘有200多平方公里，这在我国的先秦时代可算是第一大城。

（三）金榜山（岜娅）古城遗址

原文：按《百粤志》记隆安有金榜山，合沓如城。余至邑问之，无有知者。又环观近邑皆土山，而余方患疮，无暇远索。至是心异其山，问之村夫，皆曰：“不知所谓金榜者。”问：“此山何名?”曰：“第称为石岩，以山有岩可避寇也。”余闻之，遂令顾仆同夫候于前村，余乃北向入山。半里，逾土冈而下，其内土反洼坠，其东西两崖俱劈空前抱，土冈横亘而接其两端。既直抵北崖下，望东崖之上，两裂透壁之光，若明月之高悬镜台也；又望西崖之上，有裂罅如门，层悬叠缀，基天云之嵌空天半也。余俱不暇穷，先从北崖之麓入一窍。窍门南向，嵌壁为室，裂隙为门，层累而上，内不甚宽，而外皆叠透。连跻二重，若楼阁高倚，飞轩下临，爽朗可憩。其左忽转劈一隙，西裂甚深，直自崖巅，下极麓底，攀夹缝而上，止可胁肩，不堪寄傲。乃复层累下，出悬隙两重，遂望西崖悬扉而趋。其门东向，仰眺皆崇崖莫跻，惟北崖有线痕可攀，乃反攀倒跻，两盘断峡，下而复上，始凌洞门。门以内，隙向西北穹起；门以外，隙从崖麓坠下。下峡深数丈，前有巨石立而掩之，故自下望，只知为崖石之悬，而不知其内之有峡也。然峡壁峻削，从上望之，亦不能下，

① 梁庭望、厉声主编：《骆越方国研究》，195~196页，北京，民族出版社，2017。

欲攀门内之隙，内隙亦倾侧难攀。窥其内渐暗，于是复从旧法攀悬下。乃南出大道，则所送夫亦自前村回，候余出而后去。乃东行五里，有村在路左，曰鱼奥今作儒浩。将入而觅夫，则村人遥呼曰："已同押担者向前村矣。"村人劳余曰："游金榜大洞乐乎?"余始知金榜即此山。

译文：据《百粤志》记载，隆安县有座金榜山，重合起来如像城墙。我到县城打听此山，无人知道。又环视县城附近都是土山，而且我正患病生疮，无暇到远处去寻找。来到这里心里感到此山很奇异，向村夫打听，都说："不认识所谓的金榜山。"（我）问："此山叫什么名字?"（他们）回答："只是称作石岩山，因为山中有岩洞可以躲避强盗。"我听了这个回答，就命令顾仆同脚夫在前边的村子等候，我于是向北进山。半里，越过土冈下山，土冈内地势反而洼陷下去，土冈东西两侧的石崖全都劈向空中向前环抱，土冈横亘着接到两端的石崖。径直抵达北面的石崖下后，望见东面石崖之上，两处石壁上的裂隙透过亮光，好像明月高悬在明镜台上了；又望见西面石崖之上，有像门一样的裂缝，层层叠叠悬缀着，好似入云的门扉镶嵌在半天空。我都来不及穷究，先从北面石崖的山麓进入一个石窍。石窍口向南，嵌入石壁成为石室，裂开缝隙成为门洞，层层叠累上去，里面不怎么宽，但外边全都层层叠叠相通。一连上登两层，好像楼阁背靠高空，飞空的轩廊凭临下方，明朗可以歇息。它左边忽然转过去劈开一道缝隙，向西裂去非常深，一直从石崖顶端，下裂到山麓极底处，攀着夹缝上登，只可以收缩肩头，不能寄托豪迈的情怀。只好重又层层叠垒而下，钻出两层高悬的裂隙，于是望着西面石崖上高悬的门扉赶过去。这个门洞向东，仰望过去都是高崖无法上登，只有北面石崖上有线一样的石痕可以攀登，于是反攀倒登，两次绕过断开的峡谷，下了又上，这才登到洞口。洞口以内，裂隙向西北弯隆而起；洞口以外，裂隙从石崖向山麓下坠。下方的峡谷深数丈，前边立有巨石遮住了峡谷，所以从下边望去，只知是石崖高悬，却不知巨石之内有峡谷了。不过峡壁陡峭，从上边望得见，却不能下去，想攀住洞口内的裂隙，里面的裂隙也是倾斜难攀。窥视峡内渐渐暗下来，于是又用原来的方法攀住悬崖下来。向南出到大道上，就见送行的脚夫也从前边的村子返回来，等我出来后便离开了。于是向东行五里，有村庄在路左，叫鱼奥（今作儒浩）。将进村去找脚夫，就见村里人远远呼叫道："已经同押担子的人去前面的村子了。"村里人慰劳我说："游金榜山大洞高兴吗?"我这才知道金榜山就是此山。

解读：引文出自明代著名的旅游家徐弘祖（号霞客）所著的《徐霞客游记》。

《徐霞客游记》是一部以日记体记叙文为主的中国地理名著。明末徐弘祖经 30 多年旅行，对全国各地的地理、水文、地质、植物等现象，作了详细记录，在地理学和文学上卓有成就。特别是其中的《粤西日记》部分留下了明代广西各地山水民俗的生动图景，是研究明代广西历史地理的珍贵史料。他提及的《百粤志》就是明代人谢肇淛（字在航）在广西任右布政使时所著的《百粤风土记》。《百粤风土记》是一部记述广西明代历史地理的笔记体志书。徐霞客从《百粤志》了解到隆安县"金榜山"是岭南名胜，因此路过时专门入山考察。金榜山是一座天然城池，因此徐霞客说它"合沓如城"。徐霞客历尽艰险对金榜山进行了深入细致的考察，但从他的描绘中，金榜山的景观也不觉得有什么奇特之处。实际上金榜山之所以著名是因为它的文化历史极为深厚。当地村民叫它为"岜娅"（也写作"岜雅"）。"岜"在壮语中意为山，"娅"意为祖母，是壮族民间对稻神的尊称，"岜娅"意为稻神山。因为从山顶上俯看整座金榜山的形状如同一个在大地上伸腿举手的女人，壮族民间认为这女人就是创造了稻作生产技术的稻神，因此称整座山为稻神山。广西骆越文化研究会的专家曾受隆安县委和县政府的委托对稻神山进行文化遗存调查，在山的周围岩洞中发现多处新旧时代的古人类文化遗址，在山正南对面的土坡上发现了密布的大石铲祭祀遗址。种种文化遗存表明，壮族先民们是把金榜山当作稻神来祭祀的。在金榜山中专家们发现了城门遗址、干栏遗址、泉井遗址等古城遗址，对古城遗址中发现的商代夔纹陶片进行分析，证明这一古城在商代就已存在了，金榜山堪称岭南第一城。

原文：挂榜山一名金榜山，俗名曰"岜雅"。在城东南二十里。山势横列如榜，四面皆然，故名。峭壁耸拔，有三层崖，可容千人。顶有天然石池，其南麓一谷，尤奇绝。从麓拾级而升，中有玉女井，上有明和洞，三层极幽邃，再上为雷坛，雷坛深处为飞云谷、白猿崖、横烟嶂、香炉峰诸名胜，崖石四塞如城，内有莲花塔，座踞一石人，俗呼为"希夷先生"。明嘉靖中，邑令姚居易题曰"第一洞天"。相传："县诸生陈汝兴尝在岩中习先天道。所有一切花果，皆其所种，至今犹存。厥后时隐时见，莫知所终，人皆以为仙去"云。①

译文：挂榜山又名金榜山，俗名叫"岜雅"。在隆安县城东南二十里。山势横

① 田曙岚：《邕乡处处：广西旅行记》，58 页，沈阳，辽宁教育出版社，2013。

列像考试张榜一样，四面都一样，因此得名挂榜山。挂榜山峭壁耸立挺拔，有三层石崖，山中可住上千人。山顶有天然的石池，它南麓的一个山谷，尤其奇特怪绝。从山麓按照台阶续级而上，其中有玉女井，上面有明和洞，三层极为幽深，再上去是雷坛，雷坛深处是飞云谷、白猿崖、横烟嶂、香炉峰等各个名胜古迹，悬崖石壁四面堵塞像城一样，里面有莲花塔，塔座中蹲着一个石人，俗称叫“希夷先生”。明代嘉靖年中，县令姚居易在山壁题刻“第一洞天”的字样。相传：“隆安县县学的学生陈汝兴曾经在岩洞中习练先天道。这里所有的一切花果，都是他所种，到现在还遗存。过后有时隐藏有时出现，不知道他最后的下落，人们都以为他成仙去了”之类。

解读：引文出自民国年间田曙岚著《邕乡处处：广西旅行记》，田曙岗在游记中引用了清末黄诚沅所编著的《隆安县志》。金榜山民间称作“岜雅”（也写作“岜娅”，“岜雅”是壮语稻神祖婆山的意思。“岜雅”本身就是一座古城，当地老百姓叫作“舍岜”，意为山城。“岜雅”城的地形是两个像“天坑”样的深谷，南部的深谷更像一座城，只有南面有较低凹的山坳可进出，山坳上有三道石砌的城墙，还残留有门栅等痕迹。里面的所谓的“玉女井”是一个形状像女阴一样的岩洞，洞中有泉水可汲饮。明和洞是一个新石器时代的岩洞葬遗址，洞口砌有石城。雷坛是位于山顶的一座祭祀坛。祭祀坛的北面是一个很深的“天坑”形山谷，飞云谷、白猿崖、横烟嶂、香炉峰等名胜古迹都在这个“天坑”中，坑中有人形的石柱，这就是人们传说的所谓的“希夷先生”。“希夷先生”是北宋著名的道家学者、养生家，曾隐居武当山等地修炼，一生不仕。宋太宗慕名召见过他并赐给他“希夷先生”的道号。“岜雅”各名胜古迹的命名显然是文人墨客所为，但也可看出古代的“岜雅”是文人墨客经常游览的风景区。广西骆越文化研究会的专家经考察研究认定“岜雅”是新石器时代的骆越古城。

（四）郁林州城铁城山

原文：铁城山，县南十里。石壁四周，险固若城，中平衍，容数百家。上多石窦，泉流不竭。有四门，惟东门可通人行。南门山半有土基，相传为古敌楼。西北二门多石艰阻，其石皆铁色。图经云：“郁林州旧设于此。”山北一里有古州岩，广数丈。中有潭，四时不涸。[1]

译文：铁城山，位于兴业县南面十里处。铁城山石壁围绕四周，险要牢固像城一样，城中地形平缓，可容纳数百人家居住。铁城山上多石洞，城中泉流不枯竭。城有四道门，惟有东门可通人行。南门山的半腰有土基墙的遗址，相传为古代城上瞭望的敌楼。西面和北面的二道门多石崖险阻，它的石头都是黑铁色。图经说："郁林州旧时设立在这里。"山的北面一里有一座叫古州岩的岩洞，宽数丈。中间有潭，一年四季都不干涸。

解读：引文出自清朝初年顾祖禹所撰的《读史方舆纪要》。关于兴业县的铁城山历代古籍多有记载，古石南县、石南郡、郁州、郁林州都在此城设治。铁城山天然成城的地形使它成为历代州县城址的优先选择。古人选此建治，不仅省却了浩大的建城工程费用，而且在城防方面确实是固若金汤，是名副其实的铁城。郁林郡治从布山城移至铁城山再移至今玉林城区，实际上是古桂林郡交通地位变化的结果。布山城原来是桂江与郁江水道的交通中心，有骆越水都之称。随着北部湾沿岸地区的开发，南、北流江古水道成为繁华的交通要道，特别是北部湾海盐成为两湖地区重要的食盐来源之后，北部湾海盐西运和北运中心的古玉州城就成为桂东南经济活动的中心，古郁林城这一政治中心也就演绎出了东移铁城山再迁今玉州城的历史传奇。铁城山位于古桂林郡最便捷的出海通道中心的位置，也说明了这一出海通道的重要性。

原文：铁城之小南街，有庞摄官舍。庞已死久矣，一日，其家木偶土地者，忽自相殴击不止。家怪异之，焚香拜祷，又不止，乃投于井中。一夕于井中又出，遂令仆远送之。然仆人者亦惧，夜以楮钱缠木偶，但潜置于税务门小石桥下，不敢远，人皆不知也。石桥去行街止数十百步，翌日则街市人皆见木偶土地夫妇行于街，众大骇，争相传报，聚十百人，而木偶土地自行街前，以手相接抱而双俱行转街，复抵税务，人其中拦头，因以绳系于柱。叶戎宰因下务，见众喧噪，询之，争白曰："木土地自行也。"叶戎曰："岂有此理！"呼伍伯辈，令二人持此木偶，掷之江中，后乃寂然。此非所动而动，在五行有兆。当是时，赵守不易凶险生事，人不奠居，

① 《边疆史地文献初编》编委会编：《边疆行政建制初编·西北及西南》第13册，389页，北京，知识产权出版社，2011。

吾意谓其有兵火之厄乎？此绍兴乙亥夏六月二十有六日也，吾亲见之。至九月末，许签判逖死。十月，赵守殂，而杨司户又死，南流黄知县丁忧而去，欧阳巡铺、米推官皆卒。次年六月，叶戎又死。此其验矣。[1]

译文：铁城的小南街，有一个庞摄官的官舍。庞摄官已经死很久了，有一天，他家里的木偶像土地，忽然自己不停地殴打自己。庞摄官家里人觉得很奇怪，于是烧香拜祭，木偶像的殴打还是不停止，于是将木偶像投进水井。一天晚上在水井中的木偶像又跑出来，庞摄官家里人就下令仆人远远地丢弃木偶像。但是仆人也很害怕，夜里用纸钱缠住木偶，但是暗中放在税务官衙门口小石桥下面，不敢丢得太远，人们都不知这事。石桥离行人街上只有几十步远，第二天街市的人们就都看见木偶像土地在街上行走，众人非常惊怕，争相传话，聚集了一百多人，但木偶像土地还自己在街前行走，用手互相接抱并且双双一起转街走巷，再次走到税务官衙，有人将其中的木偶像拦住头，随之用绳子绑在柱子上。县官叶戎因为下班，看见众人喧闹，查问这事，众人争着告诉说："木偶像土地自己行走了。"叶戎说："岂有此理！"传唤衙役中的伍长，下令两位衙役拿着这木偶像，投进河里，后来才平静下来。这不是应该动却动的，在五行中有预兆。当这个时候，赵太守不避凶险惹是生非，人们都不能安居，我想是不是会有兵火的灾祸？这是绍兴乙亥年夏季六月二十六日，我亲眼看见的。到九月末，签判许逖死掉。十月份，赵太守非正常死亡，而后杨司户又死，南流县黄知县因父母逝世而离职，接着欧阳巡铺、米推官也都死掉。第二年六月，县官叶戎又逝世。这是凶兆应验了。

解读：引文出自宋代蔡绦著的《铁围山丛谈》。蔡绦是北宋太师蔡京的儿子。《铁围山丛谈》是蔡绦流放白州（今博白县）时所撰写的笔记传记，记载了从宋太祖建隆年间至宋高宗绍兴年间约二百年的宫闱秘闻、历史事件、人物轶事、诗词典故、文字书画、金石碑刻等，有重要的历史价值。铁围山就是著名的铁城山，蔡绦流放白州时经常到铁城山访友闲游，对铁城山的风土人情较为熟悉。从他的著作中可以看出铁城山当时还是一个繁华的山城，城里有街道、官舍、流水、石桥等设施，并且有县官、衙门、衙役等人员机构。木偶像自己互相殴打、上街游走的叙述显然是一个传说故事。蔡绦编造这样的故事是为了说明世事皆有预兆，木偶像异动是一

---

① （宋）蔡绦、（宋）曾敏行：《历代笔记小说大观：铁围山丛谈·独醒杂志》，48页，上海，上海古籍出版社，2012。

个凶兆。后来灾祸应验，官员们不是横死就是丁忧离职。蔡绦和他的父亲蔡京虽然在历史上政声不佳，但在文学上还是很有造诣的。蔡绦著的《铁围山丛谈》以郁林古城铁城的地理角度纵论宋代二百年的历史，给人一个不一样的宋代生活场景，可以说是宋代风云看铁城。

第七章　古桂林郡的主要族群

一、古桂林郡的地名

（一）交趾：融入古骆越方国的南方部族

原文：中国戎夷五方之民，皆有其性也，不可推移。东方曰“夷”，被发文身，有不火食者矣。南方曰“蛮”，雕题交趾，有不火食者矣。西方曰“戎”，被发衣皮，有不粒食者矣。北方曰“狄”，衣羽毛穴居，有不粒食者矣。中国、夷、蛮、戎、狄，皆有安居、和味、宜服、利用、备器。五方之民，言语不通，嗜欲不同。达其志，通其欲，东方曰“寄”，南方曰“象”，西方曰“狄”，北方曰“译”。①

译文：由中原民族和四方少数民族组成的五方民族，各有不同的生活习性，不能勉强改变。东方的民族为夷，披头散发，身上绘着花纹，其中有不吃熟食的人。南方的民族为蛮，额头刺着花纹，走路时两脚的脚趾相向，其中也有不吃熟食的人。西方的民族为戎，披头散发穿着兽皮的衣服，其中有不吃五谷杂粮而吃禽兽肉的人。北方的民族为狄，以禽兽的羽毛为衣，住在洞穴里，也有不吃五谷杂粮而吃禽兽肉的人。中原、东夷、南蛮、西戎、北狄这五方之民，尽管生活习性不同，但各自有自己认为舒适的住所、可口的味道、合适的衣服、便利的工具、完备的器具。五方的民众，语言不通，嗜好与需求也不相同。为了传达思想情感，了解彼此的需求，有人负责沟通翻译工作。这种人，在东方叫寄，在南方叫象，在西方叫狄，在北方叫译。

解读：引文出自《礼记》。交趾，趾又作址，是古骆越地的重要部落。我国先秦不少古籍中，就出现了“交趾”的名字，并有许多关于神农、颛顼、尧、舜等南

---

① （西汉）戴圣：《礼记·孝经译注》，99页，北京，北京联合出版公司，2015。

抚交趾或南至交趾的记载。《墨子》认为“交趾”的意思是走路时两脚的脚趾相向，这是望文生义。“交趾”是南方叫作“蛮”的民族。交趾的地域和古骆越的地域基本一致，在壮族古籍中，“交趾”也写“缴趾”，意为王国以外遥远的地方。《布洛陀经诗》曾记载：“郎汉”（天鹅王）与弟弟“郎祖”（幼王）争夺王位，被“郎祖”追杀，逃到了“缴”地休养生息，最后依靠“缴”人的力量征服了“郎祖”，夺得了王位。“郎汉”是骆越鸟部的王，鸟部的地望约在右江河谷一带，是稻作文化的发源地，“缴”是稻作生产扩张到新地方形成的鸟部属地，因为土地广阔，适宜稻作成了大部落。“缴”部在什么地方？按照《墨子》的说法，“交趾”人头上刺青，爱吃生肉。这与郁江流域古代骆越人的习俗相符。如今郁江流域的贵港市、横县等地是全国著名的爱吃生鱼片的地方，这是古“交趾”人“不火食”习俗的遗留。

原文：又思缴江，在县南四十里，源出兴业县，即西水下流也。又有武思江，在县西六十里，自郁林州博白县流入界。①

译文：（贵县）又有思缴江，位于县城南面四十里的地方，发源在兴业县，就是向西流的河水。还有武思江，在县城西面六十里的地方，从郁林州（今玉林市）博白县流入贵县界。

解读：引文出自《读史方舆纪要》。贵港、横县等地还有许多古“交趾”的地名遗存，如横县的“校椅”，“校椅”是交趾的另一音译。贵港的“思缴江”（即瓦塘江，又叫龙母江）也是古“交趾”的地名遗存。“思缴”中的“思”在古骆越语中意为“城”，“缴”就是“交趾”中的“交”字的另一音译，“思缴”就是“交趾城”的意思。瓦塘江口有新石器时代古城寨遗址，可能这就是所谓的“交趾城”。不但贵港有古交趾城的遗址，大明山地区也有许多古交趾城的文化遗址，如马山县古思恩府城叫“乔利”即“交趾长城”，左江沿岸也有古交趾城的遗址，如扶绥县有“叫城”，龙州县也有“叫城”，当地人叫“思缴”或“城叫”。这些在骆越故地的古“交趾”的地名遗存说明在骆越方国建立后古“交趾”部已融合到骆越方国中，形成了“交趾即骆越”的沿革。后来汉朝平南越国后在骆越方国地域内建立的

---

① 《边疆史地文献初编》编委会编：《边疆行政建制初编·西北及西南》第 13 册，400 页，北京，知识产权出版社，2011。

地方行政区就叫作“交趾刺史部”。治所在古广信，即广东的封开县。但是，可以肯定古骆越交趾部的中心原来就在古贵港布山城。

（二）“都广之野”即以古贵港城为中心的西江平原

原文：西南黑水之间，有都广之野，后稷葬焉。爰有膏菽、膏稻、膏黍、膏稷，百谷自生，冬夏播琴。鸾鸟自歌，凤鸟自儛，灵寿实华，草木所聚。爰有百兽，相群爰处。此草也，冬夏不死。①

译文：西南黑水流经的地区，有都广之野，后稷埋葬在这里。这里有膏菽、膏稻、膏黍、膏稷，各种谷物都自然生长，不论冬夏都可以播种。鸾鸟自由自在地歌唱，凤鸟自由自在地跳舞，灵寿木到时开花，草和树成堆地生长。各种各样的鸟兽，成群结队地在这里栖息。这里的草，不论冬夏都不会枯死。

解读：引文出自《山海经》。前文也已讨论分析过，关于“都广之野”在何处，历来学者见仁见智。因为“都广之野”是在仙山“昆仑”的旁边，因此有说雪山是“昆仑”，“都广之野”是雪山附近的成都平原的；有说泰山是“昆仑”，“都广之野”是泰山附近的华北平原的；有说南岳是“昆仑”，“都广之野”是南岳旁边的洞庭湖平原的，等等。但这些地方都不符合“都广之野”有以“膏”为词头的百谷，冬天夏天都能播种的特点。“膏”是壮语粮食“糇”的另一音译字，显然“都广之野”是古代的壮族地区，只有壮族地区的南部冬天夏天才都能播种。对比各地的所谓“都广之野”只有古桂林郡的西江平原符合这些条件。西江平原在龙头山（昆仑）附近，有以“膏”为词头的百谷，冬天夏天都能播种。西江平原也是岭南最大的水稻产区。“都广之野”的“都”字在壮语中是“田垌”的意思，“广”是“广宽”的意思，“都广之野”就是“宽广的田垌”。“垌”源于古壮语即骆越语，意思是大片的水稻田。西江平原是岭南“垌”字地名最多的地区，市辖区有都护、都蕴、锦垌、垌心、云垌、平田垌、青草垌、白路垌、大垌罗、平垌、田垌心等。桂平市有麻垌、垌心、上垌、下垌、珍垌、新垌、宁垌、都合垌、盘垌、中沙垌、中垌、湾垌、凼垌等。平南县有旺垌、平垌、官垌、蓝垌、福垌、关垌、社垌、藤垌、更垌、朝垌、生垌、八仙垌、梧垌是、覃垌、陈垌、六良垌、里垌、页垌、上高垌、

① （西汉）刘向、刘歆校订，孙红颖解译：《山海经全鉴》（典藏版），293页，北京，中国纺织出版社，2016。

高仰垌、新垌等。贵港市有这么多的古骆越田垌的地名，更说明贵港市的西江平原就是“都广之野”。

（三）贵港市“罗”字地名释义

原文：罗字地名以旧肇庆罗定高州梧州等州府为最多。……苍梧有罗贡，藤县有罗悦，容县有罗杏，怀集有罗孔，郁林有罗擎，桂平有罗播，平南有罗掩，贵县有罗文，横县有罗凤墟。……按罗乃周时壮族的小国。左传桓公十二年罗人欲伐楚，后来楚文王徙罗子于南郡枝江县。两广所有罗字冠首的地名，未必与罗国有直接的关系。但这罗字出于壮语则无可疑。在壮人语言，这罗字比其他各字意义稍为复杂。他有一小部分与“那”字通，即田字的意义。①

解读：引文出自徐松石先生所著的《粤江流域人民史》。徐松石先生是壮族文化研究的先驱，他首创以岭南地名研究壮族历史文化的方法。他发现岭南许多用汉语无法解释的地名实际都是壮语的古地名，壮语地名的分布区实际上就是历史上壮族先民骆越民族的分布区。骆越民族是稻作文明的首创者，因此骆越民族的分布区的地名多以水田为名。水田在壮语中叫作“那”，古壮字“䎹”字是上头一个“那”字下面一个“田”字。水田壮语的上古音即骆越古音叫“罗”，因此有“罗”字地名分布的地区多是稻作文化的起源地。徐松石先生注意到“罗”字地名以西江平原为最多，如贵港市覃塘区有罗村、谷罗、横罗，港北区有罗碑、罗柴、六罗，桂平市有罗洪、罗蓝、石罗、榕罗、罗秀、双罗、罗容、罗蛟、罗宜、罗播、罗西、罗北，平南有罗新、罗泉、罗苏、罗岑等。西江平原是全国野生稻最大的分布区，也是“罗”字地名最多的地区，这说明西江平原是我国最早且较大的稻作起源地。

二、秦桂林郡是古骆越地

（一）郁江流域是骆越故地

原文：“粤”“越”，一也。《禹贡》《周·职方》：“扬州外境，五岭至于海，尽越之南裔。”……译吁宋旧壤，湘漓而南故西越也；牂牁西下，邕容绥建，故骆

① 壮学丛书编委会编：《徐松石民族学文集》，141~142页，桂林，广西师范大学出版社，2005。

越也。①

译文：“粤”和“越”是同一的。《禹贡》《周·职方》记载：“扬州以外的边境，从五岭到南海，都是越人的南方后裔”……译吁宋故地，湘江、漓江以南的地方是西越的故地；牂牁江从西而下，邕州、容州、绥州、建州，都是骆越故地。

解读：引文出自明代学者欧大任《百越先贤志·序》中的议论，本书转引自《回望故乡：岭南地域文化探究》。牂牁江是红水河上游的北盘江，但是许多古籍把邕江上游的右江也称牂牁江，欧大任就持这一观点。他认为右江从西流下经过的邕州、容州、绥州、建州，一直到珠江出海口，都是骆越故地，从南岭到南海这一地区，都是骆越人的南方后裔。骆越人是岭南的最早开拓者，名随主人，因此许多地名，都带有骆越人的文化基因，成为骆越文化的标志。如领方郡则以郡内领方山得名，领方山位于宾阳县城南边的古城村边，壮族名字叫“四访”，意为鬼城，这是对汉代古城的历史记忆。另有象、郁林、北流、岭山、南流、黄水、封山、盐田八郡，也有骆越文化的基因。

原文：驩水在县北，本牂牁河，俗呼鬱林江，即骆越水也，亦名温水，古骆越地也。②

译文：驩水在宣化县（今南宁）北部，原本叫牂牁河，俗称郁林江，就是骆越水，也叫温水，是古骆越地。

解读：引文出自《旧唐书·地理志》。郁水的源头叫驩山，壮语意为“鹅山”，从驩山流下来的右江因此也叫驩水，壮语意为“鹅江”。也叫牂牁江。“牂牁”壮语意为“系船地”即“码头”，“牂牁河”即“可通船的河”，在一些方志中，都称右江为“牂牁江”，右江以下的郁江河段叫作骆越水，也叫温水。温水的得名是因为右江古称“文象水”，在壮语中“文”的意思是“人”，“文象”就是“驯象耕田的人”。古骆越人是开创稻作农业的民族，“骆越人”意为“用戉种水稻的人”，骆越人稻作重要的成果之一就是成功地驯象耕田，因此许多古籍都把越人“鸟耘象耕”视为祥瑞。“象”在壮语中读音为“壮”，“文象”即可解为“壮人”。学术界向来认为“壮人”的名字最早出现于南宋，写作“獞”。实际上“壮人”的名称在先秦

① 江冰、张琼主编：《回望故乡：岭南地域文化探究》，265 页，长沙，湖南师范大学出版社，2017。

② （晋）刘昫：《旧唐书·地理志》，1737 页，北京，中华书局，1975。

骆越时代就已经出现了。“文象水”简称“文水”，后来同音异写为“温水”。“温水”实际上就是郁江，也就是骆越水，所以《旧唐书·地理志》记载，郁江流域是古骆越地。

（二）“布山”不是“泉山”

原文：郁水，北迳领方县北，又东迳布山县北，郁林郡治也。又东入阿林县，潭水注之。①

译文：郁水，北部经过领方县北，又东面经过布山县北，即郁林郡郡治所在地，又从东面流入阿林县，在此潭水与之汇合。

解读：引文出自《水经注珍稀文献集成》。《水经注珍稀文献集成》是四川大学与成都市方志办倾十余年之功，全面系统地汇集而成的我国古代水文地理的相关文献巨著。“布山县”的地名与桂林郡的地名一样，其命名的源起之地也在今贵港市。“布山”是郁林郡的首县，也是秦汉时期桂林郡郡治所在地。如此重要的县名依据什么命名，为什么称布山，难道真的如某些人所说的是“像晒布一样的群山”？也有许多学者认为，古布山县是壮族先民聚居之地，布山的“布”音，是壮族的语音，亦即壮语的地名，因而不能直接用汉语的语意去理解为“凉晒布的山”或“像布一样的山”，必须用壮语的语意去理解。壮语的“布”意为汉语的“泉”，“布山”应理解为“有泉水的山”。这样的说法如细究也有问题。“泉”读如“布”音是壮语唐代以后的中古音，壮语“泉”字的上古音即骆越古音读“闻”字或“潣”字，如汉代海上丝绸之路的始发港“徐闻”，骆越语意为“祖泉”，它的得名是因为有一个名叫龙泉的大泉水，“闻”的意思就是泉水。广西北海港叫“南潣”港，骆越语意为“泉水”港，海南省的“万泉河”在骆越语中的意思是“泉河”，“万”就是“泉”，“万泉”是骆越语音“万”和汉语“泉”两字的叠加。“布山”是先秦时的骆越语地名，“布”字如果意为泉水应读如骆越语泉的古音“闻”字，写成“闻山”或“万山”。广西的壮族古地名中多数“万”字的地名不能照字面理解为“千万”的“万”字意思，如贵港覃塘石卡镇万塘村的“万”字是“泉”的意思，“万塘”就是“有泉水的塘”。“六万大山”的意思也不是六万座山的意思，而是“山麓泉水大山”。“十万大山”的意思也不是说有十万座山，这里“十”的意思和

---

① 李勇先、高志刚主编：《水经注珍稀文献集成》第2辑，127页，成都，巴蜀书社，2017。

“徐闻”中的“徐”字意思一样，意为“祖”，“万”字和“闻”字的意思一样，意为“泉”，“十万大山”就是“祖泉大山”。

因此，古桂林郡和古郁林郡中的首县“布山”中的“布”字不是“泉水”的意思，而是和贵港“宝江”中的“宝”字，“罗泊湾”中的“泊”字一样，是骆越祖母王龙母神“浦”字的同音异写。“浦”在贵港地佬话、平话和壮话中都是“祖母”的意思。骆越祖母王龙母神“浦”在岭南骆越后裔民族中享有崇高的地位，因此骆越人迁移到哪里就把祖母王龙母神“浦”的名字复制到哪里。古贵港布山城是骆越人的新都，它是骆越古都祖山城的克隆版，是龙母神的新圣地，因此叫作“布山”即“龙母圣山”城。

布山县治在今贵港市，不但有文献可考，而且为近年大量的出土文物所证实。1954 年修筑黎湛铁路贵县路段时，首先在贵城镇近郊工地上发现汉墓，至 1988 年底，在贵港市附近清理挖掘的古汉墓达 500 余座，出土文物 1 万多件。在出土文物中有一批烙印“布山”戳记的漆器和刻有“布”字铭文的铜器。按秦代习惯，漆器烙印戳记的“布山”应是该器物出产的地名。铜器上的“布”字是后刻的，应是该器物流传和使用地的地名。根据这些殉葬品和墓葬结构风格，广西区博物馆专家推断，墓葬时代是西汉初期，上限到秦末，下限不会晚于汉文帝、景帝时期。这就说明，今之贵港市城区正是当年郁林郡治和布山县治所在。此外，我们从 1976 年 5 月下旬挖掘的罗泊湾一号墓和 1979 年 4 月挖掘的罗泊湾二号墓，以及 1980 年 7 月挖掘的风流岭西汉木椁墓来看，器物珍贵，地位很高。如鎏金铜车马器、大铜马、夫人玉质印章、一墓殉葬尸骨七具等。可以判断墓主人是当时当地政权机构的最高层官吏和他们的家属。2008 年，贵港市港北区政府旧址开挖地基，露出的汉瓦让在场考古工作者欣喜若狂。这可是贵港除汉代墓葬外首次发现汉代建筑构件，多年来苦苦追寻的汉代城址终于有了线索。随后相继发现的汉代瓦当、城壕、柱洞，更加印证了汉城的存在。尤其是瓦当与广州南越国宫苑遗址出土的文物基本相同，表明贵城遗址的年代与秦末汉初的南越国大致相当。这为郡治位置提供了确凿实证。此外，还出土了东汉、两晋南朝、唐宋的建材，表明此地是建城设署的“风水宝地”，代代相传未曾间断。文物是历史的见证，是一定历史时期社会生活的反映，如果当时此地无郡治、县治设置，那简直是不可能的。今贵港市城区附近发现汉古墓之多，居广西之首。这就说明这个地方是当年桂林郡的军事、政治、经济中心。

（三）贵州就是多桂多金玉之州

原文： 贵州本西瓯、骆越之地。秦并天下，置桂林郡，尉佗王越，改桂林为郁林。①

译文： 贵州（今贵港市）本是西瓯、骆越先民生活的地方。秦始皇统一天下后，在岭南地区设了桂林郡、象郡、南海郡。后来，南海郡尉赵佗兼并桂林郡、象郡，从而统一了岭南地区，改桂林郡为郁林郡。

解读： 引文出自唐代李吉甫编撰的《元和郡县图志》。李吉甫，唐代赵郡赞皇（今河北赞皇）人，唐宪宗时官至宰相，是唐代著名的地理学家。《元和郡县图志》是他编撰的一部地理总志，对古代政区地理沿革有比较系统的叙述，常简称为《元和志》。《元和郡县图志》在魏晋以来的总地志中，不仅是保留下来的最古老的一部，而且也是编写最好的一部。

古贵港城布山城不仅是桂林郡治和郁林郡治，也长时间为贵州州治。贵州的得名据传来源于贵港北山，北山也叫宜贵山，也就是《山海经》所说的"多桂多金玉"的"招摇之山"，北山是绵延于贵港和桂平的山系，是肉桂的主要产区，也有金矿和银矿。"多桂多金玉"也即"宜贵"。古桂林郡的"招摇之桂"远古时即闻名中原，《吕氏春秋·本味》篇说："和之美者，阳朴之姜，招摇之桂，越骆之菌。"桂林变为贵州，与和为桂（贵）的思想有很大的关系，桂又和骆越人有很大的关系，盛产肉桂的地方就是骆越之地。历代的史家都认定古桂林郡、郁林郡、贵州是骆越之地。西瓯是骆越的一支，史家多认为"西瓯即骆越"。这里的贵州西瓯、骆越之地的记述，不应作为古布山城即西瓯国的城又是骆越国的城解，而是一城而二名。"西瓯"的"西"在壮语中确有"城"的意思，"瓯"是"吾"字的古音，"吾"字的声旁为"口"，古读如"瓯"，"西瓯"意为"我们的城"，因此"西瓯即骆越"就顺理成章了。

原文： 郁平。汉广郁县地，属郁林郡。古西瓯、骆越所居。后汉谷永为郁林太守，降乌浒人十万，开七县，即此也。②

---

① （唐）李吉甫：《元和郡县图志》，947 页，北京，中华书局，1983。

② （宋）司马光撰，胡三省注：《资治通鉴》第 4 册，1824 页，北京，中华书局，1976。

译文：郁平县，汉代是广郁县地，属郁林郡。古代西瓯人、骆越人所居住的地方。之后谷永任郁林太守，招降了乌浒人十万，设立了七县，就是这个地方。

解读：引文出自宋代司马光编撰的《资治通鉴》。司马光，北宋陕州夏县（今山西夏县）人，北宋政治家、史学家、文学家。他编撰的《资治通鉴》是中国第一部编年体通史，在中国官修史书中占有重要地位。古郁平县遗址位于贵港湛江镇上古城村，广西骆越文化研究会的专家曾实地到湛江镇调查，当地的老人仍然有古郁平县治的历史记忆。著名古籍《释名》说："水正出曰滥。泉，滥也。""湛"是壮语"水"的上古音。古骆越人把通向大海的方向叫作"坎"位，"坎"则是"湛"，"湛江"是古骆越人寻找通往大海古道的历史记忆。《资治通鉴》说：谷永任郁林太守，招降了乌浒人十万，设立了七县，就是这个地方。"乌浒人"是骆越人的后裔，汉代以后的骆越人称为"乌浒人"，许多学者认为"乌"和"浒"两字急读为"瓯"，意为"我们"，"乌浒人"就是"我们骆越人"。古湛江镇是"乌浒人"的重要领地，也是古骆越都城布山城出海最便捷的龙母江水道上的重要节点。

原文：贵州，古西瓯、骆越之地。属桂林郡，徙谪人居之。自汉以下与郁林郡同。唐置贵州，或为怀泽郡，属岭南道，领县四：郁平、怀泽、义山、潮水。①

译文：贵州（今贵港市）是古代西瓯人和骆越人的地方，属于桂林郡，秦代时迁徙犯罪的人居住。从汉代起和郁林郡相同。唐代设立贵州，又改为怀泽郡，属于岭南道，辖四个县：郁平县、怀泽县、义山县、潮水县。

解读：引文出自《文献通考》。《文献通考》是宋元时代学者马端临编撰的一部典章制度著作。马端临也认为古贵州（今贵港市）属桂林郡，是西瓯、骆越地。实际上西瓯是骆越的别种，即骆越的另一个分支。唐代时贵州辖郁平县、怀泽县、义山县、潮水县四个县。郁平县治在今港南区湛江镇旧城村，怀泽县治在今港南区木梓镇，义山县治在今覃塘区蒙公乡、宾阳县黄练镇一带，潮水县治在今覃塘区三里镇。

原文：怀泽废县，县南百五十里，汉广郁县地，三国吴析置怀安县，属郁林郡，旋废，晋末复置，宋齐因之，梁曰怀泽县，仍属郁林郡。隋属尹州，大业初废，唐

---

① （元）马端临：《文献通考》，2543 页，北京，商务印书馆，1936。

武德四年复置，属南尹州，寻属贵州，南汉因之，宋初废。

义山废县，在县北八十里，梁置马度县，属郁林郡，隋因之，唐武德四年改为马岭县，属南尹州，寻属贵州，贞观年废，天宝末复置，改曰义山，仍属贵州，宋初废，旧志云：县有乌浒夷巢。

又潮水废县，在县西五十里，唐武德四年，分郁平县置，属南尹州，寻属贵州，亦宋初废。胜览云：县西有郁林郡城遗址，吴陆绩为太守时筑，疑未可据。①

译文：怀泽旧县在县城南面一百五十里，汉代是广郁县地，三国时吴国分拆广郁县设立怀安县，属郁林郡，不久就废置，晋朝末年又再设立，南朝宋代和齐代沿袭设立，南朝梁代时叫怀泽县，仍然属于郁林郡。隋朝属于尹州，隋朝大业年初废置，唐朝武德年间再设置，属于南尹州，不久属于贵州（今贵港），南汉朝沿袭，南朝宋代初废置。

义山旧县在县城北面八十里，南朝梁代设立马度县，属于郁林郡，隋朝沿袭设置，唐朝武德四年（公元621年）改为马岭县，属于南尹州，不久属于贵州（今贵港），唐朝贞观年间废置，唐朝天宝末年再设立，改称义山县，仍然属于贵州（今贵港），宋朝初年废置。以前的志书说：义山县有乌浒蛮夷的巢穴。

又有潮水旧县，在县城西面五十里，唐朝武德四年（公元621年）拆分郁平县设立，属于南尹州，不久属于贵州（今贵港），也是在宋朝初年废置。《胜览》一书说：潮水县西面有郁林郡城遗址，说是三国时吴国陆绩任郁林太守时修筑，怀疑不可能作为依据。

解读：引文出自《读史方舆纪要》。古怀泽县治位于现在的港南区武思江畔的木梓镇，范围包括郁江南岸偏西南的大部分区域。武思江水道经木梓镇天王山古马道到合浦在古代也是贵港出海的途径之一，因经过六万大山，古马道崎岖漫长，后被废弃。木梓镇的位置在贵港较为偏僻，正因为偏僻，抗日战争时成为贵县政府的偏安之地。

古义山县原为马度县，因马度山得名，马度山也叫马岭、马头山、义山。该山大体位置在覃塘镇蒙公乡、宾阳黄练镇交界地带，在民国《贵县志》“诸山”中记载：“马岭山，俗名马山。在郭西里，县北七十里，一名龙马山，又名马度山。《方域志》记载：‘郁林有马度山’，《一统志》也记载：‘唐时名马度、马岭皆此，马

① （清）顾祖禹：《读史方舆纪要》，4439页，北京，中华书局，2005。

岭故城遗址犹存。'"《读史方舆纪要》给我们提供了一个重要的关于义山县的信息：义山旧县有乌浒蛮夷的巢穴。"蛮夷"是古代官府对少数民族的贬义称呼，"巢穴"更是把乌浒人的家园鄙视为野兽的窝，但是也透露出这里是乌浒人的聚居中心和大本营。这一带有一个重要的庙宇，叫"六五庙"，读音为"骆瓯庙"，这也是当年"乌浒人"文化的遗存证据。

古潮水县旧址在今覃塘区三里镇，南宋著名地理总志《舆地纪胜》记载："潮水神庙在潮水乡，伪汉封为澄澜公，其水或满或竭，因以潮水为名。"唐代《元和郡县志》中写道："潮水县，本汉广郁县地，武德四年分置，有浮溪水，去县南三十步。"旧址有著名的潮水泉，潮水县因潮水泉而得名。这里有著名的三里歌圩，也保留着古骆越人的遗风。

三、古桂林郡的骆越先民

（一）雒田和雒民

原文：交趾昔未有郡县之时，土地有雒田，其田随潮水上下，民垦食其田，因名为雒民。①

译文：交趾地先秦未设立郡县时，土地中有一种叫"雒田"，这些田随着洪水的涨落而上下挪移，种植这些田的人被称为"雒民"。

解读：引文出自《交州外域记》，《交州外域记》早已佚，此条被《水经注》的作者郦道元所引而流传。史书上所记载的"交趾"是远方之地，它有广义和狭义两个概念，广义的"交趾"是指整个岭南，狭义的"交趾"是指广西南部到越南中部的地域。这里所说没有郡县之时的"交趾"是指岭南地区。关于"雒田"，学界争议较多。近年来随着骆越文化研究的突破，"雒田"之谜终于破解："雒"在古壮语中原指雒鸟，因雒鸟指引古骆越人发现水稻，所以骆越人就称水稻为"雒"，"雒田"是最早的沿江河靠洪水带来的淤泥种植的水稻田，随洪水升降而开垦，种植"雒田"的人叫"雒民"也就是骆越人。"骆越"原写作"雒越"，司马迁《史记》中将"雒"改作"骆"。"骆越"人就是用"戉"种水稻的人。郁江流域是稻作的发源地，是"雒田"的故乡，是骆越人的母亲河，因此郁江也叫作骆越水。随着稻

① （北魏）郦道元注，杨守敬、熊会贞疏：《水经注疏》，3045页，南京，江苏古籍出版社，1989。

作农业的传播和扩张，整个岭南成为骆越故地。稻作农业传播到哪里，骆越人就扩张到那里。整个长江以南地域都成为稻作区，也成了骆越人的分布区，统称为百越。著名历史学家厉声指出：骆越文化是百越文化的核心。这一观点反映了历史的真实。

（二）“苍梧蛮”“郁林蛮”“合浦蛮”

原文：元初二年，苍梧蛮夷反叛。明年，遂招诱郁林、合浦蛮汉数千人攻苍梧郡。①

译文：东汉元初二年（公元115年），苍梧蛮夷反叛，于是招集引诱郁林蛮、合浦蛮和汉人几千人攻打苍梧郡。

解读：苍梧部是骆越的重要部族，在尧舜时代已见于史籍，其地望在湖南九嶷山一带。秦朝时已在此地设置了苍梧郡，带领秦兵攻打岭南的尉屠睢曾担任过苍梧郡尉。南越国尉佗曾在秦桂林郡东北部设置过苍梧郡，东汉的苍梧蛮就是指这一带的骆越人。郁林郡的骆越人称为郁林蛮，合浦郡的骆越人称为合浦蛮，因为同是骆越人的后裔，所以反抗东汉统治者的压迫很容易联合在一起。但是有一部分汉人也参与其中，这些人就是南越国时，中原人与骆越人融合形成的新族群：粤人。这说明骆越方国消失后，骆越族群发生了较大的分化，已和先秦时的骆越人大不一样。

四、乌浒人和俚人

（一）乌浒人和俚人的归附

原文：灵帝建宁三年，郁林太守谷永，以恩信招降乌浒人十余万内属，皆受冠带，开置七县。②

译文：东汉灵帝建宁三年（公元170年），郁林郡太守谷永，用恩惠和诚信招降乌浒人十多万归附，都接受了汉人的服饰和礼仪，安置他们设立了七个县。

解读：引文出自《后汉书》。东汉时期郁林郡地区骆越和西瓯的名称已很少出现，活动在这一地域的骆越后裔称为“乌浒人”和“俚人”。他们人数众多，分布地域较广，并且经常反抗朝廷的压迫。东汉灵帝建宁三年（公元170年），郁林郡

① （南朝宋）范晔：《后汉书》，659页，西安，太白文艺出版社，2006。
② （南朝宋）范晔：《后汉书》，660页，西安，太白文艺出版社，2006。

的乌浒人又发生了反叛，当时的郁林郡太守并没有采取征讨镇压的手段，而是采取施恩惠讲诚信的方法使反叛的十多万乌浒人归附朝廷，并使他们接受了汉朝的服饰和礼仪。这些汉化的乌浒人就是如今郁江流域操粤语勾漏土语的汉族人的祖先“粤人”。如今郁江流域的汉族人仍保留着与其他汉族人不同的浊声母，这就是古代骆越人语言留下的痕迹。谷永沿袭南粤王赵佗“和辑百越”的做法，较好地解决了当时的民族矛盾，为广西古代民族的融合做出了重要贡献。他解决民族矛盾的方法今天仍然值得借鉴。当时谷永招降的乌浒人有十多万，仅安置就设立了七个县，与当时郁林郡的人口和分布地域相当。

（二）俚人和乌浒人是同一族群

原文：又郡连山数百里，有俚人，皆为乌浒诸夷，率同一姓。①

译文：又郁林郡内连接的山几百里，有俚人，都是乌浒人的各个部族，都同一个种姓。

解读：引文出自《后汉书·南蛮西南夷列传》。俚人是乌浒人的后裔，汉代时郁林郡的山区都是俚人的分布区。这些俚人是原乌浒人的各个部落，民族特点相同。汉代后期，乌浒人因生产方式和汉化程度的不同，民族特点发生了较大变化，西江平原地区种植水稻的乌浒人受南下汉族的影响较深，生活方式和语言发生了变化，形成了一个新的族群叫“粤人”。而居住山区的乌浒人多耕作畲地种植旱稻被称为“俚人”。“俚”在壮语中意为畲地。郁林郡山地众多，因此俚人的分布范围较广，连山数百里都有俚人。

（三）古贵港是乌浒人聚居的中心

原文：乌浒山，州东六十里。昔乌浒所居之地，亦曰乌浦……今山与贵县界相近，亦谓之乌蛮山……下有乌蛮滩。②

译文：乌浒山在横州城东面六十里处，是当年乌浒人所居住的地方，也叫作乌浦……现在乌浒山与贵州（今贵港）的地界相近，也叫作乌蛮山……下面有乌蛮滩。

---

① 顾颉刚等点校：《后汉书·南蛮西南夷列传》第032册，2834~2835页，北京，中华书局，2011。

② （清）顾祖禹：《读史方舆纪要》，4944页，北京，中华书局，2005。

解读：引文出自《读史方舆纪要》。按《后汉书》和《读史方舆纪要》的说法，乌浒人分布的中心是乌蛮山和乌蛮滩，即现在贵港的西部和横县西南部。贵港西北部的马岭山地区是乌浒人的重要聚居中心，这一带如今仍然是乌浒人的后裔壮族人的集中分布区。乌蛮滩就是如今横县的伏波滩，滩旁的伏波庙原来就叫乌蛮庙。历史上船家经过伏波滩时都要杀狗祭祀水神，这是乌浒人吃狗习俗的遗存。

（四）乌浒人的习俗

原文：乌浒，南蛮之别名。巢居鼻饮，射翠取毛，割蚌求珠为业。[①]

译文：乌浒人是南蛮的别名。他们结巢而居，用鼻饮水，射鸟取羽毛（做衣服），以割开蚌壳取得珍珠作为产业。

解读：引文出自宋代乐史《太平寰宇记》，而《太平寰宇记》又引自三国时吴国万震所撰的《南州异物志》。《南州异物志》是我国最早记录岭南风物的重要著作，许多内容被各家古籍所辑录，原书在宋后已亡佚。关于乌浒人“巢居”“鼻饮”等习俗的记载也最早见于《南州异物志》，这些乌浒人的“习俗”曾广为历代史家所转载。《南州异物志》的作者万震曾任吴国国都建康（今南京）附近的丹阳太守，并没有到过岭南，因此所记录的乌浒人习俗多为传言。关于乌浒人的“巢居”，许多人以为是像鸟一样在树上结巢而居，实际上这不过是岭南骆越人后裔标志性民居“干栏”的讹传。“干栏”一般是多层木结构建筑，为避湿气，人多住在二层。这是适应岭南多雨气候的木结构特色民居。这一民居传到万震耳中就成了丑陋的“巢居”，这不能不令人遗憾。

关于乌浒人的“鼻饮”，历代史家都认为是愚不可及的喝水方式，实际上这是古骆越人治疗鼻咽疾病的一个绝招。对此南宋周去非所著的《岭外代答》曾进行过实地考察，他在自己所著的《岭外代答》中说：“邕州溪洞及钦州村落，俗多鼻饮。鼻饮之法，以瓢盛少水，置盐及山姜汁数滴入水中，瓢则有窍，施小管如瓶嘴，插诸鼻中，导水升脑，循脑而下入喉。”[②] 周去非以实地考察证明“鼻饮”是用鼻吸盐水和山姜汁是治病的需要，并不是以鼻喝水和以鼻饮酒。

---

① 吴永章编：《异物志辑佚校注》，10页，广州，广东人民出版社，2010。

② （宋）周去非撰，杨武泉校注：《岭外代答校注》，420页，北京，中华书局，1999。

五、蜑人

（一）“蜑”与“蛮”

原文：蜑，南方夷也。从虫，延声，徒旱切。[1]

译文：蜑，南方蛮夷族。形旁是虫字，声旁是延字，读音为徒旱切。

解读：引文出自《说文解字》。《说文解字》作于汉和帝永元十二年（100 年）到安帝建光元年（121 年），距汉武帝统一岭南的时间不远，因此《说文解字》保留了许多古骆越语与古汉语的同源字，如“蛇”字就是一例。“蜑”的本义是蛇，“蛇”字的形旁是“虫”字，表示是长虫类的动物，声旁是“它”，“它”的汉语上古音读“dang”，古壮语即骆越语称长蛇为“dang”。“蜑”是“蛇”的异体字，因此读音为徒旱切，即读音为“dang”。关于“蜑”，《说文解字》解释说是“南方蛮夷族”，这说明“蜑人”这一部族在汉代前就有了。后世称为疍家人或水上人家。“蜑”字也写作“疍”。

原文：蛮，南蛮，蛇种。从虫，蛮声，莫还切。[2]

译文：蛮，指古代南方民族，属于蛇崇拜的族群。形旁是虫字，声旁是蛮字，读音为莫还切。

解读：引文出自《说文解字》。“蛮”，繁体字为“蠻”，虫为形旁，“䜌”为声旁，原意为织丝、创造文字、崇拜蛇龙的南方族群即骆越先民，“蠻”并无野蛮之意，后世之人对骆越祖先已完全失忆，骆越古文字在秦始皇的打压下，也和其他战国六国的文字一样消亡在历史的长河中，岭南民族的社会进步和中原拉开了距离，于是被称为野蛮民族。骆越部族，起源于大明山地区，武鸣元龙坡的商周墓葬坑多为船形，说明这一部族以水事为生。蛇在壮语中有两音，短的叫“额”（nge），长的叫“堂”（dang）。大明山地区有许多村寨建有蛇庙，如马山县可是村建的蛇庙，中间的主神牌位叫“都堂大王之神位”，“都堂”就是蛇的壮语名称。大明山广泛流传的“龙母”与断尾蛇“掘尾龙”的故事，实际上反映的是骆越人最强大的鸟部族

---

① 李恩江、贾玉民主编：《说文解字译述》，1264 页，郑州，中原农民出版社，2000。

② 李恩江、贾玉民主编：《说文解字译述》，1263 页，郑州，中原农民出版社，2000。

与蛇部族的历史性融合，“龙母”和“掘尾龙”成为西江流域的守护神。现在遍布西江流域的龙母庙和龙王庙就是“蜑人”的文化遗存。

（二）蜑人与珍珠产业

原文：海上水居蛮蜑，入水能视合浦珠池蚌蛤，惟蜑能没水探取。①

译文：在海上居住的蜑人，潜入水中能看到合浦郡一带珠池和蚌蛤，只有他们能潜水探寻取出来。

解读：引文出自范成大所撰的《桂海虞衡志》。范成大记载的“蛮蜑”是指宋代北部湾沿岸的疍家人。疍家人世代被官府征为采珠人，受到残酷的欺压和剥削，境况非常凄惨。封建统治者除了欺压和剥削疍家人之外，还对他们采取精神摧残的政策：不准上岸居住，不准读书考取功名，不准与岸上人通婚。

（三）蜑人的汉化

原文：南蛮杂类，与华人错居，曰蜑，曰獽，曰俚，曰獠，曰㐌，俱无君长，随山洞而居，古先所谓百越是也。其俗断发文身，好相攻讨，浸以微弱，稍属于中国，皆列为郡县，同之齐人，不复详载。②

译文：南蛮有很多种类，和汉人杂居，称作蜑，称作獽，称作俚，称作獠，称作㐌，都没有君主和长官，依山洞居住，是古代所称的百越。他们的风俗是剪短头发，在身上刺纹饰，喜欢互相攻击，渐渐变得弱小，稍后归属朝廷，都列入郡县编民，同汉人一样，不再另外详细记载。

解读：引文出自《隋书》卷八十二，《列传》第四十七“南蛮”条目。《隋书》，“二十四史”之一，是唐代魏征主编的纪传体史书。《隋书》内容丰富、充实。在正史书志中，一直享有较高的声誉。《隋书·南蛮》概述了隋唐两代西南各少数民族的名称和其习俗，并指出他们就是百越人（实际上是骆越人）的后裔。“蜑”也就是后来的疍家人，隋代分布在两广的河海地区，“獽”就是“俍人”，分布在贵州、四川省，“俚”是分布在两广山区的骆越人，“獠”意为“我们”，是唐代对“俚人”的称呼，“㐌”即“吹㐌的族群”，居于湖南、贵州、广西交界处。其中

① （宋）范成大撰，齐治平校补：《桂海虞衡志·志蛮》，61页，南宁，广西民族出版社，1984。

② （唐）魏征等：《隋书》，382页，郑州，中州古籍出版社，1998。

“蜑人”（即疍家人）居南蛮之首。明邝露《赤雅》记载：“蜑人神宫画蛇以祭，自云龙种。”[①] 南宁市邕江古码头也曾有疍家人祭祀蛇神的龙船。徐松石在《粤江流域人民史》中论述两广的蜑人时也记载“梧州三角嘴亦有蛇庙，蜑人信奉甚虔”。[②] 古代的“蜑人”主要分布于郁江流域和北部湾沿海。宋周去非《岭外代答·蜒蛮》：“以舟为室、视水如陆，浮生江海者，蜒也。”[③] 宋乐史《太平寰宇记》：“蜒户生于江海，住于舟船，随潮来往，捕鱼为生。”[④] 宋代以后，关于蜑人的记载，史不绝书，其中多指岭南水居“蛮”人。郁江流域的许多地名都有“蜑人”的文化遗存。如藤县蒙江镇的西江中有一个长蛇形的岛就叫“党洲”，“党”的意思就是“蛇”。党洲的对河就是明末著名将领袁崇焕的故乡，他曾赋诗记述党洲：“乱石横江烟雨蒙，雾锁古阵浪千重。九十九山风云会，谁识此地可藏龙？”袁崇焕猜测这里可能是古战场，曾发生过风云际会的大战，长蛇般的洲岛是藏龙之地。袁崇焕的时代党洲当地可能还有秦越大战的传说，因此袁崇焕的猜测不无道理。多年来史学界一直寻找古骆越人与秦军大战，越军大将“桀骏”砍杀秦军主帅尉屠睢的战场。党洲扼西江险要，秦军要攻取骆越水都古布山城必须突破这一水关，骆越水军多为“蜑人”，“蜑人”在“党洲”设关与秦军激战是有可能的。“蜑人”在古郁林郡分布的另一个中心是布山城东面的古“党垌”，唐代在这里设置了“党州”。《旧唐书·地理志》记载：“党州，古西瓯所居，秦置桂林郡，汉为郁林郡，唐置党州，失起置年月，与平琴州同土俗，西至平琴治所二十二里。”[⑤] 现兴业县卖酒镇党州村还有古党州城遗址。

---

① （清）鲍廷博辑：《知不足斋丛书》第 1 册，512 页，北京，中华书局，1999。

② 壮学丛书编委会编：《徐松石民族学文集》，111 页，桂林，广西师范大学出版社，2005。

③ （宋）周去非：《岭外代答》，38 页，知不足斋丛书重印本，1937。

④ （宋）乐史：《太平寰宇记》卷一百五十七，上海，商务印书馆，1936。

⑤ 雒启坤、韩鹏杰主编：《永乐大典精编》第 3 卷，2668 页，北京，九州出版社，1998。

第八章　古桂林郡的民俗与宗教

一、古桂林郡先民的花图腾崇拜

（一）花图腾崇拜是古骆越人的习俗

原文： Gyaeuznwjnwjmadam,

Gyaeuznamznamzmacoh.

Gyaeuzlwglwgcauxma,

Gyaeuzvavacauxndaej. ①

译文： 请求生女就生女，

祈求生男就生男。

求子子满堂，

求花花满房。

解读： 这是著名的壮族古籍《布洛陀经诗·解父子冤经》中的一段关于设花龛求子的经文。壮族先民认为壮族的女祖神“姆六甲”是从花蕊中生出来的，因此“姆六甲”也叫作“花婆”神，是掌管生育的女神。祭祀“姆六甲”求子女就叫作“求花”。从《布洛陀经诗》中有关设花龛求子女的记载来看，这一花图腾崇拜习俗在新石器时代就形成了。骆越后裔壮、布依、仫佬等民族甚至岭南汉族的民间都有花婆崇拜的习俗流传。布依族的生育之神被称为“神母”，布依族民间认为神母掌管着花界中的花，当人死后，其灵魂回到花界变成花，再由神母将花送到某家妇女身上，花便投胎转世为人。在广西罗城仫佬族自治县的仫佬族聚居区，以前每个村寨都立有“婆王庙”。婆王亦即花婆，是掌管人间生育和保护小孩的女神。民间认

① 张声震主编：《布洛陀经诗译注》，1007~1008 页，南宁，广西人民出版社，1991。

为，人的灵魂原本是花婆园中的花，她把“花”送给谁家，谁家就生孩子；人死后，灵魂会离开躯体重新回到她的花园，还原成“花”。

（二）壮族盛行花图腾崇拜

原文：僮（壮）俗祀“圣母”，亦曰“花婆”。农历二月初二，为“花婆”诞期，搭彩楼，建斋醮，延师巫唪诵，男女聚者千数百人，歌饮叫号，二三日乃散，谓之“作星”。又，僮（壮）乏嗣，或子女多病，则延师巫“架红桥”“接彩花”，乞灵于“花婆”，期时亲朋皆贺。①

译文：壮族人的习俗祭祀“圣母”，“圣母”也叫“花婆”。农历二月初二，是“花婆”的生日，乡间搭彩楼，举办祭祀仪式，请法师巫婆念经，男女聚集的有几百至上千人，大家唱歌喝酒欢呼，两三天才散，这活动叫作“作星”（做生）。另外，壮族人无子女，或者子女多病，就请法师巫婆“架红桥”“接彩花”，乞求“花婆”显灵，到时亲戚朋友都来祝贺。

解读：引文出自广西永福籍著名民族学者刘锡蕃所著的《岭表纪蛮》中关于壮族花婆崇拜习俗的记述。《岭表纪蛮》记述了壮、瑶、苗等少数民族的族源、风俗习惯、经济、文化发展等，是一部较有影响的民族学专著。书中所记述的壮族花婆崇拜习俗是民国时期仍盛行的民间习俗。从刘锡蕃的记述可知当时民间对花婆诞辰的祭祀相当隆重，搭彩楼，做法事，上千人聚会欢饮庆祝，是壮族群众名副其实的“圣诞节”。向“花婆”求子也有“架红桥”“接彩花”的独特仪式，有较大的观赏价值。在一般人眼中，壮族花婆崇拜习俗是“迷信”，但从民族传统文化的角度研究，壮族花婆崇拜习俗反映的是壮族生生不息的理念，是值得肯定和传扬的积极向上的思想。壮族花婆崇拜习俗的形式凝聚了壮族人千百年来的艺术创造，具有较高的审美价值，可以为我们新时代的文化艺术创作提供灵感和素材，因此壮族花婆崇拜习俗是珍贵的非物质文化遗产，值得深入挖掘和整理。

（三）郁江流域是花图腾崇拜的重要流传区

原文：越人祈子，必于花王父母。有祝辞云：白花男，红花女。故婚夕亲戚皆

---

① 刘锡蕃：《岭表纪蛮》，196 页，北京，商务印书馆，1934。

往送花，盖取华如桃李之义。①

译文：粤人祭祀求子，一定求之于花王和花王圣母。民间求子祭祀的祝辞说：白花是男子，红花是女儿。因此婚礼的晚上亲戚都前往送花，这是取花像桃花李花的含义。

解读：引文出自明末清初岭南著名学者屈大均所著的《广东新语》所记载的是粤语方言区流传的花婆崇拜习俗，郁江流域和西江流域是重要的流传区。这一区域的农村人家大多有“花婆”神位，或立于母亲的床头，置于神宗神台，或安于母亲的房门框上。农村老人普遍相信，男孩、女孩都是花婆庭院里的花朵，所以家中儿女婚后无子，或孙子孙女生病，都要祈请花婆降福。但是，这里没有像有的地方那样，将这个本土的“花婆”神位置于一个专门的庙中，即设立公共的“婆王庙”，而是作为其他神灵的陪祀。

二、古桂林郡先民的三界神崇拜

（一）古桂林郡先民的三界神崇拜起源于古骆越人的自然神崇拜

原文：SamgaIsamvuengzciq,
Seiqgaiqseiqvengzcauh.
Vuengzcauhlaepcauhlienz,
Vuengzcauhdiencauhdeih.

译文：三界是三王安置，
四界是四王创造。
王造黑夜和白天，
王造苍天和大地。

解读：这是壮族著名古籍《布洛陀经诗》中反复唱诵的名句，几乎每篇经诗的开头都有“三界是三王安置”的诗句。壮族先民骆越人所认定的三界就是天界、地界和水界，再加上人界就是四界。天界的王是天公雷王，地界的王是地母，水界的王是龙王，人界的王是布洛陀。三界三王崇拜是原始社会早期的自然神崇拜，在原始社会晚期，生产力发展了，人类支配自然的能力提高了，于是产生了社会神崇拜。

① （清）屈大均撰，李育中等注：《广东新语注》，189页，广州，广东人民出版社，1991。

布洛陀崇拜是早期的社会神崇拜。骆越祖山大明山上的“天地庙”供奉的三界神就是天公雷王、地母龙母和掘尾龙王。北流市著名的铜石岭山上也有天公地母庙，供的三界神也是天公、地母和龙王。岭南从先秦一直到明代，所供奉的三界神都是三位神灵，明代后讹传为一个神灵。壮语称“祭祀”为“逢”，祭祀三界神叫作“逢三界”，后来被讹传为“冯三界”，并指实为明代贵县的冯姓神人。壮语叫贵族老爷为“吁”，称“三界神爷”为“吁三界”，后也被人讹传为“许三界”，并指实为明代平南县的许姓神人。明末著名将士袁崇焕对此并不认同，他在自己所撰写的《重修三界庙疏文》中记述：“予里中，崇奉三界庙，其神出自粤西。考神所自，亦无征焉。说者则以为出自浔之贵县冯姓……三界者何？盖天、地、人为三界。”[①] 袁崇焕出仕时家乡东莞的三界庙供奉的是天、地、人三界神灵，而他丁忧回乡，三界庙的三位神灵却被说成是贵县冯姓的一位神灵，因此不管人们怎样传说，他仍坚持认定三界神是自己所见的天、地、人三界的三位神灵。不过自然神向社会神发展是宗教历史发展的一个规律，后世的天界之王从雷王变成玉皇大帝，地界之王从地母变成阎王，自然神也人格化了，三界神变成了“冯三界”也是一种变异。

（二）明代平南县的“许三界”传说

原文：三界庙有小蛇十数，背青腹赤有火，尝缘神身及蟠绕藤香上。人以手接而玩之，甚驯习，往来莫知其向。有祈愿越期未赛者，蛇辄至其家，人惊曰：“神索愿也！”初，弘治间有许三界者，平南人，采樵自给，偶登山得一衣，非布非褐，而浑身上下皆无缝，因衣之归。众见骇之曰：“必仙衣也！”已，能言人未来事，祷晴雨辄应，奉之者甚众。制官闻之，以为妖，惧其惑众，使人逮至，覆之钟下，令厚环以薪，举火煅之彻夜。次晨发钟，无有也。三界夕已抵家，谓其人曰：“我去也，无为若曹累！”遂不知所往。[②]

译文：三界庙有小蛇十多条，蛇的背部是青色的，肚子是赤红色的，像火一样。蛇经常围着神像的身子盘绕在藤香柱上。人们用手接住玩耍它，很驯服像习以为常的样子，蛇来来往往不知道它的去向。有人祈求许愿后超过期限还没有酬报神恩的，蛇就到他家，人们吃惊说：“神来索取所许愿的东西。”起初，明代弘治年间有个叫

---

① （明）袁崇焕：《重修三界庙疏文》，见东莞县文化局编印：《袁崇焕》，55页，1984。

② （明）魏濬：《四库全书存目丛书史部247·西事珥卷七之三界神蛇》，807~808页，济南，齐鲁书社，1996。

许三界的，是平南县人，砍柴卖柴为生，偶然登山得到一件衣服，不是棉布做的也不是粗麻布做的，浑身上下都没有缝的痕迹，于是穿上回家。众人见了惊骇地说："一定是仙人的衣服。"过后，许三界能说出人未来的事，晴天时祷告求雨就应验下雨，供奉他的人很多。当地的官府听说这事，认为是妖人，害怕他迷惑群众，派人抓他到官府，将他罩在铁钟底下，下令用厚厚的柴火环绕了一整夜。第二天早上揭开铁钟，里面什么也没有。许三界晚上已回到家，对他的家人说："我离开了，不再因此连累你们。"于是就不知去向了。

解说：引文出自明代魏濬所著的《西事珥》。魏濬，明代福建松溪人，曾任广西提学佥事。《西事珥》是一部记叙广西风土人情的笔记著作，对研究土司制度及历史上中华各民族的交往交流交融有重要价值。引文记述的是明代三界神变异为"许三界"的传说，平南县"许三界"的传说故事和贵县"冯三界"的传说故事差不多（"冯三界"的传说故事见后文第十章）。看来，对于古老的天、地、水三界神传说，郁林郡故地的民众已集体失忆。但是郁林郡故地的"三界神"崇拜怎么变异，都有蛇图腾崇拜的影子，这说明郁林郡故地最早应是骆越蛇部落蜑人的分布地区。而郁林故地的三界神庙有沿古水道分布的规律，特别是古郁江到珠江口的水道，古瓦塘江到南流江水道，古武思江到南流江水道，都是三界神庙密集分布的地带。三界神崇拜是骆越人原始社会就产生的自然神崇拜，说明这三条出海通道可能在新石器时代就开辟了。到了骆越方国统一神龙母神崇拜的兴起，古郁江到珠江口的水道，古瓦塘江到南流江水道就刻上了龙母"浦"神的印记，成了黄金水道。

（三）三界神崇拜对粤人文化的影响

原文：广有三界神者，人有争斗，多向三界神乞蛇以决曲直。蛇所向作咬人势则曲，背则直。或以香花钱米迎蛇至家，囊蛇而探之，曲则蛇咬其指，直则已。有许愿者不还，蛇则腾至人家索饮食。又或有雠怨，于神前书其人年生八字，以碗覆之，神前碗大小纷然，无有敢动其一者。[①]

译文：明代广州地区有三界神，人们发生争斗，多向三界神庙里的蛇乞求以决断对和错。如果蛇向着哪一个人的方向摆出咬人的姿势，那一个人就是错的，如果背向的就是对的。或者用香花、钱币和米将蛇引到家里，用袋装蛇伸手探摸，如果

① （清）屈大均撰，李育中等注：《广东新语注》，189页，广州，广东人民出版社，1991。

错的人蛇就咬他的指头，对的人蛇就不咬。如果有人许愿不还愿的，蛇就跃到这个人家里索取饮食。又或者有人和他人有仇怨，在三界神前书写那个人生辰八字的字条，用碗覆盖它，神前的碗不管大小都动了起来，却没有人敢揭开一个。

解读：引文出自《广东新语》。“三界”指天、地、人，是清代华南地方社会常见的神名。对三界神的祭祀则以西江流域最为普遍，上至左右两江地区，下至珠江三角洲的东莞、南海、顺德、佛山地区，都有不少以“三界庙”为名的庙宇，而浔州府地区则是三界庙分布最为集中的地域，桂平、贵县、平南均以奉祀三界神的庙宇为最多。早在 1920 年，容肇祖在对珠江三角洲的水上人进行调查时，就曾注意到水上人对三界神的崇拜，他曾引明末邝露所著《赤雅》的记载、袁崇焕为东莞三界庙重修所撰碑文及道光十九年（公元 1839 年）佛山三界庙重修碑刻中所描述的三界形象和事迹，写成《三界神考》一文。在文中，容先生指出两广地区的三界神即谓能通天、地、人三界之神，有两种不同形象，一为贵县人冯克利，二为平南人许姓。并推测平南许姓之说先出，后来因冯姓之说太显著而成为三界神的专名。笔者在调查中注意到，浔州府地区的三界庙除奉祀容先生所言之主神冯克利外，还配祀克利裔孙冯都长和冯吉。位于贵港市木格镇圩内的三界庙坐北向南，是两进三间砖木结构四合院小庙。占地面积 1500 平方米，建筑面积 320 平方米。主庙庙门和后殿都是一层平房，宽 12. 2 米，进深 17. 5 米，最高处约 8 米。门口有走廊，走廊上面及屋内横木，隔柱都用格木，属抬梁式木结构，檐墙用青砖砌，墙顶 1 米内有图案画和其他人物风景壁画，檐口琉璃剪边，正门檐有“万世威灵”四字。屋顶用灰砂卷筒青瓦覆盖，山墙硬山顶用灰砂护檐上加风火墙马头状艺术装饰。前后屋脊用青砖灰砂筑砌两头翘起，中间部分有双凤相衬，下有人物花草鸟浮雕伴衬，样色古雅。此庙建于乾隆年间，主祀冯三界。另外，木梓乡还有一座三界庙，距离镇政府左侧 30 米的地方，庙早已坏，现存石刻两块，一块内容为《咸丰七年重修神像碑记》，刻于 1857 年，石碑宽 0. 6 米，高 1. 1 米，现嵌在二进屋右侧的墙上，序言共 181 字，正楷，字径 1. 5 厘米，字迹清楚，叙述了三界庙的历史及这次修神像的原因、目的；另一块宽 0. 7 米，高 1. 1 米，现已作村委会入大门处的垫脚石，字迹模糊，内容为《重修冯圣爷庙碑记》，为康熙四年（公元 1665 年）所立。这两块石刻对研究本地三界庙的起源、发展有一定的价值。

三、古桂林郡先民的天皇传说

原文：天地成位，君臣道生。粤有天皇，是曰天灵。望获强尊，颀嬴三舌。骧首鳞身，碧卢秃楬。首出庶物，君有五期。实司元化，岁纪摄提。①

译文：天地分出高低位置，君臣之道就会生成确立。岭南粤人的地域有“天皇”，“天皇”的名号叫“天灵”。他姓望名获，得到强力的尊崇，坚毅地征服占据三舌这些地方。(他)有蓬松的马头，身体带着鳞甲，用的是青陶器和没有纹饰的木高脚盘，第一次制作出众多的物品。“天皇”经历了五个时期，实施管理着初始的民政风俗，每岁以摄提序记。

解读：引文出自南宋罗泌所著的《路史》。罗泌，南宋孝宗时庐陵（今江西吉安）人，南宋文学家，一生不事科举。《路史》是神话和历史集大成之作，记述了上古以来有关历史、地理、风俗、氏族等方面的传说和史事，取材繁博庞杂，47卷。《路史》之名取自《尔雅》的“训路为大”。所谓路史，即大史也。此书虽然资料丰富，但取材芜杂，很多材料来自纬书和道藏，神话色彩浓烈，故向来不为历史学家所采用。但是此书在中国文化源流方面的见解较为精辟，常被后世研究文化学的学者所引用。在古籍的记载中，古越族人可上溯至三皇五帝以前。古越族的首领叫“天皇氏”，传说是岭南的第一代君主。据唐代杜佑所撰写的《通典》记载：“天皇氏、地皇氏、人皇氏、有巢氏、燧人氏，其祭料及乐，请准三皇五帝庙，以春秋二时飨祭。”② 这是古籍中对中华文明发源于骆越故地的记载，这和近年来学术界认定的我国稻作文明发源于郁江流域的成果相吻合。“粤有天皇”的史料说明古人中有中华民族文明起源的记忆，因此弥足珍贵。从罗泌这段记载来看，“天皇”穿的是零乱的卉服，用的是粗糙的陶器和没有纹饰的木盘，但是当时的生产力已经可以制作各式各样的器物了。显然，这是岭南新石器时代开始的标志，社会已经进入了文明时代，宗教信仰已从自然神转变为社会神，“天皇”可能就是那个时代的第一个强大的部落联盟的首领，后来被尊为第一代的社会神。这个传说中的“天皇”和右江壮族先民所崇拜的第一代社会神“布洛陀”很相似。《布洛陀经诗》记载，布洛陀时代开始造万物，主要是挖泉水，造火，造房子和造田地，养猪、牛等，

---

① （宋）罗泌：《路史》，2页，北京，中华书局，1985。

② （唐）杜佑：《通典》，见李湘主编：《礼仪经典》，295页，呼和浩特，远方出版社，2006。

这和“天皇”的“首出庶物”记载很相像。但郁江流域没有布洛陀文化流传，却普遍信仰“三界神”。“三界神”信仰中“天界”的自然神雷王变异为粤地的社会神“天皇”。

四、古桂林郡先民的龙母信仰

原文：龙母夫人庙，在兴业县。有博泉，岁旱乞雨多应。宋熙宁八年封惠济夫人庙。①

译文：龙母夫人庙，在兴业县城南面。庙旁有博泉，旱灾出现的年头求雨多有应验。宋代熙宁八年（公元1075年）封为惠济夫人庙。

解读：引文出自《元一统志》。《元一统志》，原名《大元大一统志》，由札马剌丁、虞应龙、孛兰肹、岳铉等主持编撰，是元代官修的全国性地理总志。兴业县曾为郁林州治，是古郁林郡迁址而设。因此许多文化为古郁林郡文化的克隆版。古郁林郡治布山城有“罗泊湾”，兴业县有“博泉”，“博”即“浦”的异写。“罗泊湾”边有龙母庙，“博泉”边也有龙母庙。两地都有龙母“浦”的文化基因。珠江流域的龙母文化圈基本上与三界神文化圈相重合。许多龙母庙原来就是三界神庙。龙母庙和三界神庙以古桂林郡故地最为密集，龙母神由自然神三界神转化而来的痕迹也最为明显。这说明珠江流域的龙母文化是以古布山城为中心向北、向东、向南传播的。

龙母的故事在两千年前就已经传到了数千里之遥的秦国都城咸阳，龙母被秦始皇所认识，并下令召见；以后又得到汉、唐、宋、明、清历代皇帝的封敕，正式纳入封建国家的祀典之中。龙母两千多年以来不断地被历代的中央皇朝所认可，表明龙母文化早已经正式纳入中华民族的文化圈内，成为中国最早的不同民族文化相互融合的代表之一，也是社会和谐的精神象征。

关于龙母姓什么，有三种说法：一为姓刘。《宜山县志》说：“唐时，下涧村壮女，性爱唱歌，其兄恶之，与登近河悬崖砍柴，刘三汏身在崖外，手攀一藤，其兄将藤砍断，三汏落水，流至梧州，州民捞起，立庙祀之，号为龙母，甚为灵验。”“汏”是壮语姑娘等青年女性一类名词的冠词，刘三汏即刘三姐。这里把刘三姐当龙母，表明龙母是壮族先民的女性。二为姓蒲。明代刘应麟在《南汉春秋》一书中

---

① （元）孛兰肹等撰，赵万里校辑：《元一统志》，741页，北京，中华书局，1966。

说："昔有蒲媪，封为龙母夫人。"梁茂宏在《龙母庙》一文中也说："龙母，据《梧州府志》《肇庆府志》载，原叫蒲媪，秦平百越后始称龙母。"《藤县志》亦说："龙母温媪，或曰蒲媪。"古越人无姓，"浦"在古壮语中意为"祖母"，这表明龙母是壮族先民古骆越人。三为姓温。南朝沈怀远在《南越志》一书中说："昔有温氏者，端溪人也。"此后，《藤县志》《德庆州志》《岭表录异》《考通庙志》《广东新语》《太平寰宇记》等史书，都说龙母姓温。现广东悦城龙母祖庙旁的悦城河（灵溪），古名温水。据《德庆州志》说："灵溪一名温水，以（龙母）夫人姓温，故名。""温水"即古文象水（古骆越水）"文水"，"温""文"都是古壮语"人"的音译记法，这表明"龙母"文化起源于古骆越水。

关于龙母是什么民族，亦有三种说法：一为瑶族。据《梧州府志》《藤县志》记载，明、清时期，藤县的少数民族大多是瑶族，故有人认为龙母应为瑶族。这种推理不大可信。二为侗族。据侗族《祖源歌》中说："要问我们侗族的祖先，当初住在什么地方？当初我们侗族的祖先，住在那梧州一带。"龙母崇拜在侗族没形成前的骆越时代就盛行了，因此说龙母是侗族不准确，准确的说法是龙母为侗族先民古骆越人。三为壮族。壮族史学家张声震说："先秦时期，壮族先民分布的地区，有仓吾人居地东到广东肇庆一带，西近桂江，南到西江及浔江南岸。""战国间，仓吾加盟于瓯。""壮人，仓吾部落后裔。"罗香林在《中夏系统之百越》一书中也说："壮人祖先是古代西瓯人。"若谷在《梧州民源流考》一文中则说："苍梧即僮古佬（壮族）转音。"① 因此，同理龙母应为壮族先民古骆越人。关于这一论断，广东民族学家陈摩水明确指出，龙母是西江上游漂来的女婴，而西江上游属古骆越地，从而透露出龙母的族源与骆越有亲缘关系。②

无论从姓氏还是从族源分析，龙母都和古骆越密不可分。史学界也达成了共识，认为龙母是古骆越人的女首领。

原文：晋顾微《广州记》云：浦溪口有龙母养龙，裂断其尾，因呼其溪为龙窟，人时见之，则土境大丰而利涉。③

译文：晋代人顾微所撰的《广州记》说：浦溪口有龙母养龙，龙母砍断了它的

① 以上参见陈金源：《再论龙母》，载《广西地方志》，2005（1）。

② 陈摩水：《百越龙图腾的文化遗存》，见广东省研究学会编：《广东省民族研究译丛》，338页，广州，广东人民出版社，1996。

③ （宋）乐史撰，王文楚等点校：《太平寰宇记》第七册，3016页，北京，中华书局，2007。

尾巴，因此称浦溪为龙窟，人们不时看见它，当地就会大丰收而且获利丰厚。

解读：《广州记》是孙吴至西晋时人顾微所撰，顾微字子欢，吴郡（今江苏苏州）人，另撰有《吴县记》等。该书记广州（治番禺，今广州市）山川名胜、轶闻传说、物产风情等，包括“五羊”来由，是一部史料价值较高的方志。全书已佚，一些内容散见于各史籍所引文。晋代时的广州，辖南海、临贺、始兴、始安、苍梧、郁林、桂林、高凉、高兴、宁浦10郡及所属68个县，州治即今广州。这条引文是古籍中最早的龙母文化记载。浦溪口就是现在的广东德庆县悦城镇的悦城江口，江口有岭南最大的龙母庙。悦城龙母庙带有明显的骆越文化印记，“悦城”也就是“骆越城”，“浦溪”也叫“温水”或“悦城河”，也有骆越祖神“浦”和骆越水（“温水”）的文化基因。悦城龙母庙的后山叫“五龙山”，和大明山的主峰龙头山及贵港的龙头山名称基本一致。当地民间都传说悦城龙母来自广西藤县北流江口的龙母庙，而北流江口的龙母庙供有“刘三姐”神像，庙里的老人说龙母是“刘三姐”转世，“刘三姐”是从上游漂流下来的，而上游就是骆越故地的中心。这说明西江流域的“龙母”实际上就是骆越人的祖母神“浦”神。骆越祖母神“浦”神是骆越古国的国家统一神，因此成为岭南地位最高的宗教神。

五、古桂林郡先民的妈祖信仰

（一）妈祖信仰的骆越文化基因

原文：郡城东宁海之旁，山川环秀，为一方胜景，而圣墩祠在焉。墩上之神，有尊而严者曰王，有皙而少者曰郎，不知始自何代；独为女神人壮者尤灵，世传通天神女也。姓林氏，湄洲屿人。初，以巫祝为事，能预知人祸福；既殁，众为立庙于本屿。圣墩去屿几百里，元佑丙寅岁，墩上常有光气夜现，乡人莫知为何祥。有渔者就视，乃枯槎，置其家，翌日自还故处。当夕遍梦墩旁之民曰：“我湄洲神女，其枯槎实所凭，宜馆我于墩上。”父老异之，因为立庙，号曰圣墩。岁水旱则祷之，疠疫祟降则祷之，海寇盘桓则祷之，其应如响。故商舶尤藉以指南，得吉卜而济，虽怒涛汹涌，舟亦无恙。[1]

① 蒋维锬、朱合浦主编，莆田湄洲妈祖祖庙董事会编：《中华人民共和国地方志之福建省湄洲妈祖志》，442页，北京，方志出版社，2011。

译文：郡城（莆田）东面宁海口的岸边，山脉和河流环绕风景秀丽，是这一带的名胜风景，有一个圣墩祠庙在这里。圣墩祠庙上的神像，神态尊严的叫作“王”，脸面白皙且年轻的叫作“郎”，不知始于什么年代。独有一个壮年女神人更加灵验，民间传为通天女神。女神姓林，湄洲岛人。刚开始，以巫术为职业，能预先说出别人的吉凶祸福；逝世后，众人为她在湄洲岛上建庙。圣墩离湄洲岛几百里，宋代元佑丙寅年间，墩上经常有亮光在夜里出现，乡里的人们不知道是什么呈祥。有渔人走近观看，是一条空船，拿回家放置，第二天船自己回到原处。当天夜晚墩边所有的民众都梦见有神女说：“我是湄洲的神女，那条空船是我的临时依托，你们应该在墩上做馆舍给我居住。”父老乡亲感到奇异，因此给她建庙，叫作“圣墩”。每年有水灾或旱灾就向她祭拜祷告，瘟疫鬼怪作祟也向她祭拜祷告，海盗围抢也向她祭拜祷告，都非常应验。因此，商船更是借她指示航向，占卜得到吉利的卦就行船，虽然怒涛汹涌，船也没有危险。

解读：本条史料引自宋代廖鹏飞《圣墩祖庙重建顺济庙记》，作于南宋绍兴二十年（公元1150年），是迄今所见有关妈祖身世及信仰起源的最早记载，原题下注“载《圣妃灵着录》”。圣墩位于莆田木兰溪出海口的宁海畔（今属莆田市涵江区白塘镇地界），宋代有宁海镇，因此《宋会要》称圣墩庙为“宁海镇顺济神女庙”。正因为是最早的妈祖事迹记载，所以保留着许多原始的信息。圣墩祠供奉两男一女三个神像，《圣墩祖庙重建顺济庙记》记载：“墩上之神，有尊而严者曰王，有皙而少者曰郎，不知始自何代?”这一记载透露了圣墩庙的骆越文化信息，史载骆越王叫“雒王”，王子叫“郎”，公主叫“媚娘”。圣墩庙的三位神灵显然是骆越神系，因此“王”居于中心地位，“媚娘”和“郎”分居两侧。据《圣墩祖庙重建顺济庙记》记载：当地人对圣墩庙把“女神人壮者尤灵”的“媚娘”放在陪神的位置很不理解，因此重修圣墩庙后就把“媚娘”提拔到中心位置，把“王”和“郎”分居在“媚娘”两侧。这三位神灵连当地人也“不知始自何代”，但从这三位神灵的骆越文化基因分析，年代绝对早于宋代。越人无姓，“媚娘”之所以姓“林”，是当地人把宋代的莆田都巡检林愿夭折的女儿林默娘附会为庙中的通天女神“媚娘”，以莆田为中心的古代不但供奉的神灵有骆越文化基因，而且许多地名都有骆越文化的深刻印记，如“莆田”的“莆”字在古壮语中意为“祖母神”，“田”古音通“町”，意为“地方”，“莆田”的意思就是“祖母神的地方”。莆田附近的最高山脉叫“昆仑”，“昆”意为“根”，“仑”意为“天”。“昆仑”意为“天之根”，“湄洲岛”的“湄”字意为“母”或“妈”，“洲”意为“王”，“湄洲岛”也就是“妈祖王之岛”，完全是广西北海涠洲岛的翻版。为什么莆田有那么多的古骆越地名？因为它是古骆越人沿着海岸向东扩张的重要节点。据莆田市考古挖掘，发现了大量的新石器时期至夏、商、周时代的古遗址，在遗址中采集到了大量有越人文化特征的石锛、石刀、石戈等石器和刻饰有方格纹、云雷纹、曲折纹等越人印纹陶的遗存物，并且发现了越王台遗址和越城遗址，这都说明莆田是古骆越人后裔闽越人的聚居中心。正是闽越人把大量的骆越先民文化带到莆田。

其实，妈祖文化起源于骆越文化的中心古骆越水流域，骆越祖山大明山有媚娘庙，田阳布洛陀文化遗址有母娘岩，田东剥布山也有母娘岩。横亘广西隆安县、扶绥县、崇左江州区、大新县的西大明山壮语叫“岜乜虽”，也就是“妈祖山”。在广西、广东和海南的沿海地区，有许多以“乜虽”的近音“水美”“仕美”“水尾”等命名的地名，这类地名的意思都是“妈祖”。实际上“妈祖”是古骆越人对女性始祖或女性首领的尊称。如壮族的花婆神和稻神就有“妈祖”的尊称。骆越故地的地名也留下了不少“王”和“郎”的印记，骆越“王”叫“召”（也写作“小”“周”“勾”“朝”“造”等），武鸣县的“小陆”、马山县的“周鹿”、平果县的“坡造”、田东县的“祥周”、西林县的“句町”、北流市的“勾漏”都有骆越王的名称。骆越王子叫“郎”（也写作“郎”“埌”“朗”等），上思县十万大山的主峰叫“岜莳埌”（意为祖王子山），西林县有“岜郎”（意为王子山）、马山县有“大朗”（意为王子江）、广南县有“六郎城”（意为骆越王子城）等。

（二）西江流域龙母转世为妈祖的传说

原文：刘三女太，相传唐时下枧村壮女，性爱唱歌，其兄恶之，与登近河悬崖砍柴，三女太身在崖外，手攀一藤，其兄将藤砍断，三女太落水，流至梧州，州民捞起，立庙祀之，号为龙母，甚灵验。①

译文：刘三姐，民间相传说是唐代时宜州下枧村壮族女子，生性爱唱歌，她的哥哥讨厌她唱歌，和她一起攀登河边悬崖砍柴，三姐身子挂在悬崖外，手攀住一条藤条，她的哥哥将藤条砍断，三姐掉落河水中，尸体流到梧州，梧州的民众把她打捞起来，立庙祭祀她，称她为龙母，遇事求她很灵验。

---

① 广西宜州市地方志办公室点校：《宜山县志》，451 页，民国七年石印重印本，2000。

解读：引文出自《宜山县志》。“女太”是古壮字，音读“达”，是壮语对未婚女子称呼的冠词。关于刘三姐的传说故事各地多有流传，这是清代宜州的民间传说。值得注意的是刘三姐死后在梧州转世为龙母的记载，这是壮族先民古骆越人从农耕稻作文化向江河贸易文化转变的记忆。这一转变的关节点就在骆越水都古桂林城。贵港罗泊湾码头龙母庙有三个祭祀的神灵，中间主神为“龙母”，两边陪神分别是“土地公公”和“地母娘娘”。“土地公公”和“地母娘娘”是骆越农耕稻作文化“稻神”的标志。“稻神”也叫“娅王”，稻作文化兴起，“娅王”也就变成了骆越民族的主神，但在江河贸易文化兴起，骆越古都从大明山地区迁移到骆越水都古桂林城后，“稻神”的主神地位就发生变化，江河贸易文化的代表“龙母”成为郁江流域的主神，而稻神“娅王”和巫神“刘三姐”就成为陪神。骆越故地有一个闻名全国的“鬼节”，其中有一个重要的节日叫作“大王节”，巫婆们都集中起来举行“哭娅王”的仪式，说是“娅王”生病死了，要做法事唱“哭娅王”经，使她复活，经过巫婆“哭”后，七月二十一“娅王”就复活了，转世变成了祖母王“浦”神龙母。宜山“刘三姐”死后转世为“龙母”就是骆越后裔民族对这一历史关节点的记忆。

但是在梧州的龙母故事却说龙母是从藤县沿河漂下来的女婴。广西骆越文化研究会的专家亲自到藤县的龙母庙考察，发现藤县北流江口的龙母庙供的是三位神灵，正神为“龙母”，陪神为“刘三姐”和“妈祖”。龙母庙为什么也供“刘三姐”和“妈祖”呢？庙里的“龙母”巫婆袁老太太解释说，这是因为“龙母”的前世是“刘三姐”，后世是“妈祖”。这里传递了一个很重要的骆越神系演变的信息，第一代神“刘三姐”是稻作农耕文化的代表，第二代神“龙母”是江河贸易文化的代表，第三代神“妈祖”是海洋贸易文化的代表。藤县位于西江和北流江口，正是江河贸易文化向海洋贸易文化转变的节点上。“刘三姐”死后转世为“龙母”，反映了历史上稻作农耕文化的衰落和江河贸易文化的兴起，而“龙母”转世为“妈祖”，则反映了江河贸易文化走向世界更广阔的天地，骆越民族历史发展的“山海经”就是这样念成的。骆越民族成为中华民族海洋文化的开拓者，其中心和关节点就在古桂林城今贵港。

六、古桂林郡先民的鬼神信仰

原文：是时既灭南越，越人勇之乃言“越人俗信鬼，而其祠皆见鬼，数有效。

昔东瓯王敬鬼，寿至百六十岁。后世谩怠，故衰耗”。乃令越巫立越祝祠，安台无坛，亦祠天神上帝百鬼，而以鸡卜。上信之，越祠鸡卜始用焉。[①]

译文：这时候已经灭掉了南越，越人勇之就说：“越人的习俗相信鬼，因此他们祭祀的时候都能见到鬼，多次都有效。从前东瓯王敬重鬼，长寿活到 160 岁。后来的世代怠慢了鬼，所以寿命就衰减。”于是下令越地的巫师建立越式祝祷的祠庙，安设庙台却没有坛，也用来祭祀天神上帝和百鬼，并采用鸡骨进行占卜。皇上相信这一套，越式祠庙和用鸡骨占卜就开始采用。

解读：引文出自《史记·孝文本纪》，文中越人勇之向汉武帝进言时是平定南越后，越人勇之应该是岭南的越人，所述的祭祀鬼神和用鸡卜测吉凶的习俗都是岭南越人的习俗。岭南人多长寿老人，南越王赵佗居岭南活到了 121 岁，东晋葛洪的《抱朴子》记载有一位廖扶，汉代始安县（今广西永福县）人，家有丹砂井，寿命达到 158 岁。如今广西被认定为全国长寿之乡的县市是全国的三分之一，而福建、浙江等地史载很少有百岁老人，因此越人勇之所说寿 160 岁的“东瓯王”可能是指骆越王。越人勇之说敬鬼并且设坛祭鬼就可长寿，这说的是迷信，但是近年来广西骆越文化研究会的养生专家调查发现，有设坛祭祖先神并举办歌圩的壮族确实多长寿老人，这可能是因为壮族先民所选择的歌圩地点都是传统文化所认定的阳中至阳之地，到这些地方设坛祭祖先神并举办歌圩能有效地提升人的阳气，达到养生长寿的目的。

原文：汉元封二年平越，得越巫，适有祠祷之事。令祠上帝，祭百鬼，用鸡卜。斯时方士如云，儒臣如雨。天子有事不昆命于元龟，降用夷礼，廷臣莫敢致诤。意其术大有可观者矣。[②]

译文：汉元封二年（公元前 109 年）平定南越，得到南越的巫师，正好有祭祀的大事。（汉武帝）下令祭祀上帝，祭祀众鬼，使用鸡卜。这时候做法事的方士像云一样多，围观的文官像雨一样密。皇帝有事不再用大龟算命，降低身份用夷人的礼仪，朝廷的大臣不敢说反对的话。认为越人的法术还是很有看头的。

解读：引文出自明代邝露所著的《赤雅》。邝露，明代南海（今广州）人，地

---

① （西汉）司马迁：《史记》上，273 页，长春，时代文艺出版社，2000。

② （明）邝露撰，蓝鸿恩考释：《赤雅考释》，166 页，南宁，广西民族出版社，1995。

理学家，曾长期游历广西。《赤雅》被誉为明代《山海经》，主要记述广西的山水地理和风土民俗。引文是对《史记·孝文本纪》所记载的越人勇之演示越人祭典史实的文学描绘。“斯时方士如云，儒臣如雨”，场面非常壮观。骆越先民确实“俗信鬼”，关于“越人俗信鬼”的记载史不绝书，战国《列子·说符》说：“楚人鬼而越人禨。”楚人的习俗是信鬼，越人向鬼祭祀祈福，习俗也是信鬼。古桂林郡有一个全国没有的鬼节，也叫七月十四节，许多学者不理解这一习俗，以为是佛教的盂兰盆节或者是道教的中元节，因元兵南下而提前一天过节。在骆越文化的中心区域，鬼节不仅仅过一天，而是三七二十一天，第一个七天从七月初一到七月初七，是祭祀近年新逝亲属的祭祀节，第二个七天从七月初八到七月十四，是祭祀列代祖宗的祭祀节，祭祀的高潮在七月十四那一天，所以鬼节也叫七月十四节。第三个七天从七月十五到七月二十一，是祭祀骆越始祖王的祭祀节，也叫作大王节，传说七月二十一日是骆越始祖王祖母王“转世复活”的节日。以古桂林城为中心的骆越故地是这一习俗的盛行地区，因此在郁江流域的民间有“七月十四大过年”的说法。这样隆重祭鬼的习俗全国绝无仅有。著名民族学家梁庭望认为这一鬼节实际上是古骆越方国的国殇节或国庆节。这说明骆越后裔的“鬼节”文化内涵很深。

第九章　古桂林郡的主要历史事件和人物

一、秦越之战

（一）屠睢击越大败

原文：淮南王安上书谏曰："……臣闻长老言：秦之时，尝使尉屠睢击越，又使监禄凿渠通道。越人逃入深山林丛，不可得攻。留军屯守空地，旷日持久，士卒劳倦，越出击之。秦兵大破，乃发适戍以备之。当此之时，外内骚动，百姓靡敝，行者不还，往者莫反，皆不聊生，亡逃相从，群为盗贼，于是山东之难始兴。此老子所谓'师之所处，荆棘生之'者也。"①

译文：淮南王刘安上书劝谏说："臣听长辈说：秦朝时曾派尉将屠睢攻打骆越，又派监御史禄开凿灵渠通粮道。骆越人逃入深山密林中，无法攻打。秦军留下守军驻扎空旷之地，旷日持久，士兵劳累疲倦，骆越人于是出击攻打，秦军大败，于是征派适合入伍的人防备。正当这时候，关内外都发生骚乱，百姓贫穷痛苦，出征的军队不见回师，往远方服役的人不见生还，民间都苦不堪言，逃亡的一个接一个，当盗贼的成群结队，于是华山之东义军发难，秦国的灭亡之灾就开始了。这就是老子所说的军队出师的地方是灾难兴起的地方。

解读：引文出自《汉书·严助传》。严助是西汉会稽郡吴县（今江苏省苏州市）人，《汉书·严助传》所引的淮南王刘安给汉武帝的上书。主旨是想说明穷兵黩武是灾难的起因。这种看法代表了部分朝臣的意见。他们主张要慎重用兵，以免生事。这种主张可认为是后世朝廷对西南民族采取羁縻政策的肇始建言。但刘安对秦越之战概况的记述使后人了解了战争的深重负面，全国动乱、民不聊生的惨况令人触目

① （东汉）班固著，赵一生点校：《汉书》，856页，杭州，浙江古籍出版社，2000。

惊心。这可以说是秦亡的主要原因。秦越之战的确是岭南的大事，也是全国的大事。秦越之战骆越人战败了，但却动摇了秦朝的根基，骆越方国的军事力量不可小觑。秦越之战的结果也给后世朝廷以明鉴，不得不考虑调整民族政策，淮南王刘安的上书说明秦越之战的影响是深远的。

（二）屠睢曾任苍梧尉

原文：《南郡卒史盖庐、挚田、叚（假）卒史瞗复（广内隼）攸等狱簿》载：……“今复之。（广内隼）曰：‘初视事，苍梧守灶、尉徒唯谓（广内隼）：利乡反，新黔首往击，去北当捕治者多，皆未得。其事甚害难，恐为败。’”①

译文：《南郡卒史盖庐、挚田、代理卒史瞗答复攸县县令（广内隼）等人的案件文书》记载：“……现在回复它。（广内隼）说：‘起初视事，苍梧郡守灶、郡尉徒唯对我（广内隼）说：利乡叛乱，新归附民众编成的部队去平叛，逃离应当捕捉治罪的人多，都没有捕获。这事比较犯难，恐怕会失败。’”

解读：引文出自张家山二四七号汉墓竹简整理小组编著：《张家山汉墓竹简（二四七号墓）》。1983 年 12 月至 1984 年 1 月，湖北江陵清理了张家山二四七号汉墓。出土竹简内容为汉代典籍，有《历谱》《二年律令》《奏谳书》《脉书》《算数书》《盖庐》《引书》和遣策共八种，涉及汉代法律、军事、历法、医药、科技诸多方面，具有较高的学术价值。此条史料引自《奏谳书》，事情的开始是苍梧郡攸县利乡叛乱，由攸县征发新归秦的民众前往镇压，两次都失败了。直到第三次，由攸县征发了更多的民众，才把叛乱者击破。按照秦律，临阵不战而逃的应当问斩，所以要追究前两次失败中的败逃者，苍梧郡守灶、郡尉徒唯认为这事比较难办，恐怕会出乱子。

“南郡”是秦军南下攻楚国时新设的郡，郡治在楚国的纪南城。“卒史”是秦、汉时的县吏。盖庐、挚田是南郡的卒吏，瞗是假卒吏即代理卒吏，（广内隼）是攸县的县令，“狱簿”是案件文书。“苍梧”是秦置郡，始置于秦始皇二十五年，即公元前 222 年王翦平定江南地之后，其位置在今湖南湘水上中游地区。“攸县”是今湖南攸县。

① 张家山二四七号汉墓竹简整理小组：《张家山汉墓竹简（二四七号墓）》（释文修订本），北京，文物出版社，2001。

“苍梧”在古籍中也写作“仓吾”，最早出现在记载周朝史籍的《逸周书》中。《逸周书·王会解》记载：“仓吾翡翠。所以取羽也。”周成王的成周之会，有“仓吾”的贡品“仓吾翡翠”。战国时成书的《山海经》中也有“苍梧”的记载，《山海经·海内南经》说：“苍梧之山，帝舜葬于阳，帝丹朱葬于阴。”这“苍梧之山”就是湖南省的九嶷山，位于宁远县城南，这里有舜帝陵和舜帝庙，可能古“苍梧”的中心就在九嶷山地区。学者多认为这是一个古国，实际上它是骆越国的苍梧部族，楚国和秦国对南方用兵，苍梧部族退到了贺江流域和桂江流域，也把苍梧的名字克隆到这一带。“梧州”和“苍梧县”都是古苍梧部族的文化遗存。

这条史料最重要的信息是有苍梧郡守名灶、郡尉名徒唯的记载，“尉”是军职官名，“徒唯”是人名，与前文提过的（尉）佗一样。而“徒”为“屠”的通假字，“睢”与“唯”因形近而易讹，可推断传世文献中的“尉屠睢”就是出土文献中的“尉徒唯”。秦始皇二十五年（公元前222年）置苍梧郡，秦军南攻骆越是秦始皇三十三年（公元前214年），这说明在秦军用兵岭南之前，他已担任了苍梧郡尉这一最高军事长官的职务。他所带的兵马应当是湖南南部的“新黔首”组成的“楼船之师”，是水军。

（三）译吁宋与桀骏

原文：又以卒凿渠而通粮道，以与越人战，杀西呕君译吁宋。而越人皆入丛薄中，与禽兽处，莫肯为秦虏。相置桀骏以为将，而夜攻秦人，大破之。杀尉屠睢，伏尸流血数十万，乃发谪戍以备之。①

译文：监御史禄于是令士兵修凿灵渠开通运粮的水道，这样才能和越人作战，杀了西瓯的君主译吁宋。越人全部逃入丛林中，和禽兽为伍，也不肯做秦军的俘虏。后来越人任命桀骏为将领，深夜攻打秦军，使秦军大败，杀了统军将领屠睢。当时的战争损兵折将，死伤惨重，血流成河。秦始皇只能派遣被贬职、流放的将士防守南疆边界。

解读：引文出自《淮南子·人间训》。《淮南子·人间训》写道，秦始皇因贪图越地的奇珍异宝，而出兵攻打百越地区，虽然珍宝不是出兵的主要原因，但从侧面反映百越地区并非“南蛮之地”，反而相当富有。周王朝时，祭神所用的郁鬯，取

---

① （汉）刘安撰，（汉）许慎注，陈广忠校点：《淮南子》，298页，上海，上海古籍出版社，2016。

百草精华，用的是“远方郁人所贡芳草”①，可见郁林郡的香草珍贵。百越之地不仅奇珍多，能人也多，且看秦军在广西境内苦战六年。公元前219年，秦始皇派尉屠睢率兵五十万，分成五路大军进军百越之地，遭到了越人军队的顽强抵抗，双方死伤惨重，迫使秦军“三年不解甲驰弩”，形成对峙局面；直到公元前214年，史禄带兵凿通了灵渠，将粮草从湘江经灵渠进入漓江直送到前线，任嚣和赵佗率领的秦军才攻下岭南地区，后设三郡加强骆越之地的管理。秦越之战的主战场在哪里？从秦军的统帅是苍梧郡尉屠睢分析，应该是越过南岭古道的广西桂江流域和贺江流域的平乐至贺州一带。西瓯是骆越的部族，西瓯的“译吁宋”虽然是大首领，但却冲在最前线，最后英勇战死，他是一个名垂史册的越人英雄。越人任命“桀骏”为将领，这事值得注意，是谁任命桀骏为新的将领？这说明“西呕”并非为“国”，“译吁宋”也不是一国之君，“西呕君”上面还有更大的“君王”，是他任命“桀骏”为西瓯军队的新将领。西瓯是骆越部族，西瓯的君王应该是骆越王。唐代的颜师古说西瓯即骆越，这里任命桀骏为西瓯军队新将领的记载也证实了这一说法。有学者说“桀骏”是“杰出的俊才”，这有点牵强，既然“译吁宋”是名字，那“桀骏”也应该是名字。古代的越人有名没有姓，“译吁”和“桀”应该是尊称的词头。后世壮族的土司官平民多称当地的土司官为“佬吁”，这可能古音“译吁”的音变。其意为“大官”，比“大官”更大的君主叫“郎佬”或“公雄”，即大王。中原人不知古越人的语言而传“译吁宋”为“君王”。史书称“桀骏”中的“桀”应该是骆越人所崇拜的骆越龙神“掘尾龙”，壮族名字叫“特掘”。后世的壮族大首领多以“特掘”转世神化自己，如唐代大明山地区的壮族大首领韦厥就以“掘”为名写作“厥”，明代的思恩知府岑瑛也自称是“特掘”转世，大明山地区的许多掘尾龙神庙刻的龙神都说是岑瑛的塑像。越人尊称将军“骏”为“桀”，可能就认为他是“掘尾龙”转世。桀骏以夜战打败了战无不胜的秦军，杀了秦军的统帅屠睢。这充分显示了他的神力。有意思的是到了清代，壮族出了个闻名全国的两广巡阅使陆荣廷，他的小名就叫“特宋”，与“译吁宋”的名字“宋”一模一样，可能冥冥之中，骆越人强悍的基因一直代代相传。当代桂军的强悍也是全国公认，桂军第七军北伐从广西一直打到山海关，被称为“钢军”。这也是当年“桀骏”精神的延续。

---

①（清）朱骏声：《说文通训定声》卷18，1124页，清道光二十八年（公元1848年）刻本。

二、桂林郡与郁林郡的变迁

（一）赵佗称王，秦桂林郡并入南越国

原文：南越王尉佗者，真定人也，姓赵氏。秦时已并天下，略定杨越，置桂林、南海、象郡，以谪徙民，与越杂处十三岁。佗，秦时用为南海龙川令。至二世时，南海尉任嚣病且死，召龙川令赵佗语曰："闻陈胜等作乱，秦为无道天下苦之，项羽、刘季、陈胜、吴广等州郡各共兴军聚众，虎争天下，中国尤乱，未知所安，豪杰畔秦相立。南海僻远，吾恐盗兵侵地至此，吾欲兴兵绝新道，自备，待诸侯变，会病甚。且番禺负山险，阻南海，东西数千里，颇有中国人相辅，此亦一州之主也，可以立国。郡中长吏无足与言者，故召公告之。"即被佗书，行南海尉事。嚣死，佗即移檄告横浦、阳山、湟溪关曰"兵且至，急绝道聚兵自守！"因稍以法诛秦所置长吏，以其党为假守。秦已破灭，佗即击并桂林、象郡，自立为南越武王。①

译文：南越王尉佗是真定人，姓赵。秦朝当时已兼并了天下，攻取并平定了杨越，设置了桂林、南海和象郡，以安置犯罪被迁徙的百姓，同越人杂居了十三年。尉佗，秦朝时被任命做了南海郡的龙川县令。到秦二世时，南海郡尉任嚣得病将死，把龙川令赵佗召来对他说："听说陈胜等发动了叛乱，秦朝推行暴虐无道的政策，天下百姓怨恨它，项羽和刘邦、陈胜、吴广等，都在各自的州郡，同时聚集民众，组建军队，像猛虎般地争夺天下，中原地区扰攘动乱，不知何时方得安宁，豪杰们背叛秦朝，相互对立。南海郡偏僻遥远，我怕强盗的军队侵夺土地，打到这里，我想发动军队切断通往中原的新修大路，自己早作防备，等待诸侯的变化，碰到我病重了。再说番禺这个地方，背后有险要的山势可以依靠，南有大海作屏障，东西几千里，有不少中原人辅助我们，这也能当一州之主，可以建立国家。南海郡的长官中没有谁值得我同他研究这些事，所以把你召来告诉你这些事。"任嚣当即向赵佗颁布任命文书，让他代行南海郡的职务。任嚣死后，赵佗就向横浦、阳山、湟溪关传布檄文，说："敌军将要到来，要紧急断绝道路，集合军队，保卫自己。"赵佗借此机会，逐渐用法律杀了秦朝安置的官吏，而用他的亲信做代理长官。秦朝灭亡后，赵佗就攻击并兼并了桂林和象郡，立自己为南越武王。

---

① （西汉）司马迁：《史记》下，776 页，长沙，岳麓书社，2016。

解读：引文出自《史记·南越列传》，记述了赵陀称王的经过和秦桂林郡并入南越国的缘起。乱世英雄起四方，项羽和刘邦、陈胜、吴广等在中原起义，浪潮也波及了岭南。南海郡尉任嚣在重病中劝说赵佗利用这一机会建国称王。在岭南的历史上赵佗是个重要人物，毛泽东称他为“南下干部第一人”。南越建国任嚣说了许多道理，赵佗审时度势付诸行动，绝道杀吏，“击并桂林、象郡”，掀开了岭南历史新的一页。赵佗对岭南历史的影响是深远的，他最大的贡献是提出了“和辑百越”的方针政策。他自命为“蛮夷大长老”，任用当地越人担任南越国的高官，鼓励越汉通婚，促进了民族的团结和民族的融合，他对越人占主体地位的苍梧郡和桂林郡给予了郡国的地位，给予了高度自治权，这就有效地稳定了南越政权。在他治理岭南期间，“南越”变成了“南粤”，虽然只是一字之差，但是却标志了岭南新族群的形成，以秦桂林郡为中心形成了越汉语融合的“粤语”，郁江被称为“粤江”，从古贵港到古番禺形成了交通的黄金水道和经济带。在赵佗的任内，桂林郡经济有了很大的进步，从贵县一号汉墓出土的珍贵文物来看，上层人物的生活是很富足的。有学者认为贵县一号汉墓的主人就是赵佗时的桂林郡守。

汉高祖刘邦对赵佗的评价很高，他在《立赵它为南粤王诏》中说：“粤人之俗，好相攻击。前时秦徙中县之民南方三郡，使与百粤杂处。会天下诛秦，南海尉它居南方长治之，甚有文理，中县人以故不耗减，粤人相攻击之俗益止，俱赖其力。”① 刘邦诏令所说的“赵它”就是赵佗，在古汉语中“它”指“长虫蛇”，读“托何切”，与“佗”相通。“中县人”指中原来的汉人。“粤”是“越”的变体，“越”原为“戉”，是骆越人种稻的工具，“越人”就是用“戉”种稻的人。“粤”的字形是一个腰挂“戉”，头上有髻的人，头中是一个“米“字，这是“越人”的形象化，仍保留着用“戉”种稻的意思。“越”变“粤”不仅仅是字体的变化，而且是经济和社会的大变化，它表明稻作已成为岭南的主要生产方式，一个从“越人”融合“汉人”的新族群“粤人”已经形成，并且出现了“越语”与“汉语”融合形成的新语种“粤语”，古之“郁水”也改称为“粤江”。赵佗是这一经济与社会大变化的始作俑者，功不可没，所以刘邦说“皆赖其力”。

（二）汉设九郡，桂林郡变郁林郡

原文：南海尉任嚣病且死，召南海龙川令赵佗，付以尉事。佗乃聚兵守五岭，

① 陈延嘉等校注：《全上古三秦汉三国六朝文》第一册，248 页，石家庄，河北教育出版社，1997。

击并桂林、象郡，自称南越武王。子孙相传五代九十三年。汉武帝命伏波将军路博德、楼船将军杨仆兵逾岭南，灭之。其地立九郡，曰：南海、苍梧、郁林、合浦、交趾、九真、日南、儋耳、珠崖。①

译文：秦末大乱，南海郡尉任嚣生病快要死了，传召南海郡龙川令赵佗，任命他代行南海郡军事长官的职务。赵佗于是召集军队镇守五岭关口，兼并桂林郡、象郡，自立为南越武王。赵佗子孙相传五代九十三年。汉武帝命令伏波将军路博德、楼船将军杨仆率兵南征岭南，灭了南越国。在此处设立了九郡，叫作南海郡、苍梧郡、郁林郡、合浦郡、交趾郡、九真郡、日南郡、儋耳郡、珠崖郡。

解读：引文出自《旧唐书》。公元前 204 年，南海尉赵佗率兵攻占桂林郡、象郡，统领岭南三郡，建立了南越国，号称“南越武王”。南越国推行“和辑百越”的民族政策，仍沿用秦时建制，保留有桂林郡。公元前 111 年，汉武帝派伏波将军路博德征讨南越国吕嘉丞相叛乱时，汉朝在秦朝设立三郡的基础上扩展至九郡，其中桂林郡改为郁林郡，在岭南地区设置南海郡、苍梧郡、郁林郡、合浦郡、交趾郡、九真郡、日南郡等七郡，在海南岛设置儋耳郡、珠崖郡两郡。

（三）桂林监居翁属汉

原文：苍梧王赵光者，越王同姓，闻汉兵至，及越揭阳令定自定属汉；越桂林监居翁谕瓯骆属汉：皆得为侯。戈船、下厉将军兵及驰义侯所发夜郎兵未下，南越已平矣。遂为九郡。伏波将军益封。楼船将军兵以陷坚为将梁侯。②

译文：苍梧王赵光和南越赵王同姓，听说汉朝军队到来的消息，和南越国揭阳县令吴定自己决定归附汉朝，南越国桂林监守居翁劝说瓯骆族归附汉朝，都得到侯爵的封赏。戈船、下厉将军的军队及驰义侯所调发的夜郎国军队都还未到，南越已经被平定。于是设置了九郡。伏波将军路博德因功被增加封户。楼船将军杨仆率军攻陷敌军的坚固城防，被封为将梁侯。

解读：引文出自《史记·南越列传》，记述汉军平定南越国叛乱的经过。苍梧本是一个郡，苍梧郡守因与南越王族同姓，因此被封为苍梧王。这也是南越国政权为了安抚当地骆越族而采取的提高苍梧郡级别的措施。但是在南越国后期，王族高

① （后晋）刘昫：《旧唐书》，953 页，武英殿本。
② （西汉）司马迁：《史记》下，779 页，长沙，岳麓书社，2016。

层已腐败失去了人心，因此汉朝大军到来，南越国的郡国王和守令纷纷在阵前反戈。这些王和守令多为越人，但都是人在南越心在汉。值得注意的是桂林郡的最高长官居翁，他不但自己归附，还劝说三十多万的瓯骆民众归附汉朝。这里太史公司马迁把当地越人称为“瓯骆”，原来认为岭南越人分为西瓯和骆越，南越国治理岭南近百年后，“西瓯”与“骆越”已无区别，因而统称“瓯骆”。司马迁对“瓯骆”的归附不用“降”字而用“属”字，表明“瓯骆”的归附是自愿的，归汉是大势所趋。这些归附汉朝的南越官员后来都得到封赏，赵光被封为随桃侯，史定被封为安道侯，居翁被封为湘成侯。汉军平定南越后，政区变化较大，原秦代三郡被分为九郡，桂林郡更名为郁林郡，但辖区已大为缩小。

（四）郁林郡治，布山何在？

原文：郁林郡，故秦桂林郡，属尉佗。武帝元鼎六年开，更名。有小溪川水七，并行三千一百一十里。莽曰郁平，属交州。户万二千四百一十五，口七万一千一百六十二。县十二：布山、安广、阿林、广郁，郁水首受于夜郎豚水，东至四会入海，过郡四，行四千三十里：中留、桂林、潭中、临尘、定周、增食、领方、雍鸡。①

译文：郁林郡，是秦国时的桂林郡，是赵佗的管理范围。汉武帝元鼎六年（公元前111年）设置，更名为郁林郡。郡里有小溪河流七条，并行三千一百一十里。王莽时叫郁平郡，属于交州管理。有一万二千四百一十五户，七万一千一百六十二口人。有十二个县：布山县、安广县、阿林县、广郁县，郁水的源头首先汇入夜郎的豚水，向东流至四会县后，汇入大海，流经四个郡，流程四千零三十里：中留县、桂林县、潭中县、临尘县、定周县、增食县、领方县、雍鸡县。

解读：引文出自《前汉书》。《后汉书·郡国志》有载“凡县名先书者，郡所治也”②，郁林郡下设十二个县，布山县为先书者，即为郡治。至于布山县是广西的哪座城市，历来有两种说法，一是贵港市，一是桂平市。近年来，随着考古挖掘和田野调查的发现，证明贵港市是骆越古城之一，是古桂林郡布山县的郡治所在。早在商代，岭南地区是由骆越方国代商王朝进行管理，秦朝在岭南开三郡，加强了中央集权管理。古贵港作为骆越的重要古城，“郁林太守谷永以恩信招降乌浒人十余万

① （汉）班固：《汉书》，293页，北京，团结出版社，1996。

② （南朝宋）范晔：《后汉书》，1153页，长沙，岳麓书社，2009。

内属，皆受冠带，开置七县"①。现贵港东湖边还留有"谷公井"的遗迹。1976 年，贵港罗泊湾汉墓出土众多刻有"布"或"布山"铭文的器物；2008 年，贵港港北区政府旧址出土汉代瓦当、城壕、柱洞等遗迹，印证了贵港汉代古城的存在。古墓葬遗址、古城遗址、古祭祀遗址有力证明了贵港曾经是古桂林郡、郁林郡郡治布山县所在地。

（五）流动的"郁林"

原文：郁林故城，在贵县南，隋开皇十年，置为郁林郡治，唐为贵州治。②

译文：郁林郡故城在贵县南边，隋开皇十年，设置为郁林郡的郡治所，到了唐代改为贵州治所。

解读：引文出自《明一统志》。郁林因郁水而得名，"郁"即郁草，"林"即水，壮语是 Raemx。随着朝代更迭，郁林郡在不断地变换身份。新朝王莽"托古改制"，曾改郁林郡为郁平郡，属于交州（原交趾），下辖十二个县，其中十个县在广西境内，郡治仍是布山县。到了汉末三国时期，郁林郡划归吴国管辖，吴末帝孙皓于凤凰三年（公元 274 年），"分郁林郡置桂林郡"③，将郁林郡的潭中、中留、桂林、武安四县划分出来设置桂林郡，治所设于武安。隋朝开皇十年（公元 590 年），将南定州改为尹州，隋炀帝大业二年（公元 606 年），尹州更名郁州，之后废除郁州又改为郁林郡。唐代改郡为州："贵州怀泽郡，本南定州郁林郡，武德四年曰南尹州，贞观八年曰贵州，天宝元年更郡名。"④ 宋朝时期，"贵州，下。怀泽郡，军事。""郁林，中下。隋郁平县。开宝四年改。"⑤ 元代沿袭贵州之称。"唐改怀泽郡，后仍为贵州。元至元十四年领郁林县。大德九年省县，止行州事。"⑥ 明朝洪武二年（公元 1369 年），郁林州以南流县为州治，下辖博白、北流、陆川、兴业四县。清初郁林州属梧州府管辖，雍正三年（公元 1725 年），郁林州直隶广西省。民国期间，广西先后设立郁林民团区、郁林行政监督区等管理区。新中国成立后，1956 年，郁林县更名为玉林县；后改属玉林地区，撤县改市，成立地级玉林市。贵

---

① （南朝宋）范晔：《后汉书》卷 100，1953 页，武英殿本。

② （明）李贤等：《明一统志》卷 90，13387 页，明天顺五年（公元 1461 年）内府刻本。

③ （明）刘基：《大明清类天文分野之书》卷 20，665 页，明刻本。

④ （宋）宋祁等：《新唐书》卷 20，582 页，江安传氏双鉴楼藏明刊本。

⑤ （元）脱脱等：《宋史》卷 96，1289 页，武英殿本。

⑥ （明）宋濂等：《元史》卷 10，864 页，武英殿本。

港市的名称虽然不断在改变，但其以桂为贵的文化基团没有变，现在贵港市仍然是全国最大的肉桂产区，近年又传来了肉桂可以萃取糖尿病特效药的消息，肉桂有可能成为贵港市的重要产业。贵港是西江黄金水道重要港口的地位也没有变，将来随着平陆运河的开通，贵港将会恢复其水运交通中心的地位，迎来新的发展机遇。

三、伏波将军路博德

（一）平定南越国

原文：元鼎五年秋，卫尉路博德为伏波将军，出桂阳，下汇水；主爵都尉杨仆为楼船将军，出豫章，下横浦；故归义越侯二人为戈船、下厉将军，出零陵，或下离水，或抵苍梧；使驰义侯因巴蜀罪人，发夜郎兵，下牂牁江；咸会番禺。

元鼎六年冬，楼船将军将精卒先陷寻陕，破石门，得越船粟，因推而前，挫越锋，以数万人待伏波。伏波将军将罪人，道远，会期后，与楼船会乃有千馀人，遂俱进。楼船居前，至番禺。建德、嘉皆城守。楼船自择便处，居东南面；伏波居西北面。会暮，楼船攻败越人，纵火烧城。越素闻伏波名，日暮，不知其兵多少。伏波乃为营，遣使者招降者，赐印，复纵令相招。楼船力攻烧敌，反驱而入伏波营中。犁旦，城中皆降伏波。吕嘉、建德已夜与其属数百人亡入海，以船西去。伏波又因问所得降者贵人，以知吕嘉所之，遣人追之。以其故校尉司马苏弘得建德，封为海常侯；越郎都稽得嘉，封为临蔡侯。①

译文：元鼎五年（公元前112年）秋天，卫尉路博德被封为伏波将军，率兵从原屯兵的桂阳出发，直下汇水；主爵都尉杨仆担任楼船将军，走豫章郡，直下横浦；原来归降汉朝被封侯的两个南越人分别担任戈船将军和下厉将军，率兵从零陵出发，有一支军队直下漓江，有一支军队直抵苍梧；驰义侯利用巴蜀的罪人，调动夜郎的兵卒，直下牂牁江。各路大军最后在番禺会师。

元鼎六年（公元前111年）冬天，楼船将军率领精锐兵卒，先攻下寻陕，然后攻破石门，缴获南越的战船和粮食，乘机向前推进，挫败南越的先头部队，率领数万大军等候伏波将军。伏波将军带领被赦的罪人，因道路遥远，正巧又误了会师的日期，因此与楼船将军会师时才有一千余人，于是一同前进。楼船将军冲锋在前，

---

① （汉）司马迁：《史记》卷113，1935页，武英殿本。

直打到番禺。南越王赵建德、丞相吕嘉在城中防守。楼船将军选择有利的地方，驻兵在番禺的东南面；伏波将军驻军在番禺西北边。到了天黑，楼船将军攻败了南越人，放火烧番禺城。南越人平日就听过伏波将军的威名，如今天黑，不知道他有多少军队。伏波将军于是安营扎寨，派遣使者招降，赐给投降的人伏波侯印，又放他们回去招降其他人。楼船将军奋力攻击，焚烧敌人，反而驱赶乱兵跑入伏波将军营中投降。黎明时分，城中的士兵都投降了伏波将军。吕嘉、赵建德已在夜里带着几百个部下逃亡至海上，乘船西去。伏波将军乘机询问已投降的南越贵人，才知道吕嘉的去向，于是派人去追捕他。原来的校尉现在的司马苏弘抓到赵建德，被封为海常侯；南越人郎官都稽擒获吕嘉，被封为临蔡侯。

解读：引文出自《史记·南越列传》。路博德，是西汉西河郡平州人，他担任右北平太守时，跟随骠骑将军霍去病出征匈奴，在此设置了酒泉、武威、张掖、敦煌四郡，路博德也因有功被封为符离侯。南越国丞相吕嘉叛乱时，卫尉路博德被封为伏波将军南征，平定了岭南。后在岭南设置了南海、苍梧、郁林、合浦、交趾、九真、日南七郡；元封初年（公元前 110 年），伏波将军又遣军自合浦、徐闻入南海，至大洲，方千里略得之，置儋耳、珠崖二郡。[①] 汉朝在海南岛上设置珠崖、儋耳两郡，从此海南列入中国行政管辖范围。太初元年（公元前 104 年），路博德因罪失去了侯位；汉朝西征大宛，在居延、休屠设置都尉府，用来保卫酒泉，因居延军事位置重要，太初三年（公元前 102 年），汉武帝重新起用路博德为居延强弩都尉，率军筑“遮虏障”，抵御匈奴。路博德驻军居延，至死也未能返回故里。

路博德是影响岭南历史的重要人物，广东和海南的伏波庙多是路博德的祭祀庙。贵港、横县、邕宁等郁江流域的伏波庙虽然说是祭祀马援，但马援南征交趾并没有经过郁江河段，这些地方庙宇历史上很可能也祭祀路博德。至于古桂林郡的越人为什么也建路博德的祭祀庙，主要是路博德以恩德感召了桂林郡和苍梧郡的瓯骆人归附汉朝，留下了千古佳话。他遗爱于民，后代百姓当然会设庙纪念他。

（二）被黎民百姓敬仰

原文：越人素闻伏波名，于是悉城来降，不烦一阵，遂开九郡，饮马于儋耳，焚舟于琼山，未弗复用兵。所以宣畅王灵威加海宇，德被黎庶者，固宣纪之，人常

---

① （唐）杜佑：《通典》，2568 页，长沙，岳麓书社，1995。

铭之钟鼎，有闻于无穷，而血食于后世矣！惜乎，太史公不为立传，其事则既见于他文，固以可惜。①

译文：南越人平日听闻伏波将军（路博德）的威名，于是纷纷来投降，不用一仗，就开设了九郡，将疆土扩大到儋耳郡，在琼山焚烧战船，表示不再用兵。因此将王的威势宣扬至天下，恩德使黎民百姓受益，因此人们自发记录伏波将军的事迹，常刻在钟鼎上，传播甚为广泛，让他后世可以享受到百姓的祭祀！可惜，太史公在《史记》中没有为路博德立传，他的事迹记录在其他文章中，着实可惜。

解读：引文出自《广东通志》中的《伏波庙将军庙记》。《伏波庙将军庙记》记载了伏波将军路博德的功业，“伏波者，船涉江海，欲使波浪之伏息。”② 他作为汉朝第一位伏波将军，骁勇善战，有勇有谋，平定南越国吕嘉叛乱时，扎营招徕投降者，让投降的人继续劝说城内叛军；楼船将军大火烧城，反而让叛军到伏波营中投降。路博德恩威并施，终于平定了南越。

路博德军队平定南越后，在当地推行自治制度，尽量不改变原有的郡县管理范围，“乃拜（南越国）二使者为交趾、九真太守，诸雒将主民如故”③。为了安抚珠崖郡、儋耳郡的百姓，他下令在琼山焚烧战船，表示平息叛乱后，不再用兵，百姓可安居乐业。司马迁在《史记》中虽没有为路博德立传，但称赞道：“伏波穷困，智滤愈殖，因祸为福。”意思是伏波将军处在艰难的环境中，仍能宽以待人、思虑周全，反而转祸为福。

（三）伏波将军威名扬

原文：汉有两伏波，皆有功德于岭南之民，前伏波为邳离路侯也，后伏波新息马侯也。南越自三代不能有，秦虽稍通置吏，旋复为夷。邳离始伐灭其国，开九郡；然至东汉，二女子侧贰反，岭南震动六十余城。世祖初平天下，民劳厌兵，方闭玉关，谢西域，况南荒何足以辱王师？非新息苦战，则九郡左衽至今矣。由此论之，两伏波庙食于岭南者，均也。古今所传，莫能定于一。④

译文：汉代有两位伏波将军，都有功德于岭南百姓，前有西汉伏波将军邳离侯

① （清）金光祖：《康熙广东通志》卷 27，3275 页，清康熙三十六年（公元 1697 年）刻本。
② （唐）杜佑：《通典》，418 页，长沙，岳麓书社，1995。
③ （南北朝）郦道元：《水经注》卷 37，897 页，清武英殿聚珍版丛书本。
④ （宋）苏东坡：《东坡全集》卷四，1078 页，明成化本。

路博德，后有东汉新息侯马援。南越地区之前没有统一管理，秦朝虽然在此开设三郡，但之后又恢复为蛮夷之地。邳离侯路博德南征灭掉了南越国，开设九郡；到了东汉，交趾郡的征侧、征贰两姐妹谋反，攻占岭南六十多座城池。汉武帝刚平定天下，百姓劳苦厌战，方才关闭玉门关，谢绝西域，不然南荒之地怎么能攻击朝廷的军队。如果不是新息侯马援苦战，现在九郡就被异族入侵了。由此可见，两个伏波庙祭祀在岭南，是均等的。从古至今流传的伏波庙，很难确定是祭祀哪一个。

解读：引文出自《东坡全集》。宋绍圣四年（公元1097年），宋代文豪苏轼从徐闻渡海到海南岛，三年后他返程专门到徐闻伏波庙祭拜，感念伏波将军英灵保佑他渡海平安，写下《伏波庙碑记》："南北之济者，以伏波为指南，事神其敢不恭。"[①] 南宋建炎三年（公元1129年）抗金名将李纲被贬崖州，他特地到伏波庙祭祀，命人将苏东坡《伏波庙记》刻成石碑，并将自己写的《伏波庙阴记》刻在石碑背面。

广东雷州伏波祠始创于东汉，是岭南古老的祠庙之一，庙门楹联写道"东西辅汉勋名著，前后登坛岭海遥"，祭祀的是西汉邳离侯路博德与东汉新息侯马援，伏波庙先是祭祀路博德，后祭祀马援，相隔一百五十多年。路博德大军南下北上，雷州是必经之地，雷州当地民谣流传："将军下，将军上，三百郎子放炮仗"，讲述了当时雷州民众烧炮仗，迎送大军的情景。

海南岛上有龙岐村伏波庙、海北伏波庙等庙宇同祭祀两位伏波将军，其中龙岐村伏波庙内有清雍正八年（公元1730年）抄录徐闻伏波庙内苏轼《伏波庙记》和李纲《伏波庙碑阴记》的碑文。海南人民感谢伏波将军"开琼""复设珠崖"的功绩，三亚天涯海角立有两位伏波将军策马操戈的雕塑，让后人不忘两位伏波将军的恩德。

如今在广东、广西和海南等地的伏波庙，或是祭祀路博德和马援中的一位，或是合祭两位伏波将军，感念两位将军南征平乱，设郡县，促发展的功业；而湖南一带的伏波庙单祭马援，与马援征伐五溪蛮有关。两位伏波将军有功于国，历代多次受到朝廷封祭，南宋时，"正庙新息马侯也，初封忠显王，宣和中（公元1204年）诏加佑顺王，别庙邳离路侯也，宣和中诏封忠烈"[②]。清代诗人尹之逵作诗感怀《路

---

① （宋）苏东坡：《东坡全集》卷四，1079页，明成化本。
② （明）欧阳保等：《万历雷州府志》卷22，325页，明万历四十二年（公元1614年）刻本。

伏波将军》："秦时辟地汉时因，赖有将军讨不臣。此日名山留正气，当年猛将已为神。三驱欲系南蛮长，百战犹飞赤汗骃。海国功高推第一，如何身未画麒麟？"

四、伏波将军马援

（一）南征交趾，历尽艰险

原文：又交址女子征侧及女弟征贰反，攻没其郡，九真、日南、合浦蛮夷皆应之，寇略岭外六十余城，侧自立为王。于是玺书拜援伏波将军，以扶乐侯刘隆为副，督楼船将军段志等南击交址。军至合浦而志病卒，诏援并将其兵。遂缘海而进，随山刊道千余里。十八年春，军至浪泊上，与贼战，破之，斩首数千级，降者万余人。援追征侧等至禁溪，数败之，贼遂散走。明年正月，斩征侧、征贰，传首洛阳。封援为新息侯，食邑三千户。援乃击牛酾酒，劳飨军士。从容谓官属曰："吾从弟少游常哀吾慷慨多大志，曰：'士生一世，但取衣食裁足，乘下泽车，御款段马，为郡掾史，守坟墓，乡里称善人，斯可矣。致求盈余，但自苦耳。'当吾在浪泊、西里间，虏未灭之时，下潦上雾，毒气重蒸，仰视飞鸢跕跕堕水中，卧念少游平生时语，何可得也！今赖士大夫之力，被蒙大恩，猥先诸君纡佩金紫，且喜且惭。"吏士皆伏称万岁。

援将楼船大小二千余艘，战士二万余人，击九真贼征侧余党都羊等，自无功至居风，斩获五千余人，峤南悉平。援奏言西于县户有三万二千，远界去庭千余里，请分为封溪、望海二县，许之。援所过辄为郡县治城郭，穿渠灌溉，以利其民。条奏越律与汉律驳者十余事，与越人申明旧制以约束之，自后骆越奉行马将军故事。①

译文：建武十六年（公元40年），有交趾女子征侧及妹妹征贰造反，攻下交趾郡城，九真、日南、合浦的骆越人都响应她们，攻占岭外六十余城，征侧自立为王。建武十七年（公元41年）皇帝颁下玺书拜马援为伏波将军，用扶乐侯刘隆为副将，以及督楼船将军段志等南下征讨交趾。军队到达合浦时段志病逝了，皇帝下令马援统率段志的兵马。于是（在合浦）沿着海路前进，随山开道千余里。建武十八年（公元42年）春，军队到达浪泊，和叛军对战，攻破交趾郡城。斩首叛军数千人，上万人投降。马援追击征侧等到禁溪，几次打败叛军，残余的叛军四处分散逃走。

① （南朝宋）范晔：《后汉书》卷54，798页，武英殿本。

第二年（公元 43 年）正月，马援斩杀了征侧、征贰，把首级送到洛阳。皇帝封马援为新息侯，食邑三千户。马援杀牛斟酒，慰劳士兵。（他）从容地对下属说："我的弟弟少游常哀叹我慷慨多大志，说：'士的一世，只要有吃有穿，能乘坐在沼泽中行走的短毂车，驾驭着行动缓慢的马，做一个郡的掾史，守住祖先的坟墓，乡里人都称赞说是个好人，这样就可以了。至于追求更多的东西，那就是自找苦吃了。'当我在浪泊、西里之间，没有打败叛军的时候，下面是水上面是雾，毒气熏蒸，仰望天上飞翔的鸢鸟坠落水中，回想起少游平时对我说的话，真不知怎样才能做到！如今有幸得到大家的帮助，我身受大恩，侥幸在大家前面封侯晋爵，我真是既高兴又惭愧啊。"士兵们都伏地称万岁。

马援率领楼船大小两千余艘，战士两万多人，进攻九真郡，攻打叛军征侧的余党都羊等人，从无功县一直到居风县，斩获五千多人，岭南全部平定。马援奏请皇帝说，西于县有三万两千户，边界离县庭一千多里，请皇帝分划为封溪、望海两县，皇帝同意了。马援每到一处都为郡县修筑城郭，挖渠灌溉，为当地民众带来好处。又奏明越律与汉律不完全相同的十几件事，与越人申明制度来加以约束，自此以后骆越都遵守马将军定下的旧制。

解读：引文出自《后汉书》。马援（公元前 14 年—公元 49 年），字文渊，陕西扶风茂陵人，东汉开国功臣之一。东汉建武十七年（公元 41 年）交址郡征侧、征贰两姐妹造反，光武帝刘秀封马援为伏波将军，命他南征交趾。马援成为汉代第二位伏波将军（前一节已叙述了，第一位伏波将军是西汉路博德，因为他征战南越取得全胜，这时再用伏波之名，有"追前所已成之勋，托之名以惊动群听"[①] 之意）。

经过一年多的浴血奋战，马援大军平定岭南战乱，扩充了汉朝疆域，并在新的边界上立下两根铜柱。晋代《广州记》曰："援到交趾，立铜柱为汉之极界也。"[②] 宋代《方舆胜览》有载："按钦境有古森洞与安南抵界，有马援铜柱，有誓云'铜柱折，交趾灭'。安南人每过其下，人以一石培之，遂成丘陵。"[③] 时隔千年，铜柱在何处难寻踪迹，铜柱已经成为国家统治领土边界的象征。

攻城易，守城难。马援深谙边界之地离洛阳首都太远，需将汉治与越治相结合，改革州郡管理制度，实施仁政得民心。他奏请皇帝将人口众多的西于县分为封溪县、

---

① （明）欧阳保等：《万历雷州府志》卷 22，557 页，明万历四十二年（公元 1614 年）刻本。
② 转引自（南朝宋）范晔：《后汉书》卷 54，799 页，武英殿本。
③ （宋）祝穆：《方舆胜览》卷 70，978 页，宋刻本。

望海县两个县管理，又将越律与汉律相悖的地方进行调整，向当地越人重申法律制度进行约束，从此骆越各地都遵守马援定下的旧制，从政治制度上牢固了中央王朝对岭南和交趾的管理。马援行军途中还疏浚了桂林灵渠、南流江，凿通了博白马门滩，打通了岭南地区的内河航道；在合浦大洸港凿出“伏波运道”以通粮船，此水一开，方便了钦廉当地的舟楫通行，合浦也成为通往海上的重要港口。马援每攻取一座城池，都修筑城郭，凿渠灌溉，兴修水利，安抚当地百姓，传播中原地区先进的农耕技术，促进了岭南地区的农业经济发展。

关于马援南征的路线，学术界多有争议。这条史料说马援是“缘海而进，随山刊道”，“缘海而进”必须走北流江，越过北流江的鬼门关进入南流江才能到达合浦出海。“缘海而进”当然会“缘海而归”。这样一来就没有必要经过郁江河段了。因此，郁江河段的伏波庙祭祀马援就值得质疑了。最明显的是横县的伏波滩，古代多称为“乌蛮滩”，那“乌蛮滩”的庙就应该是“乌蛮庙”或路博德伏波庙，不会是马伏波庙。可见历史的误会有时会出乎人们意料之外。

（二）马革裹尸，为国捐躯

原文：初，援军还，将至，故人多迎劳之。平陵人孟冀，名有计谋，于坐贺援。援谓之曰：“吾望子有善言，反同众人邪？昔伏波将军路博德开置七郡，裁封数百户；今我微劳，猥飨大县，功薄赏厚，何以能长久乎？先生奚用相济？”冀曰：“愚不及。”援曰：“方今匈奴、乌桓尚扰北边，欲自请击之。男儿要当死于边野，以马革裹尸还葬耳，何能卧床上在儿女子手中邪！”冀曰：“谅为烈士，当如此矣。”

还月余，会匈奴、乌桓寇扶风，援以三辅侵扰，园陵危逼，因请行，许之。自九月至京师，十二月复出屯襄国。诏百官祖道。援谓黄门郎梁松、窦固曰：“凡人为贵，当使可贱，如卿等欲不可复贱，居高坚自持，勉思鄙言。”松后果以贵满致灾，固亦几不免。

明年秋，援乃将三千骑出高柳，行雁门、代郡、上谷障塞。乌桓候者见汉军至，虏遂散去，援无所得而还。①

译文：起初，马援军返程，快要到的时候，很多朋友都欢迎慰劳他。平陵人孟冀，以有计谋闻名，在席座上祝贺马援。马援对他说：“我本来期望你有善言勉励

---

① （南朝宋）范晔：《后汉书》卷54，800页，武英殿本。

我，怎么反而同其他人一样呢？之前西汉的伏波将军路博德开扩疆土设置七个郡，加封了数百户；现在我只有微小功劳，却食邑三千户，功劳小赏赐多，怎么能长久呢？先生有什么办法能帮助我呢？”孟冀说：“我愚钝没有想到。”马援说：“现在匈奴、乌桓还在侵扰北部边境，我想请求去讨伐，男儿应当献身边疆，死后用马革裹着尸体运回来安葬，怎么能躺在床上，老死在妻子儿女身边呢？”孟冀说：“真正建功立业的人，应当是这样的。”

回来后一个多月，恰逢匈奴、乌桓侵犯扶风，马援见到三辅地区受到侵扰，皇家陵园受到危迫，于是请求出兵，朝廷准许了。马援九月刚回到京城，十二月又要出兵到襄国。皇帝下诏百官饯行，马援对黄门郎梁松、窦固说：“普通人能富贵，也可能变成贫贱，如果你们不想再变得贫贱，处在高位上就要自持自控，劝你们好好想想我说的话。”梁松后来果然因为过于富贵（未能自持）而遭灾，窦固也差点不能幸免。

第二年（公元 45 年）秋，马援率领三千骑兵从高柳出发，先后巡行雁门、代郡、上谷等边塞。乌桓哨兵看见汉军杀到，部众纷纷逃散，马援无所得而回朝。

解读：引文出自《后汉书》。马援被封为新息侯后，并未居功自傲，他答孟冀之贺时说道“男儿当死于边野，以马革裹尸还葬”，真是位铮铮铁骨的真汉子。元代吴讷有诗赞叹：“英雄报国如等闲，马革裹尸铜柱间。”马援少时怀有大志，常对宾客说：“丈夫为志，穷当益坚，老当益壮。”他审时度势，慧眼识主，看出公孙述乃“井底蛙耳，且妄自尊大，不如专意东方（定都洛阳的刘秀）”。他为人明须发，眉目如画，擅讲故事，听者属耳忘倦；又善兵策，皇帝常说“伏波论兵，与我意合”。可见马援将军文韬武略，魅力超群。

马援远在万里的交趾郡作战仍写下《诫兄子严敦书》告诫侄儿马严和马敦，不要“议人长短，妄是非正法”，善交好友，不学杜季良恐“陷为天下轻薄子，所谓画虎不成反类狗者也”。马援良苦用心，希望家人学处世能成才。这封《诫兄子严敦书》传到洛阳后，被有心人利用诬告杜季良“为行浮薄，乱群惑众，而梁松、窦固以之交结，败乱诸夏”。汉光武帝刘秀大为恼火，罢免了杜季良，梁松、窦固叩头谢罪直至头破血流，皇帝才开恩免于责罚。一封家书让马援无意中与梁松等人结下怨仇。

马援身居高位也不结党拉派，他出兵攻打匈奴、乌桓前劝诫梁松、窦固“如卿等欲不可复贱，居高坚自持”，身居要职更要有定力，行百里者半九十，难在持之以恒，贵在久久为功。梁松、窦固两人虽表面应允，心中却不以为然，马援一片好意却种下祸根。有一次马援生病，梁松这位驸马爷前来拜见，马援因长幼有序的辈分并未回礼，梁松因此记恨，也为后来的“五溪蛮之役”“薏苡之冤”埋下伏笔。

原文：二十四年，武威将军刘尚击武陵五溪蛮夷，深入，军没，援因复请行。时年六十二，帝愍其老，未许之。援自请曰：“臣尚能披甲上马。”帝令试之。援据鞍顾眄，以示可用。帝笑曰：“矍铄哉是翁也！”遂遣援率中郎将马武、耿舒、刘匡、孙永等，将十二郡募士及弛刑四万余人征五溪。援夜与送者诀，谓友人谒者杜愔曰：“吾受厚恩，年迫余日索，常恐不得死国事。今获所愿，甘心瞑目，但畏长者家儿或在左右，或与从事，殊难得调，介介独恶是耳。”

明年春，军至临乡，遇贼攻县，援迎击，破之，斩获二千余人，皆散走入竹林中。初，军次下隽，有两道可入，从壶头则路近而水险，从充则涂夷而运远，帝初以为疑。及军至，耿舒欲从充道，援以为弃日费粮，不如进壶头，扼其喉咽，充贼自破。以事上之，帝从援策。

三月，进营壶头。贼乘高守隘，水疾，船不得上。会暑甚，士卒多疫死，援亦中病，遂困，乃穿岸为室，以避炎气。贼每升险鼓噪，援辄曳足以观之，左右哀其壮意，莫不为之流涕。耿舒与兄好畤侯弇书曰：“前舒上书当先击充，粮虽难运而兵马得用，军人数万争欲先奋。今壶头竟不得进，大众怫郁行死，诚可痛惜。前到临乡，贼无故自致，若夜击之，即可殄灭。伏波类西域贾胡，到一处辄止，以是失利。今果疾疫，皆如舒言。”弇得书，奏之。帝乃使虎贲中郎将梁松乘驿责问援，因代监军。会援病卒，松宿怀不平，遂因事陷之。帝大怒，追收援新息侯印绶。①

译文：建武二十四年（公元48年），武威将军刘尚率军前往武陵五溪蛮夷（郦道元《水经注》记载，武陵有五溪，即雄溪、樠溪、酉溪、潕溪、辰溪，悉是蛮夷所居，故谓“五溪蛮”）平定暴动，深入地方后，全军覆没，马援因此又请求出兵。这时马援已经六十二岁，皇帝怜悯他年事已高，没有同意。马援请求说：“臣还能披甲上马。”皇帝让他试一试。马援披甲持兵器，手扶马鞍，四处顾盼，表明还可以带兵打仗。皇帝笑着说：“真是个精神饱满的老翁！”于是派遣马援率领中郎将马武、耿舒、刘匡、孙永等，还有从十二个郡招募来的士兵以及解除枷锁的刑徒

---

① （南朝宋）范晔：《后汉书》卷54，武英殿本，801页。

共四万多人远征五溪。马援夜间与送行的人诀别，告诉担任谒者的朋友杜愔说：“我深受国家厚恩，年老逼近余日不多，时常恐惧不能死于国事，现在获得出征的机会，死了也心甘瞑目，只是顾虑那些权贵子弟，他们或者近在左右，或者是随从办事，特别难调遣，我独为此事耿耿于心啊。”

第二年（公元49年）春，马援率军队来到临乡，遇到蛮军来攻打县城，出兵迎击，大破蛮军，斩获二千余人，其他的蛮军都分散逃到竹林里。之前，军队来到下隽县时，有两条路可以进入，一条从壶头山进入，路近但是水险；一条从充县进入，路宽敞安全但是运输路程远，皇帝开始有点犹豫。等到军队到时，耿舒要从充县进入，马援认为路远用时较长会浪费粮草，不如从壶头山进入，扼制敌军的咽喉，充县的蛮军就会不攻自破。因此奏请朝廷，皇帝听从马援的计策。

三月，马援军队进驻壶头。蛮军占据高处扼守险隘，因为水流过快，船不能向上航行。恰逢酷暑，很多士兵都得了疫病死去，马援自己也生病了，部队受困，马援下令在河岸边凿洞为室，躲避酷热的暑气。蛮军每次登到高险的地方击鼓示威，马援都会拖着病腿出来察看，手下的士兵都被他的精神所感动，不少人为他留下热泪。耿舒给哥哥好畤侯耿弇写信说道：“之前我上书建议先进攻充县，粮草虽然难运，但兵马可以先展开行动，数万军人争先奋进。现在困在壶头山前进不了，大家士气低落，很多快病死了，实可痛惜。之前到达临乡，蛮军无故自来，如果当晚乘夜追击，就可以全部歼灭。伏波将军用兵就像西域胡商，到一处就止步不前，因此失利。现在果然困于疫病，和我当初预判的一样。”耿弇拿到书信后奏明皇帝。皇帝于是派虎贲中郎将梁松从驿道前去责问马援，且作为监军。这时马援已经病逝，梁松旧恨难消，于是借机陷害马援。皇帝大怒，追收回马援的新息侯印绶。

解读：引文出自《后汉书》。五溪蛮暴动，年已六旬的马援主动请缨出战，皇帝还担心他年事过高，马援披甲上马，精神矍铄，为国尽忠，当仁不让。他率领四万大军远征五溪蛮，先是攻下临乡县，后困于壶头山，马援也在此病逝。谒者宗均负责监军，“援既卒，军士疫死者太半，蛮亦饥困”①。宗均命令吕种假传圣旨招降敌人，蛮人十分惊恐杀死了首领投降，宗均率兵进入蛮军大营，命他们各回本郡，又委任地方官吏，平定了五溪蛮动乱。虽马援未能亲眼看到平定的结果，但他派兵驻扎围困蛮军数月，导致蛮军饥困交迫，军心动摇，为最终胜利奠定了基础。前云

① （宋）司马光撰，（元）胡三省音注：《资治通鉴》卷44，781页，鄱阳胡氏仿元刊本。

阳县令朱勃上书皇帝，言辞恳切，切中要害："（马援）间复南讨，立陷临乡，师已有业，未竟而死；吏士虽疫，援不独存。夫战或以久而立功，或以速而致败，深入未必为得，不进未必为非，人情岂乐久屯绝地不生归哉！"① 只可惜马援身后未能享受胜利者的奖赏，而是受到梁松的陷害，被皇帝收回侯位。

临行前，马援对好友杜愔说，"常恐不得死国事"，他深知与梁松的嫌隙，宁愿战死沙场，也不愿陷于谗言。马援一生戎马疆场，保家卫国，有勇有谋，功勋卓著，清代诗人邵长蘅有诗赞云："纵然马革裹尸还，九尺昂藏一男子。"②

（三）薏苡之谤，铜鼓之谬

原文：初，援在交址，常饵薏苡实，用能轻身省欲，以胜瘴气。南方薏苡实大，援欲以为种，军还，载之一车。时人以为南土珍怪，权贵皆望之。援时方有宠，故莫以闻。及卒后，有上书谮之者，以为前所载还，皆明珠文犀。马武与于陵侯侯昱等皆以章言其状，帝益怒。援妻孥惶惧，不敢以丧还旧茔，裁买城西数亩地槁葬而已。宾客故人莫敢吊会。严与援妻子草索相连，诣阙请罪。帝乃出松书以示之，方知所坐，上书诉冤，前后六上，辞甚哀切，然后得葬。③

译文：当初，马援南征交趾时，常吃薏苡，吃薏苡能祛除湿气，避除瘴气。南方薏苡果实大，马援想留作种子，军队回朝时，装了一车的薏苡。当时人们以为这是南方土产的奇珍宝物，权贵们都观望着。之前马援得到皇帝的宠信，因此没人敢上报朝廷。马援死后，就有人上书诬告，说马援之前从南方载回来的，都是明珠彩犀一类的珍宝。马武与于陵侯侯昱等都上奏章描述"珍宝"的形状，皇帝更加生气。马援妻儿不明原委，十分惶恐，不敢把马援的灵柩运回祖坟安葬，只买了城西的几亩地草草埋葬了。宾客故友也不敢前去吊唁。马援的侄子马严与马援妻儿用草绳把自己捆绑起来，到朝廷请罪。皇帝拿出梁松的上书给他们看，才知道是梁松挟怨诬告，于是先后六次上书诉冤，言辞哀切，最后才得以安葬马援。

解读：引文出自《后汉书》。这段史料就是著名的"薏苡之谤"缘由。欲加之罪，何患无辞，马援从交趾带回来的薏苡也被诬告成"明珠"，这是令人感叹的。《神农本草经》记载："薏苡，味甘微寒，主筋急拘挛，不可屈伸，风湿痹下气，久

① （南朝宋）范晔：《后汉书》卷 54，804 页，武英殿本。
② （清）沈德潜选辑：《国朝诗别裁集》第 15 卷，514 页，清抄本。
③ （南朝宋）范晔：《后汉书》卷 54，803 页，武英殿本。

服轻身益气。”[①] 岭南地区湿气重，常吃薏苡能防治水肿和瘴气，马援南征从古骆越人身上学到了薏苡的妙用，又见到薏苡大颗，想用来做种子。谁曾想，本是良药的薏苡，却成了谗言“明珠”，故苏东坡有叹《薏苡》：“伏波饭薏苡，御瘴传神良。能除五溪毒，不救谗言伤。”[②]

汉光武帝虽是准允安葬马援，但并未予以公判；永平十七年（公元 74 年），马援夫人逝世后，汉明帝刘庄才为马援修建墓地，植树为标记，建筑祠堂；建初三年（公元 78 年），汉章帝刘炟派遣五官中郎将持节追策，谥封马援为“忠成侯”。

值得赞许的是，马援逝后蒙冤，“宾客故人莫敢吊会”，唯有前云阳县令朱勃冒死上书，令“帝意稍解”，可谓患难见真情。汉章帝下诏称朱勃“上书陈状，不顾罪戾，怀旌善之志，有烈士之风”[③]，并追赐朱勃子孙谷子二千斛。

原文：援好骑，善别名马，于交址得骆越铜鼓，乃铸为马式，还上之。[④]

译文：马援喜爱骑马，也善于识别名马，在交趾郡征战时得到骆越铜鼓，于是将铜鼓熔铸用来制作马的模型，返回朝廷后献给了皇帝。

解读：引文出自《后汉书》。马援得鼓而非造鼓人。后世文人因马援得铜鼓而附会成马援创造了铜鼓，如南宋范成大在《桂海虞衡志》介绍：“铜鼓，古蛮人所用，南边土中时有掘得者，相传为马伏波所遗。”[⑤] 后又有称为“诸葛鼓”，如明代曹学佺《蜀中广记》引“《益部谈贤》记：诸葛鼓乃铜铸，……乃孔明擒孟获时所制。”[⑥] 早在唐李贤注的《后汉书》中已援引裴氏《广州记》对铜鼓的介绍：“狸獠铸铜为鼓，鼓唯高大为贵，面阔丈余。初成，悬于庭，克晨置酒，招致同类，来者盈门。”[⑦] 清代檀萃在《滇海虞衡志》中记载：“铜鼓，粤人以为伏波，滇以为诸葛，而实蛮之自铸也。”[⑧] 根据考古发现及科学研究，铜鼓“起源地在云南中部偏西的洱海——礼社江流域，大概到春秋晚期，岭南地区部分骆越人吸收了铸造铜鼓的

---

① （宋）范成大撰，胡起望、覃光广校注：《桂海虞衡志》，61 页，成都，四川民族出版社，1986。
② （宋）苏轼：《东坡全集》卷 22，859 页，明成化本。
③ （汉）刘珍：《东观汉记》卷 16，208 页，清武英殿聚珍版丛书本。
④ （南朝宋）范撰：《后汉书》卷 54，799 页，武英殿本。
⑤ （宋）范成大撰，胡起望、覃光广校注：《桂海虞衡志》，61 页，成都，四川民族出版社，1986。
⑥ （明）曹雪佺：《蜀中广记》卷 70，1824 页，四库全书本。
⑦ （南朝宋）范晔：《后汉书》卷 54，799 页，武英殿本。
⑧ （清）檀萃辑，（宋）文熙、李东平校注：《滇海虞衡志》，108 页，昆明，云南人民出版社，1990。

工艺技术，并且得到较大、较快的发展，以至一直延续到现在，仍有壮、苗、瑶、侗、水、彝等族还在使用铜鼓”。①

（四）伏波将军，后世流芳

原文：伏波神，为汉新息侯马援。侯有大功德于越，越人祀之于海康、徐闻，以侯治琼海也，又祀之于横州，以侯治乌蛮大滩也。滩在横州东百余里，为西南湍险之最，舟从牂牁至广必经焉，滩有四：曰雷霹，曰龙门，曰虎跳，曰挂舵。每滩四折，折必五六里，出入乱石丛中，势如箭激，数有破溺之患。夹岸皆山，侯庙在其北麓。凡上下滩者，必问侯。侯许，乃敢放舟。每岁，侯必封滩十余日，绝舟往来。新舟必磔一白犬以祭。有大风雨，侯辄驾铜船出滩，橹声喧豗，人不敢开篷窃视。晴霁时，有铜篙铁桨浮出，则横水渡船必破覆，须祭禳之乃已。此皆侯之神灵所为云。

凡过滩，每一舟拨招者四人，使舵者四人，前立望路者一人，左右侧竖其掌，则舵随之。然此地仅一姓人知水道，世为滩师，余人则否，其人亦马流遗裔也。滩为交趾下流。征侧叛时，侯疏凿以运楼船。至今石势纵横，宛如壁垒，大小石分曹角斗，奇阵森然。戈甲之声，喧阗十余里外。侯威灵盖千年一日也。祠中床、帐、盘、盂诸物，祝人拂拭惟谨。居民每食必以祭，事若严君。予亦尝以交趾簳珠为荐，簳珠者薏苡也。

伏波祠广东、广西处处有之，而新息侯尤威灵。其庙在交趾者制狭小，周遭茅茨失火，庙恒不及，交趾绝神之。交趾人每惧汉人诉其过恶于侯而得疫病，于是设官二人守庙，不使汉人得入。而其君臣入而祭者，必膝行蒲伏，惴惴然以侯之诛殛为忧。侯之神长在交趾，凡以为两广封疆也。②

译文：伏波神，是汉代新息侯马援。新息侯在古骆越地有很大的功德，越人在海康、徐闻祭祀伏波将军，是因为马援治理海南，又在横州（今南宁横县）祭祀他，因为马援治理了乌蛮滩。滩在横州东百里，是西南地区最湍急的河流，是船从牂牁河到广州的必经之地，这里有四个险滩，分别为雷霹滩、龙门滩、虎跳滩、挂舵滩。每个滩都有四折，经过要绕行五六里，行船在乱石丛中，河水就像箭一样猛

---

① 蒋廷瑜：《千古传响铜鼓铿锵震四方》，42 页，南宁，广西人民出版社，2009。

② （清）屈大均：《广东新语》卷六，230 页，清康熙水天阁刻本。

烈冲击，经常有被淹死的担忧。河的两岸都是山，伏波庙在山的北麓。凡是经过河滩的人都要到庙里祭拜。得到伏波神的允许，才敢继续行船。每年，伏波庙周边都要封滩十多天，不让船只往来。新船要用一只白狗来祭祀。传说大风雨时，伏波将军就会驾驶铜船出滩，橹声喧闹，没有人敢掀开船篷偷看。晴天时，如有铜竹篙、铁桨浮出水面，那么横水渡船一定会破损或翻船，必须祭祀祈祷才可顺利通行。人们都说这是伏波将军的神灵所为。

凡是经过乌蛮滩，每一船需要拨招者四人，使舵者四人，前面望路者一人，左右侧竖手掌指挥，使舵者跟着手势行驶。但是这里仅有一种姓氏的人了解水道，世代为滩师，其他人则不（知道），这种人就是马援军队的后裔。乌蛮滩在交趾郡的下游。之前征侧谋反时，马援派兵凿通滩涂来运楼船。现在岸边石头纵横，好像壁垒一样，大、小石头分对角斗，形成高耸的奇石阵列，戈甲的声音大到十里之外都能听见。伏波将军显灵真是千年如一日啊。伏波祠中有床、帐、盘、盆等物品，庙祝都认真擦拭。居民吃饭前都要祭祀，就像尊重君主。我也曾推荐交趾郡的簳珠，簳珠就是薏苡。

广东、广西很多地方都有伏波祠，可见新息侯威望特别高。这座交趾的伏波庙规模狭小，周围茅屋失火，庙宇却烧不到，交趾郡的伏波神真是神。交趾人害怕汉人到伏波将军面前告状，让他们得瘟疫，于是安排两个人守庙，不让汉人进入。而交趾郡的君臣进入伏波庙祭拜，一定伏地爬行，害怕伏波将军的诛杀和惩罚。新息侯的神灵长在交趾，一般认为神庙处是两广的边界。

解读：引文出自明末清初的广东学者屈大均所著的《广东新语》。《广东新语》记述了许多岭南的风土人情和奇闻逸事，具有历史价值和研究价值。但是其中也记述了许多传闻和神话。这一段关于横县伏波庙的传闻较真起来就有问题。前文考证过，马援征交趾没有经过郁江，因此说马援治理乌蛮滩就于史无据。屈大均说大风雨时，伏波将军就会驾驶铜船出滩，橹声喧闹，没有人敢掀开船篷偷看。晴天时，如有铜竹篙、铁桨浮出水面，那么横水渡船一定会破损或翻船，必须祭祀祈祷才顺利通行。这显然是神话传说，无稽之谈。另外还说只有一种姓氏的人了解水道，世代为滩师，就是马援军队的后裔。这同样是附会之说。但是屈大均的文章却透露了伏波滩原名叫乌蛮滩的信息。“乌蛮”就是史书记载的“乌浒人”，是骆越人的后裔。文中所记载的“新船要用一只白狗来祭祀”的风俗就是骆越人祭水神的风俗，花山岩画上就绘有骆越人用狗祭祀水神的画面。伏波庙附近有一个很大的古贝丘遗址，是古骆越人聚落的遗址。在险滩处设庙祭水神是骆越人的传统，因此可以断定伏波庙原来就是骆越水神庙，后人把它附会成纪念马援的伏波庙显然是历史演进后的变化和遗失。

五、廉石太守陆绩

（一）怀橘遗母

原文：陆绩，字公纪，吴人也。父康，汉末为庐江太守。绩年六岁，于九江见袁术。术出橘，绩怀三枚，去，拜辞堕地，术谓曰："陆郎作宾客而怀橘乎？"绩跪答曰："欲归遗母。"术大奇之。①

译文：陆绩（公元188—公元219年），字公纪，吴郡吴县（今苏州）人。他的父亲陆康，汉朝末年担任庐江太守。陆绩六岁时，在九江见到袁术。袁术拿出橘子招待他，陆绩揣了三个在怀里，临走时，因跪拜告辞橘子掉了下来，袁术对他说："陆郎作客怎么还把橘子藏在怀里？"陆绩跪着回答："我的母亲喜欢吃橘子，打算带回去给母亲尝。"袁术听后大为惊奇。

解读：引文出自晋代陈寿所撰的《三国志》。陈寿，晋代巴西郡安汉县（今四川南充）人。三国时蜀汉及西晋时著名史学家。陆绩是我国历史上以廉洁闻名天下的官吏，史书上留下了许多关于他德行超群的记载。这段陆绩六岁"怀橘遗母"的故事还被收录在元代郭居敬编著的《二十四孝》中，郭氏赋诗赞曰："孝悌皆天性，人间六岁儿。袖中怀绿橘，遗母事堪奇。"

（二）郁林太守造福一方

原文：绩容貌雄壮，博学多识，星历算数无不该览。虞翻旧齿名盛，庞统荆州令士，年亦差长，皆与绩友善。孙权统事，辟为奏曹掾，以直道见惮，出为郁林太守，加偏将军，给兵二千人。绩既有躄疾，又意在儒雅，非其志也。虽有军事，著述不废，作浑天图，注易释玄，皆传于世。豫自知亡日，乃为辞曰："有汉志士吴郡陆绩，幼敦诗、书，长玩礼、易，受命南征，遘疾遇厄，遭命不幸，呜呼悲隔！"又曰："从今已去，六十年之外，车同轨，书同文，恨不及见也。"年三十二卒。长

① （晋）陈寿：《三国志·吴志》卷65，1065页，武英殿本。

子宏，会稽南部都尉，次子叡，长水校尉。[①]

译文：陆绩容貌雄伟勇武，博学识广，通晓天文、历法、算数。虞翻在耆老中负有盛名，庞统在荆州是有名贤士，他们与陆绩年龄相差一大截，但都和他是忘年之交。孙权掌管东吴国事，征召陆绩为奏曹掾，因为陆绩说话直率而被人忌惮，故外任为郁林郡太守，建安十三年（公元 208 年），加授为偏将军，授予兵员二千。陆绩腿脚有毛病，又志在研究经典，因此带兵行阵并不是他的志向。虽说有军事在身，但著述并不中断，他制作《浑天图》，注释《周易》和《太玄经》，都流传于世。他预知自己的死期，于是提前写好挽辞："汉朝吴郡有志士陆绩，自幼爱读《诗》《书》，长大了学习《礼》《易》，受命南征，染病遭厄，寿命不长，痛与世隔！"又说道："从现在开始，六十年后，车同轨，书同文，遗憾的是我看不见了。"他年仅三十二岁就英年早逝。陆绩的长子陆宏，担任会稽南部都尉；次子陆叡，担任长水校尉。

解读：引文出自《三国志》。《三国志》虽未详细记载陆绩担任郁林太守期间的功绩，但他当年为官的郁林郡（郡治在今广西贵港市）仍保留有他的遗迹，以及后人感念陆绩功绩和孝廉精神而建立的"橘井名区"。

陆绩的生平事迹主要如下：

1. 挖井修渠开水源。陆绩当年带领民众挖井，解决了日常饮水问题，南汉刺史刘博古赞颂陆绩怀橘孝母的精神，在井旁种橘一株，后人称此井为"怀橘井"，并将神社地名定为"怀橘坊"，宋代《方舆胜览》记载"今水南有怀橘坊存焉"[②]。明代《嘉靖广西通志》曰："嘉靖间，提学刘节作亭砌石护之（橘井）。"[③] 清末民初，贵县知县蒋航为此题写牌匾"橘井名区"，至今仍巍然屹立，可见陆绩的功业和精神对贵港市的影响深远。

2. 筑城墙保平安。贵港南江村有郁林城遗址，明代《广舆记》记载："郁林城，贵县陆绩守郡时筑，遗址尚存。"[④] 他发动军民修筑了城池，派遣随军的两千士兵守卫城池，保卫郁林郡安全。

3. 诗书造士启民智。陆绩为郁林太守，"远俗不知学，绩迪以诗书，士慕其风，

---

① （晋）陈寿：《三国志·吴志》卷 65，1065 页，武英殿本。

② （宋）祝穆：《方舆胜览》卷 70，954 页，宋刻本。

③ （明）林富、黄佐：《广西通志》卷 15，408 页，明嘉靖十年（公元 1531 年）刻本。

④ （明）陆应阳：《广舆记》卷二，894 页，清康熙刻本。

乐其教，皆舍里居而从”[1]。陆绩自幼熟读诗书，博学多才，他兴办教育，传播儒学，开启民智，给郁林郡带来了先进的文化，促进了地方文化教育的发展。贵县“士多志学，虽贫，亦延师教子……历唐及宋至元，士族代有占席”[2]。岭南古郡文化底蕴深厚，北宋五子（周敦颐、邵雍、张载、程颢、程颐）其中三子，即周敦颐和程颢、程颐两兄弟，世称“周程三夫子”，就曾在龚州（今贵港平南县）畅岩、浔州罗丛岩（今桂平白沙圩）筑室讲学传道、读书学习，延承儒家文化。

4. 治学著书见真章。陆绩任郁林太守期间，虽公务繁忙，但仍坚持治学著书，编纂有《浑天图》，注释了《周易》和《太玄经》。唐代地理志书《元和郡县志》记载：“陆绩为太守，每登此冈（显朝冈）制浑天图。”[3] 陆绩对人生的体悟，对天下大事的预判足见他的博学多才，他预知自己的死期，提前写好挽辞总结了一生的功过，还预测了天下的分合大势。陆绩死于建安二十四年（公元 219 年），到公元 280 年西晋灭东吴，结束了三国群雄争霸的局面，实现大一统。隋代的《历代三宝纪》有载：“陆绩有言曰，从今已后，更六十年，天下车同轨，书同文，至是过如绩言，蜀平吴灭将六十年。”[4]

值得一提的是，陆绩把在出生郁林郡的女儿取名为“郁生”，可见他对郁林郡的深情厚谊。陆郁生嫁给同郡的张白为妻，出嫁三个月后，丈夫被流放，后死于流放地，郁生成了寡妇。她拒绝提亲，公开表示不再改嫁，并坚持照顾张白的姐妹。皇帝褒奖为“义姑”，姚信曾写文称赞陆郁生“志怀霜雪，义心固于金石”[5]，可见陆氏家族“忠义”家风的影响之深。

（三）廉石精神传千年

原文：陆氏在姑苏，其门有巨石。远祖绩尝事吴为郁林太守。罢归无装，舟轻不可越海，取石为重。人称其廉，号“郁林石”。世保其居云。[6]

译文：姑苏城陆家，门前有一块巨石。陆龟蒙的远祖陆绩曾在东吴任郁林太守，陆绩卸任后返程时，船上没有装载宝物，船太轻难以渡江还乡，就在岸边搬了块石

---

① （明）林富修，黄佐纂：《嘉靖广西通志》卷 15，955 页，明嘉靖十年（公元 1531 年）刻本。
② （民国）欧仰义修，梁崇鼎纂：《贵县志》卷二，145 页，民国二十四年（公元 1935 年）铅印本。
③ （隋）费长房：《历代三宝纪》卷六，192 页，金刻赵城藏本。
④ （唐）李吉甫：《元和郡县志》卷 37，844 页，清刻武英殿聚珍版丛书本。
⑤ （晋）陈寿：《三国志·吴志》卷 65，1066 页，武英殿本。
⑥ （唐）陆龟蒙：《笠泽丛书》卷五，83 页，四库全书本。

头压舱。人们称赞陆绩廉洁，这块普通的石头也称为“郁林石”。陆家世代都保护好这块象征廉洁的石头。

解读：陆绩为官多年，两袖清风，他离任时，身无长物，船轻不能过海，只好巨石压船还乡，成为美谈。《百城烟水》有诗赞曰：“廉石行，君不见，郁林太守史称贤，金珠不载载石还。航海归吴恐颠覆，载得巨石知其廉。”① 陆绩回到老家后，不久就病逝了，年仅 32 岁。

那块他从郁江边带回吴县的巨石，放置在娄门临顿里旧宅院中，成为家中镇宅之宝。“石没土中，仅露其背。过者犹能指而称之曰：此汉陆公郁林石也。”② 明弘治年间（公元 1496 年）夏天，监察御史樊祉巡视吴中，听闻陆绩和郁林石的美名，将巨石从陆氏旧宅移到察院东侧，樊御史亲题“廉石”二字，刻在石上；还在石上盖了一座亭子，在亭楣题字：“汉郁林太守陆公廉石”，供官员和老百姓瞻仰。明代状元吴宽撰有《廉石记》记录此事，并感叹道：“石之不朽，虽至于千万年可也，其有功于风纪甚大且久。”③ 自此，“郁林石”有了“廉石”的美名。现今陆绩祀于沧浪亭西的苏州五百名贤祠，廉石置于苏州文庙内，形成了世人颂扬的“载石表廉”之廉石文化。

在郁林郡，今贵港市南江村上黄屯南湖之南，还留有陆绩当年取石的遗址“廉石大埲”。郁林郡故地设立景陆堂，作为敬仰和缅怀陆绩的场所，“景陆堂在郁林州内，守以景陆绩也，今废”④；“景陆台，在州治以景慕陆绩故名，今圮。爱石轩在州治以慕廉石而名”⑤；“清乾隆五十五年（公元 1790 年）署知州陆澍于二堂西侧（今玉林市玉州区政府）建小室三楹及围墙，又筑台置石其上，以当廉石。”⑥ 玉林市民间有陆马庙，祭祀郁林太守陆绩、伏波将军马援，感激他们对当地的贡献，感念陆绩的“孝廉”精神。常言道，能吏寻常见，公廉第一难。进入新时代，“廉石”所代表的爱民如子、清廉从政、勤勉奉公、俭约自守的思想内涵对今天的廉政文化教育仍有丰富的启示意义。

---

① （清）徐崧：《百城烟水》卷三，226 页，清康熙二十九（公元 1690 年）刻本。
② （明）吴宽：《匏翁家藏集》，448 页，景上海涵芬楼藏明正德刊本。
③ （明）吴宽：《匏翁家藏集》，449 页，景上海涵芬楼藏明正德刊本。
④ （明）林富、黄佐：《广西通志》卷 39，934 页，明嘉靖十年（公元 1531 年）刻本。
⑤ （清）沈秉成修，苏宗经纂：《光绪广西通志辑要》卷 17，756 页，清光绪十七年（公元 1891 年）刊本。
⑥ （清）冯德材修，文德馨纂：《光绪郁林州志》卷 20，148 页，清光绪二十年（公元 1894 年）刊本。

第十章　桂林郡的历史传说与民间故事

一、穗城的传说

（一）五羊衔穗，穗从何来？

原文：《广州记》曰：裴渊于广州厅事，梁上画五羊象，又作五谷囊，随羊悬之。云：昔高固为楚相，五羊衔谷于其庭，于是图其象。《南越志》曰：任嚣、尉佗之时，有五仙骑五色羊，执六穗秬以为瑞。因图之于府厅，交州亦然。①

译文：《广州记》记载：裴渊在广州任厅事，府厅梁上画有五羊像，又制作装有五谷的袋子，悬挂在五羊像旁。（他）说，从前高固担任楚国丞相时，有五羊衔着稻谷来到楚庭，于是他将五羊衔穗的场景画下来。《南越志》记载：任嚣、尉佗那个时候，有五仙人骑着五色羊，手持六穗稻谷来访，象征祥瑞，因此画在了州府厅梁上，交州也是如此。

解读：引文出自唐代刘庚编撰的《稽瑞》。《稽瑞》一书为唐代刘庚辑著的一本历数各个朝代有名的天降祥瑞的记载。广州市有着五羊衔穗、五仙人骑羊执穗的传说，因此别称穗城、羊城。这是辑录的五羊传说，援引了晋裴渊《广州记》、南朝宋沈怀远《南越志》的介绍。略有不同的是，《广州记》是五羊衔穗，动物带来谷种，带有原始神话色彩；《南越志》是五仙人骑五色羊来，仙人手持六穗稻，强调人的作用，有了神仙色彩。清屈大均《广东新语·神语·五谷神》记述："有五仙人骑五色羊，负五谷而来……春秋粤人祈谷，以此方谷为五仙所遗。一仙遗一谷，谷有五，故为五仙。而五仙当日复有丰年之祝，故皆称为五谷之神。"② 五仙人变成

---

① （唐）刘庚：《稽瑞》，34页，后知不足斋丛书本。

② （清）屈大均：《广东新语》卷六，229页，清康熙水天阁刻本。

五谷之神，这是后世文人修饰渲染的结果。那么五羊或五仙人带来的“谷”从何而来？北宋人张励《五仙观记》记载：“广为南海郡治，番禺之山，而城以五羊得名，所从来远。”[①] 清屈大均在《广东新语·石语·五羊石》记述：“周夷王时，南海有五仙人。”[②] 汉许慎《说文》记载：“伊尹曰：饭之美者，玄山之禾，南海之秏。”“秏”（壮语 Haeux，音同糇、秏）是指水稻。栽培水稻的发源地近年学术界已有了明确的研究成果，中科院上海生命科学院国家基因研究中心韩斌课题组证实，水稻最早驯化的区域在广西南宁周边沿江地带。[③] 栽培水稻从郁江上游向下游传播，也就是说穗城之穗是从郁江流域来的，我们从岭南的神话中也可以寻找到遗失的民族记忆。

（二）稻种神话，探本溯源

原文：在古老古老的时候，人间还没有谷米，人们饿了，就拿野果、野菜来充饥。

后来，人越来越多了，能吃的东西渐渐少了，大家常常挨饥受饿。

那时候天上已经有了谷子，地上还没有。天上的人害怕地上的人有谷有米吃了，繁殖得太多，会打到天上去，占领他们的地方，就一直不让一粒米一颗谷种落到地上来。地上人哀求天上人借一些谷种来种，天上人总是不肯给。没办法，地上人就派了一只九尾狗到天上去找谷种。

九尾狗来到天上，看见天上的人在天宫门前晒谷子，便弯下九根尾巴（据说那时的狗有九根尾巴），悄悄地向晒谷场走去。狗尾上密绒绒的细毛，碰着晒谷场上的谷子，谷粒就牢牢地粘住了。

九尾狗用九根尾巴粘满谷子，回头就跑。不料，刚跑了几步，就被看守谷子的人发觉了。他们一边呐喊，一边追赶，一边挥着斧钺乱砍。

九尾狗的尾巴，一根根被砍断了，鲜血不断地流下来。但它还是忍着剧痛，使劲地往前奔跑。当第八根尾巴被砍下来的时候，它已经逃出天门，越过天界，回到人间来了。九根尾巴还剩下一根，一根尾巴带来了几粒谷种。

人们很感激狗，拿狗尾巴上的谷种去种。人间从此才有了谷种啊。

---

① （清）郭而、胡云客：《康熙南海县志》，578 页，清康熙三十年（公元 1691 年）刻本。

② （清）屈大均：《广东新语》卷 5，197 页，清康熙水天阁刻本。

③ 参见周仕兴：《稻作文明　从广西传向世界》，载《广西日报》，2012-11-29。

狗因为被砍断了八根尾巴，所以现在的狗，只有一根尾巴啦。

狗把谷种带到了人间，救活了人们。人们为了报答狗，把狗养在家里，给它吃白米饭。而谷种长出来的谷穗，根根都像狗尾巴，据说就是这个缘故。①

解读：引文出自《壮族民间故事选》。壮族民间广泛流传着《谷种和狗尾巴》故事，是黄狗从天上盗回了谷种，人间开始种植水稻。有学者将谷物起源传说分为自然生成型、飞来稻型、动物运来型、死体化生型、英雄盗来型、祖先取回型、天女带来型、穗落型、神人给型等。② 动物取谷种是常见的谷物起源传说类型，多为狗、鸟、猴子、老鼠、青蛙等动物上天、下水或到遥远的地方取回谷种，其中狗取稻种比较常见，有苗族《狗取粮种》、阿昌族《狗的故事》、独龙族《创世纪》、哈尼族《尝新先喂狗的由来》等。有学者总结："壮人直到现代也还感谢狗的这份功劳，过去在凌云一些壮族乡村，新谷登场煮的第一锅新米饭，第一碗是必须给狗吃的，以感谢它的偷稻之功。这分明是带狗狩猎时，偶然发现狗身上粘来稻粒，萌发出栽培水稻的活计。"③

原文：

讲起姆洛甲，越讲话越长。
那时没有米，那时没有果，
吃茅草度日，吃竹叶养命。
姆又把法想，上下找谷种，种谷把命养。
荒野千种草，每种采一束，
地上千种树，每种选一株，
选时用嘴尝，甜的放兜里，苦的丢一旁。
拿回山岭种，不见苗生长。
姆洛甲心焦，忙把主意想，
树种用布包，草籽枕袋装，
夜晚抱在怀，出门背身上。
种子不发芽，姆用奶水喂，

① 农冠品、曹廷伟编：《壮族民间故事选》第一集，44页，南宁，广西人民出版社，1982。
② 史军超：《哈尼族文化英雄论》，载《民族文学研究》，1998（3）。
③ 梁庭望：《<庅兵佈洛陀>密码诠释》，载《百色学院学报》，2011（5）。

种子吸姆奶，三月就饱胀。
姆带种上坡，撒种坡上下，
种子落下地，粒粒长嫩芽，
一颗成薯山，一颗长蔗林，
两颗桃李树，两颗稻玉米，
一颗成松林，一颗成栗木，
两颗柿橄榄，两颗豆南瓜，
从此有庄稼，从此有米粮，
从此有树荫，从此有住房。
姆的恩情大，姆的恩情长。①

解读：引文出自过伟所著的《中国女神》。壮族人称姆洛甲是女始祖，传说大地中长出一朵花，姆洛甲从花中诞生，她像女娲一样创造了人类，与男始祖布洛陀一起创造了天地万物，在壮族《麼经布洛陀》中常有两句“去问布洛陀，去问姆洛甲。布洛陀又讲，姆洛甲又说……”，人们有问题都想向他们求教，说明他们的能力和地位。在广西河池东兰县流传师公经典《姆洛甲》唱段中，姆洛甲像神农一样尝百草、选物种，稻种数量稀少十分珍贵，她用乳汁哺育才萌芽。姆洛甲带头播散谷种，从此有了庄稼和米粮。相比其他谷物起源传说类型，姆洛甲育稻种的传说更为原始。

壮族先民从自然界中获取了野生稻种，经过长期的驯化，培育出适合种植的栽培稻品种。2012 年 10 月 4 日，中科院上海生命科学院国家基因研究中心韩斌课题组，在英国《自然》杂志上在线以 Article 发表的题为《水稻全基因组遗传变异图谱的构建及驯化起源》论文，明确表明分布于中国广西的普通野生稻与栽培稻的亲缘关系最近，表明广西很可能是最初的驯化地点。同时还发现，水稻中的两大分支——粳稻和籼稻并非同时驯化出现。通过群体遗传学分析，可以大致推断出栽培水稻的扩散路径：人类祖先首先在广西的珠江流域，利用当地的野生稻种，经过漫长的人工选择，驯化出了粳稻，随后往北逐渐扩散。而往南扩散中的一支，进入了东南亚，在当地与野生稻种杂交，再经历不断的选择，产生了籼稻。②

---

① 过伟：《中国女神》，182 页，南宁，广西教育出版社，2000。
② 周仕兴：《稻作文明　从广西传向世界》，载《广西日报》，2012-11-29。

（三）洪水漫天，稻种再生

原文：那时的人们是这样种田的：上块做秧田，下块做本田。在秧田里播下糯谷和粳谷种。二十五天后，人们就去拔秧，第二十六天就拿到本田里去插。这样，七月初，谷子就抽穗，八月就黄熟，九月就收割，用扁担去穿着挑回来。不过，那时候的谷粒像柚子一样大，谷穗像马尾一样长，禾刀不容易隔断，扁担也不好穿着挑回来。这么大的谷粒，三个人吃一粒就饱，七个人吃一穗就够了。

这样的谷子，大家都说好，只是结得不多，养不起那么多的人。偏偏这个时候遇到了大水灾，到处都被水淹没了，只有案州那个地方还没有被淹，郎老坡和遨山还露出水面，郎汉的房子还没有着水。谷米和青菜都跑到那里去躲水灾去了。蛇和蚯蚓也都跑到那里去住。人们也纷纷逃难，种谷米的事也就这样中断了。

大家都一样谁也没有米吃。大家拿山上的瓜果当饭，拿地里的草根当餐。这种东西吃久了，人们也受不了。小孩吃了不长大，孤儿吃了长不白，姑娘吃了脸不红，头人的儿子吃了就瘦死。人们听说案州那边有米谷，谷子就长在郎老坡上，黄熟在遨山边，粮就堆存在郎汉的屋子里。人们为了再种谷子，就撑着竹筏，漂洋过海去要谷种，但总是一去不回头。他们不是被海浪吞没，就是被海鱼吃掉。怎么办？大家又去找布洛陀，布洛陀出了这样的主意：派斑鸠和山鸡飞过天上，派老鼠游过大海，两路同时并进，谷种一定要得回来。大家听了也觉得有些道理，于是，就派斑鸠、山鸡和老鼠去要谷种。它们临行时，再三吩咐，不管困难多大，都要想办法把谷种拿回来，解救面临饥饿的人类。

它们带着人们的重托出发。斑鸠和山鸡在浩瀚的天空中，穿云破雾，展翅飞翔。老鼠在茫茫的大海里，劈波斩浪，奋勇前进。斑鸠和山鸡飞了三七二十一天二十一夜，老鼠游了三九二十七天二十七夜。它们到案州一看，果然郎老坡上稻禾勾头，遨山上谷子黄熟，郎汉的屋子里堆满谷米，心中高兴极了。斑鸠和山鸡飞落稻穗上，拼命地啄吃；老鼠把稻秆咬断，把谷子吃到肚子里去了。斑鸠和山鸡吃饱了，就到树上去筑巢；老鼠啃够了，就到林里去做窝。它们再也不想回去了。它们白天吃，晚上到窝里去睡觉。吃完了郎老坡的，又去吃遨山的。山上的吃完了，又去偷吃郎汉屋里的。这样吃了一天又一天，混过一日又一日。人们在家里左等右盼，左盼右等，总不见它们回来，人们问怎么办。布洛陀说："我帮你们去要回来。"说着，砍刀往腰间一插，他就出门上路去了。

布洛陀走了九十九座山头，跨了九十九条河道，抓住了一条蛟龙，骑上蛟龙就往案州去了。大海宽又广，无风三尺浪。布洛陀和风浪搏斗了二十七个白天和二十七个夜晚，才到达案州，可是往山上一看，什么东西也没有。谷子被斑鸠和老鼠吃光了，稻草被弄得乱成一团，散开一地。他到郎汉的房子里看，房子里全是斑鸠屎、山鸡屎和老鼠屎，谷子只见空壳不见米。布洛陀火极了，他要去找斑鸠、山鸡和老鼠问罪。他在郎老坡上见到了老鼠，在遨山上见到了斑鸠和山鸡。可是布洛陀抓不着它们，它们吃饱了米谷，翅膀和脚硬起来了。一抓，斑鸠和山鸡就飞走，飞得顶快。一捉，老鼠就钻进地洞，钻得顶狠。几次捉不到，布洛陀不捉了。他砍麻秆和柴枝，用麻皮搓成了三十个圈套，用柴枝做成了七十个木夹子，把圈套布在进山的路口上，拿木夹摆在郎老坡的草丛里。摆完了圈套，布下了罗网，布洛陀就走开了。

布洛陀的办法真好，布洛陀的办法真妙，老鼠过来就被夹住，斑鸠和山鸡飞过就被套着。布洛陀把它们抓住了，问它们把谷子藏在什么地方，它们说吃到肚子里去了。布洛陀叫它们吐出来，斑鸠和山鸡你望我，我望你，不出声。老鼠胆子小，全身发抖，先吐出来了。可是吐出来的全是稻秆，谷子已经一颗没有了。布洛陀叫斑鸠和山鸡吐出来，它们把嘴巴合得紧紧的。布洛陀很恼火，一脚踩住它们的下巴尖，用手扳开它们的下巴尖，发现里面还有前年的陈谷和去年的新谷。布洛陀把它们的嗉囊全翻出来了，但只有三颗旱谷和四颗稻谷能做种。布洛陀拿了谷种，骑上蛟龙，漂洋过海，回到壮乡来了（节选）。①

解读：引文出自《中国少数民族神话传说选》。人类历史上曾发生过冰河期后的大洪水，世界各民族都有关于洪水的传说故事，但是只有岭南壮族等民族有洪水期后寻找稻种恢复水稻种植的传说故事。这是布洛陀造米神话传说中一个片段，述说古时候人们已经学会了稻作耕种，收获的谷粒虽大，但结得并不多。可是遇到洪水，把稻田都淹没了，只有“案州”“郎老坡”“遨山”“郎汉家”还有稻谷，人们听说案州那边有米谷，谷子就长在郎老坡上，黄熟在遨山边，粮就堆放在郎汉的屋子里。布洛陀派老鼠、斑鸠、山鸡去取稻种，但它们把稻谷都吃了，却没有带回来。布洛陀设法用夹子和网抓到了老鼠、斑鸠和山鸡，从斑鸠和山鸡的口和嗉囊里翻出三颗旱谷和四颗稻谷做种，恢复了水稻种植。这是岭南民族对稻作再生的记忆，这里曲折地传递了洪水灾害的信息：沿江一带的水稻都淹死了，没有了稻种，而在地

---

① 陶立璠、李耀宗：《中国少数民族神话传说选》，13页，成都，四川民族出版社，1985。

势较高水没淹到的地方还有稻种，人们从这些地方取来稻种才恢复了水稻种植。广州珠三角地区的地势更低，洪水期后要恢复水稻生产也只有从郁江流域获取稻种。五羊含稻穗到广州的传说，估计也是历史上冰河期后寻找稻种恢复广州地区农业生产过程的记忆。

原文：

前代水淹天，前代雨泡云。
高山也不剩，干坳也不剩。
只剩郎老坡，惟余敖山坡。
单有天鹅家，单有岩州眉。
……
造稻谷养天下，稻谷在香炉那里。
稻谷在敖山坡，稻谷在鹅王家。
稻谷在岩州眉，船去接不得，筏去接不来。[①]

解读：引文出自壮族《麽经布洛陀》。壮族《麽经布洛陀》是壮族麽经经书，是壮族先民的创世史诗，在《赎谷魂麽经》中讲述了布洛陀带领人们重新找回稻种的故事。洪水曾给人们的生产生活带来毁灭性灾难，用来生产的稻种都被淹没了，只能踏上寻找的征程，那么没被洪水淹没的“香炉”“案州眉”“郎老坡”“敖山”还有“天鹅家”又在哪里呢？

“敖山坡”（壮语 Pongauzcan）可能是位于来宾市寺山乡陈王村的鳌山（主峰高458米，山体南北走向，长约3000米，宽1000米），山腰有一座鳌山庙，祭祀花王圣母，俗称“花婆”“布伢”（壮语 Buzyah），是掌管生育的女神，虽然民间有多种叫法，但实际上是指始祖姆洛甲。来宾县寺山乡平安村壮族师公罗德才所藏师公经典，叙唱鳌山三花婆是广西贵县（今贵港市）壮族人，大婆姓李，属月亮星体；二婆姓刘，属渡天星体；三婆属定光星体。她们白天在凡尘，晚上登天同行。她们来到寺山圩居住，不久，见大海里有一条鲶鱼游来，结成鳌山大地。她们变成三只白鹤飞上鳌山，化身显圣，给当地百姓送花（即送子）和钱财，成为有求必应的鳌山

① 张声震主编：《壮族麽经布洛陀影印译注》第一卷，南宁，广西民族出版社，2004。

花婆王。[1]

“香炉”（壮语 Yiengloz）的位置，据广西骆越文化研究会专家在贵港市实地考察，再结合当地自然条件、考古发现、稻作遗存等因素，“我们有理由认定再造稻作文明的圣地‘香炉’就是贵港城北面的龙头山”[2]。

二、龙母和掘尾龙的传说

（一）古籍中的龙母和掘尾龙传说

原文：初，武母产武而并产一蛇，送之林中。后母卒，及葬未窆，有大蛇自榛草而出，径至丧所，以头击柩，涕血皆流，俯仰蛣屈，若哀泣之容，有顷而去。时人知为窦氏之祥。[3]

译文：起初，窦武的母亲生窦武时生下一条蛇，窦奉（窦武父亲）把蛇送入山林中。后来窦武母亲去世了，埋葬时还未下棺，有条大蛇自林中爬出来，直到丧地，用头撞击棺木，血泪并流，俯仰盘屈，好像哀痛哭泣的样子，好一会儿才离去。当时人觉得这是窦氏家族的吉祥征兆。

解读：引文出自《后汉书·窦武传》。窦武是东汉外戚、学者，曾任越骑校尉，封槐里侯。《窦武传》是严肃的正史，但却加入了窦武母亲产蛇的传说故事，这是为了神化所写的人物，这一神化历史人物的手法在正史中经常出现，不足为奇。窦武母亲产蛇的故事显然出自民间的龙母故事，龙母故事是西江流域广泛流传的民间故事。它曲折地反映出了西江流域地区古骆越人发明水稻种植技术迈入文明门槛后，宗教信仰从自然神崇拜向社会神崇拜转变的历史记忆。窦武出生时，其母同时生下一条大蛇，母亲去世时，大蛇归来祭母、哭母，十分感人，也象征着祥瑞之兆。东晋干宝《搜神记》中的《窦氏蛇》一篇正是出自《窦武传》，故事叙述上更完整。范晔《后汉书·窦武传》可以说是目前记载蛇母（龙母）传说最早的文献了，说明早在晋代以前，龙母传说已经形成并逐步流传。

原文：晋怀帝永嘉中，有韩媪者，于野中见巨卵。持归育之，得婴儿，字曰撅

---

[1] 过伟：《中国女神》，187 页，南宁，广西教育出版社，2000。

[2] 梁庭望、谢寿球：《古丝路上的骆越水都》，77 页，南宁，广西教育出版社，2016。

[3] （南朝宋）范晔：《后汉书》卷 130，1604 页，武英殿本。

儿。方四岁，刘渊筑平阳城，不就，募能城者。撅儿应募。因变为蛇，令媪遗灰志其后，谓媪曰："凭灰筑城，城可立就。"竟如所言。渊怪之，遂投入山穴间，露尾数寸，使者斩之，忽有泉出穴中，汇为池，因名金龙池。①

译文：晋怀帝永嘉年间（公元307年—313年），有位韩婆婆在田野中发现一个大卵，把它拿回家孵化，得到一个婴儿，给他取名"撅儿"。撅儿四岁时，刘渊修筑平阳城总是不成功，因此招募能筑城的人。撅儿应募后，便变成了蛇，他在前面爬行，叫韩婆婆跟在他后面撒上灰作为标记。他对韩婆婆说："在撒灰的地方筑城，城可以马上筑成。"结果就像他所说的那样，把城筑成了。刘渊觉得奇怪，就派人把撅儿丢进了山洞中，蛇的尾巴露出洞口几寸，派去的人便把它的尾巴斩断了，忽然有股泉水从山洞中流出来，汇聚成一个水池，人们命名为"金龙池"。

解读：引文出自《搜神记》。《搜神记》是一部记录古代民间传说中神奇怪异故事的小说集，作者是东晋的史学家干宝。原本已散，今本系后人缀辑增益而成，20卷，共有大小故事454个。主角有鬼，也有妖怪和神仙，杂糅佛道，所记多为神灵怪异之事，也有一部分属于民间传说。大多篇幅短小，情节简单，设想奇幻，极富浪漫主义色彩，对后世影响深远。《搜神记》中除了前文提到的《窦氏蛇》，还有这篇《金龙池》，两则故事都讲述了蛇感念亲恩的事迹。《窦氏蛇》中窦母生下蛇，是为生母；窦父送至山林，窦母去世时大蛇以头击柩，涕血皆流，十分感人。《金龙池》中韩老太拾到巨卵孵得婴儿，取名"撅儿"，养育到四岁，是为养母；"撅儿"化蛇帮助建城，被断尾后化为泉水。《金龙池》中出现了"撅儿"（壮语 Daeggud，Daeg 是男子的量词，gud 是短尾、断尾）的名称和"断尾"的情节，"撅儿"是一条断尾蛇或掘尾龙，说明这个故事带有深刻的壮族先民骆越人的文化基因。

原文：长沙有人，忘其姓名，家住江边。有女子，渚次浣衣，觉身中有异，后不以为患，遂妊身。生三物，皆如鲼鱼。女以己所生，甚怜异之，乃着澡盘水中养之。经三月，此物遂大，乃是蛟子。各有字：大者为"当洪"，次者为"破阻"，小者为"扑岸"。天暴雨水，三蛟一时俱去，遂失所在。后天欲雨，此物辄来。女亦知其当来，便出望之。蛟子亦举头望母，良久方去。经年后，女亡，三蛟子一时俱

① （晋）干宝：《搜神记》卷14，132页，四库全书本。

至墓所哭之，经日乃去。闻其哭声，状如狗嗥。①

译文：长沙郡有一人，忘记她的姓名了，家住在江边。有一个女子，到江中小岛洗衣服，感觉自己肚子有些异样，又不是生病了，于是就怀孕了。生下来三个东西，全都像鳅鱼。这个女子认为是自己生的，对它们非常怜爱，就放在沐浴盆的水中喂养。过了三个月，它们逐渐长大，原来是蛟子。分别给它们起了名字：老大叫"当洪"，老二叫"破阻"，最小的叫"扑岸"。有一天，天空下起暴雨，三个蛟子同时离开，不知道到哪里去了。后来天要下雨时，这些蛟子总要回来。女子知道它们要回来，就走道门外看它们。蛟子们也抬头看望母亲，很久才离去。一年后，女子死了。三个蛟子一齐到墓前哭吊母亲，整整一天才离去。听它们的哭声，就像狗的嗥叫声，十分悲痛。

解读：引文出自晋代陶潜《搜神记后传》中记载的《蛟子》一文。《蛟子》与《窦氏蛇》更相似，女子生蛟龙，女子死后蛟龙哭母；但《蛟子》的故事更丰富，女子养育了三只蛟龙，还分别起名为"当洪""破阻""扑岸"。中文解释很难读懂，有学者用壮语解读三子的姓名，"当洪"壮语为 Danghhung，dangh 是"蛇"，hung 是"大"，意思是"大蛇"，表示大蛟龙；"破阻"壮语为 Bohcoz，boh 是"父亲"，coz 是"年轻人"，意思是"成家的年轻人"，表示这是一条年轻的蛟龙；"扑岸"壮语为"Bouxaen，boux 是人的量词，相当于"个"，aen 是"小儿子"，表示一条小蛟龙。② 用壮语能够很好地解释故事人物名字，说明在长沙郡流传的《蛟子》传说很可能来源于古骆越民族。

原文：顾微《广州记》曰，程溪浦口有蒲母养龙，列断其尾，因呼掘龙，人时见之，则土境大丰而利涉之。③

译文：顾微《广州记》中记载，程浦溪口（今悦城河）有蒲母养龙，断掉了龙的尾巴，因此称呼为掘龙，人们要是见到它，就会获得大丰收，渡过江河非常顺利。

解读：引文出自唐代白居易在《百孔六帖》中引用顾微《广州记》对程溪浦名字由来的记叙，宋代乐史《太平寰宇记》同引《广州记》而表述略有不同，将"蒲母"变为"龙母"养龙。《广州记》的记录虽短，但出现了养龙、断尾的情节，且

---

① （晋）陶潜：《搜神记后记》卷 10，53 页，明崇祯津逮秘书本。

② 梁庭望、厉声主编：《骆越方国研究》上册，291 页，北京，民族出版社，2017。

③ （唐）白居易：《白孔六帖》卷 7，232 页，四库全书本。

掘尾龙还能保佑丰收和水路畅通，拥有神力，逐渐形成人们崇敬的水神化身。《广州记》全书今已亡佚，世传为孙吴至西晋时人顾微所撰。

原文：《南越志》云，昔有温氏媪者，端溪人也，尝居涧中，捕鱼以资日给。忽于水侧遇一卵，大如斗，乃将归，置器中。经十许日，有一物，如守宫，长尺余，穿卵而出，因任其去留。稍长五尺，便能入水捕鱼，日得十余头。稍长二尺许，得鱼渐多。常游波中，萦回媪侧。后媪治鱼，误断其尾，遂逡巡而去。数年乃还，媪见其辉色炳耀，谓曰："龙子，今复来也。"因蟠旋游戏，亲驯如初。秦始皇闻之，曰："此龙子也，朕德之所致。"诏使者以元珪之礼聘媪。媪恋土，不以为乐，至始安江，去端溪千余里。龙辄引船还，不逾夕，至本所。如此数四，使者惧而止，卒不能召媪。媪殒，葬于江阴，龙子常为大波，至墓侧，萦浪转沙以成坟。土人谓之掘尾龙。今南人为船为龙掘尾，即此也。①

译文：《南越志》记载，从前有位姓温的婆婆，她是端溪县（今德庆县）人，居住在山涧之中，以捕鱼为生。有一天，她在溪边捡得一个大得像斗一样的蛋，抱回家放在盆里。过了十多天，从蛋里爬出一个像大蜥蜴的动物，长一尺多，因此随它来回居留。不久长到五尺就能入水捕鱼，每天能抓十几条鱼。再长大两尺多，抓到的鱼更多。它经常又游在水里，又游到温婆婆身边。后来温婆婆杀鱼不小心把它的尾巴砍断了，它负痛远去。几年后回来，温婆婆看到它鳞光闪闪，就说："龙儿如今又回来了。"龙儿在温婆婆身边盘旋嬉戏，就好像当初一样亲密温驯。秦始皇听说此事，说："这是龙子，是朕的德行影响了它！"于是下诏，派人带着元珪作为聘礼要将温婆婆接走。温婆婆眷恋故乡，并不开心。船到安江，距离端溪已有千里之遥，龙儿让船掉头，一夜之间就将船带回原地。这样反复三四次，使者害怕而回去，最后也没能诏温婆婆入京。后来，温婆婆去世了，葬在江阴，龙儿常在水中卷起大波，将沙子推到墓边，堆垒成大坟。当地人称龙儿为"掘尾龙"。现在南方人还将船叫作"龙掘尾"，就是这样来的。

解读：引文出自《太平寰宇记》辑录的《南越志》记载。《南越志》为南朝宋时沈怀远编撰，原书已佚。这里是其中关于端溪温媪养龙误断其尾，温媪死后掘尾龙葬母的故事，与今天流传的龙母与掘尾龙传说大体一致。

---

① （宋）乐史：《太平寰宇记》卷164，2408页，四库全书本。

龙母是姓温还是姓蒲，各类典籍中各有不同说法，清代屈大均《广东新语》云："夫人姓蒲，误作温。然其墓当灵溪水口，灵溪一名温水，以夫人姓温，故名。或曰温者，媪之讹也。夫人故称蒲媪，又称媪龙。"① 其实龙母不管姓温还是姓蒲，都隐含着地域和民族文化基因。在《旧唐书》中记载："牂牁河，俗呼郁状江（清沈德潜考证为郁林江），即骆越水也，亦名温水，古骆越地也。"② "温"，壮语为Vunz，即人；龙母因温水而姓温，说明她是古骆越的龙母。"蒲"，壮语为Buz，即祖母、阿婆。在环绕大明山地区和邕江流域流传的龙母故事，龙母多被称为Lauxbuz，即祖母王、阿婆神。现今珠江流域仍保留了许多"蒲"（也写作浦、埔、波、泊、博等）字地名，如广州黄埔、广西邕宁蒲庙、北海合浦、武鸣罗波、贵港罗泊湾。龙母的传说沿着西江一直向外扩散流传，从"祖母神"变成了"姓蒲的女神"，只有将龙母的故事放回古骆越地才能找到真正的答案。秦始皇派人带元珪作为聘礼请龙母进京的故事说明先秦时龙母的故事已传到了中原。

（二）民间流传的龙母故事

原文： 相传秦始皇时，在西江与悦城河、洚水河汇合处住着一位老渔翁。有一天他看到西江上游漂流来一只木盆，木盆内有一啼哭的女婴。木盆到了江河汇合处，在波浪中回旋不去，渔翁便将女婴收养，把她抚育成人。女婴长大后成为一个捕鱼、织布、养牛的能手，既勤劳又善良，据说还驯养了一头三足白鹿。她常在西江边上浣濯，有一次见到河滩近侧有个巨卵，卵大如斗，便捧回家中，放入陶器内，经过十多天的孵育，五条手指般大的小蛇便穿卵而出（另一种说法是条异鱼）。她便把它们养在程溪（即悦城河古名，群众传说，悦城即越城，悦与越同音）。这些小蛇长到五六尺时便能入水捕鱼。原来那巨卵是个龙蛋，她豢养的五条小蛇是五龙子。五龙子常回游波中，与她像母子一样亲驯嬉戏，还帮她捕到很多鱼，于是人们称她为龙母。

某日，龙母在江边治（劏）鱼，五龙子又来游回戏耍，她以刀戏弄之，不料竟误断其尾，五龙子遂逡巡而去。隔了几年，当五龙子重新游回来时，满身密布耀眼的鳞光，在江水中蟠旋翻腾，像以往一般与龙母亲近。龙母高兴地喊出来："这是

① （清）屈大均：《广东新语》卷6，232页，清康熙水天阁刻本。

② （后晋）刘昫：《旧唐书》卷41，965页，武英殿本。

龙子回来了呀！”从此龙母与五龙子为西江两岸居民做了许多好事。于是“慈龙子孝”“济困扶危”的声名远播，在京都咸阳城里的秦始皇也听闻了。

秦始皇对龙母的德行归功于自己的“德之所至”，心中大喜，马上派使者带了赤珪作为聘礼，征召龙母入京，龙母留恋故土，对征召并不在意，但又不便违抗，便随使者坐船溯江而上千余里。但五龙子一夜之间便把船引还悦城河。如此上行又下退，连续四次阻误了航程，使者也感到惶恐和不妙，不敢再坐船了，征召龙母进京的事就此作罢。

龙母死时已七十八岁（一说百余岁，另一说才十八岁），埋葬在悦城河东岸，五龙子常游至墓侧掀波作浪，堆沙移坟至西岸。现在的龙母坟正当五龙山前的龙珠宝地。后人为了纪念龙母“敬老爱幼”的高尚传统品德，在她的墓地立祠祭享。西江流域也建了大大小小许多龙母庙，而尊悦城龙母庙为祖庙，香火千年不衰。现在人们来进香供奉时，还称为“探阿嬷”。①

解读：引文出自陈摩人的论文《悦城龙母传说的民族学考察》。在西江流域广泛分布着许多龙母庙，有广东德庆悦城龙母庙、肇庆白沙龙母庙、广州黄埔波罗庙，广西梧州龙母庙、藤县龙母庙、贵港龙母庙、桂平龙母庙、武鸣罗波庙等，相传五月初八是龙母诞辰、八月十五是龙母升仙日，各地民众纷纷到龙母庙烧香“探阿嬷”，把龙母当作祖母王祭祀。

广东社科院民族学家陈摩人收集整理的这则龙母传说，说是龙母从西江上游漂来，在悦城被老渔翁收养。“对照悦城龙母传说，至少可以获得两点启发。第一，龙母的身世，是西江上游漂来的女婴，暗示了这支氏族来源于那里，是沿江漂流迁移的印证。西江上游是古骆越地，透露出龙母的族源与骆越有亲缘关系；第二，古时氏族的姓氏与居留地方的名称往往是合而为一的，氏族移迁到新的居留地常常把地名也带来了。悦城河在西江中游，亦叫温水，龙母这支氏族在这一带活动，也就冠以温姓，与西江上游的温水，显然存在内在的联系。”②《乾隆德庆州志》记载：“龙母传曰，母温氏，晋康郡之程溪人也，其先广西藤县人。”③《孝通庙旧志》《悦城龙母碑庙记》也有相同的叙述，表明龙母祖籍在广西。

---

① 陈摩人：《悦城龙母传说的民族学考察》，载《华南师范大学学报》，1987（1）。

② 陈摩人：《悦城龙母传说的民族学考察》，载《华南师范大学学报》，1987（1）。

③ （清）宋锦：《乾隆德庆州志》第八卷，241 页，清乾隆十九年（公元 1754 年）刻本。

原文：很久以前，在大明山边的一个村子里有个寡妇，家里很穷，靠挖野菜维持生活。一个冬天，寡妇去挖野菜，在回来的路上，她看见一条身上发光长得很奇怪的小蛇，蜷伏在路边，快要冻死了，就连忙用裙子把它兜起来带回家。

寡妇把小蛇救活后养在家里，像对待亲生儿子一样，天天都精心地护理它，后来小蛇逐渐长大成一条非常听话又生动活泼的“独龙”（壮族人把大蟒蛇称为龙，独是壮语中动物的冠词）。

独龙越来越大，身越来越长，茅房装不下了，独龙的尾巴往外伸出去一大截，老婆婆告诉独龙，只有砍去一截尾巴才不会越长越长。独龙点了点头，她就拿起菜刀砍断了独龙的一小截尾巴，独龙于是变成了秃尾巴的龙。壮话把秃尾巴称做“掘”，寡妇于是给独龙起名叫“特掘”，人们又按照壮族的习惯把寡妇叫作“乜掘”（“乜”在壮族中是母亲的意思）。

特掘的尾巴虽然不再加长了，但身体却越长越大，茅房快给挤破了。他吃的也越来越多，实在难以再养了。一天，乜掘伤心地对特掘说：“特掘呀特掘，我靠挖野菜过日子，你现在长得越来越大，吃的、住的真是没有办法了，你就自己出去谋生吧！”特掘也流了眼泪，点点头，慢慢蠕动爬出茅房到罗波潭中住了下来。

特掘走了以后，乜掘的门前常常会莫名其妙地出现鲜鱼和鲜果，人们都猜测是特掘送上门的。乜掘的生活和地位从此发生巨大的变化，成为人们崇敬的仙婆。

后来，乜掘年老体弱病死了，村里人来办丧事，一些年轻人叹息说，“乜掘呀，你养特掘有什么用？难道它能像人的儿子一样把你抬到大明山顶去安葬和扫墓吗！”话一出口，即见狂风大作，雷雨交加，一条金光闪闪的巨龙昂头摆尾凌空而下，头顶老婆婆的尸体飞走了。天晴之后，人们看见原来的大明山顶前突兀挺起了一座大山，山顶上垒着一个墓。人们于是把这座山叫“莫乜掘”，即龙母坟。（壮语“莫”是坟的意思）。

过后，每年的三月初三前后，大明山上总要刮一次大风，下一次大雨，这是特掘扫墓来了。风雨过后，连绵的大明山脉到处瀑布飞泻而下，这是特掘流的眼泪在阳光下闪闪发亮，从远处看像一幅幅高悬的白色挽幛。晚上，瀑布奔流的轰鸣声，是特掘在祭奠养母举行闹龙殿的仪式。①

解读：引文出自罗世敏、谢寿球主编的《大明山龙母揭秘》一书。这是流传在

① 罗世敏、谢寿球主编：《大明山龙母揭秘》，1页，南宁，广西民族出版社，2006。

环大明山地区的《掘尾龙拜山》故事，民间还有“三月三，龙拜山”的民谣，至今广西壮族地区在三月三当天扫墓，祭拜祖先。从民间收集到龙母故事来看，多称龙母为“乜掘”（Mehgud，掘尾龙的母亲）、“娅迈”（Yahmaiq，寡妇）、“佬蒲”（Lauxbuz，祖母王）等，故事更为古朴原生态。断尾后小蛇变成了掘尾龙，从“蛇”变成“龙”，断尾是变身、角色转换的程序或仪式，表明了特掘的成长，也有可能是蛇部落与蛟龙部落的融合，形成了一个更强大的部族。现在壮族民间仍有家畜剪尾的习俗，卖出来的鸡鸭要剪掉一点尾部，表示是自家的，能够快快长大。

我国著名的民族文化学者梁庭望认为：“三月三可能是古骆越方国一个重要的转折的日子，或许是其由部落联盟升格为方国之日，也就是骆越建国日或重建日，三月三是其国庆日，或许是一位重要的王登基之日。”① 龙母应该是蛟龙部落的首领，部落不断兼并融合形成了骆越方国，龙母变成了祖母王，她去世后，掘尾龙登基成为新的骆越王；龙母信仰，从最初的祖先崇拜，随着管理疆域的不断扩大，成为西江、珠江水系的守护神。

三、刘三姐的传说

（一）贵县有刘三姐

原文：歌仙名三妹，其先汉刘晨之苗裔，流寓贵州（即今浔州府贵县，非贵州布政）西山水南村，父尚义，生三女，长大妹，次二妹，皆善歌，早适有家，而歌不传。少女三妹，生于唐中宗神龙五年己酉，甫七岁即好笔墨，聪明敏捷，时呼为“女神童”。年十二，通经史，善为歌，父老奇之，试之顷刻立就。十五，艳姿初成，歌名益盛，千里之内，闻风而来，或一日，或二日，率不能和而去。十六，其父纳邑人林氏聘，来和歌者仍终日填门，虽与酬答不拒，而守礼甚严也。十七，将于归。有邕州（即今南宁府）白鹤乡少年张伟望者，美丰容，读书解音律，造门来访，言谈举止，皆合节，乡人敬之，筑台西山之侧，令两人登台为三日歌。台阶三重，干以紫檀，幕以彩缎，百宝流苏，周乎四角。三妹服鲛室龙鳞之轻绡，色乱丽霞，头作两丫鬟丝，发散垂至腰，曳双缕之宝带，蹑九凤之绞履，双眸盼然，掩映九华扇影之间。少年着乌纱，摇衣绣衣，执节而立于右。是日，风清日丽，山明水

① 罗世敏主编：《大明山的记忆：骆越古国历史文化研究》，11 页，南宁，广西民族出版社，2006。

绿，粤民及瑶僮诸种人围而观之，男女数百层，咸望以为仙矣。两人对揖三让，少年乃歌《芝房烨烨》之曲，三妹答以《紫凤》之歌，观之人莫不叹绝。少年复歌《桐生南岳》（张还以凤比刘，以桐自比，待其来栖之意），三妹以《蝶飞秋草》和之。少年忽作变调曰《朗陵花》，词甚哀切，三妹则歌《南山白石》，益悲激，若不任其声者。观之人皆为欷歔。自此迭唱迭和，番更不穷，不沿旧辞，不夙构。时依瑶诸种人声音为歌词，各如其意之所欲出，虽彼之专家，弗迷也。于是观者益多，人人忘归矣。三妹因请于众曰："此台尚低，人声喧杂，山有台，愿登之为众人歌七日。"遂易前服，作淡妆。少年皓衣玄裳，登山偶坐而歌。山高词不复辨，声更清邈，如听钧天之响矣。至七日，望之俨然，弗闻歌声，众命二童子上省，还报曰："两人化石矣！"共登山验之，遂以为两人仙去，相与罗拜。时玄宗开元十三年乙丑正月中旬也。至今粤人会歌，盛于上元，盖其遗云。

野史氏曰：粤之秀，其尽钟于女子乎？白有绿珠，容有玉环，皆名列正史，传之天下，可谓盛矣。然绿珠之传也，以石崇；玉环之传也，以玄宗。而三妹独无所附，以声自振起，彼男子绣衣者，反附之以传焉。虽其名止两粤，粤人家好歌，世世俎而豆之不衰，又不徒虚名之传也。夫又曰，粤之闺秀，以知音著于粤者，不独三妹。前此祝英台、龙师之女，后此千金、比品、娄十娘之属。北方之人独知有英台者，以元人同窗传奇耳，同窗读书之说，盖为贤者讳。英台家藤江，遗祠岿然江浔，余屡过得其实云。英台将笄，结彩临江而歌，会者千百人，唯山伯能和之，而父母已纳马氏之聘矣。两人夹江互相和，不寝不食，以至于久而化为蝴蝶。三妹之事，亦与相类，特无传其奇者，致不得如英台之传播中州，使妇人孺子皆识其名，惜哉！①

译文：歌仙名叫三妹，她是汉代刘晨的后裔，住在贵州（是浔州府的贵县，不是贵州布政司）西山水南村，父亲注重礼教道义，生了三个女儿，长女大妹，次女二妹，都善于唱歌，早早出嫁成家，不再传歌。小女儿三妹，生于唐中宗神龙五年己酉。三妹刚七岁，就喜欢读书，聪明敏捷，被称为"女神童"。到了十二岁，精通经史，善于歌唱，长辈感到很惊讶，测试她立即就能回答。到了十五岁，愈发出落得美丽动人，唱歌的名气更大了，千里之内，经常有人慕名而来对歌，有时唱一天，有时唱两天，都唱不过她只好落败而去。到了十六岁，她的父亲接受同乡林氏

---

① （清）吴淇：《粤风续九》，22页，清康熙二年（公元1662年）刻本。

的聘礼，将三妹许配给林氏，来唱歌的人仍每天络绎不绝，三妹虽然不拒绝对歌，但恪守礼仪。到了十七岁三妹要出嫁时，邕州（即今南宁府）白鹤乡少年张伟望，长相俊美，身姿挺拔，饱读诗书，通晓音律，登门来访，言谈举止，皆合礼节，受到乡里人的尊敬，在西山边搭起歌台，让两人登台对三天的歌。台阶有三层，用紫檀做栏杆，用彩缎做幕布，用百宝流苏装饰四周。三妹穿着龙鳞花纹的轻盈丝绢，容貌比晚霞还要美艳，梳着双髻，长发垂腰，系着两缕宝带，穿着绣有凤凰花纹的鞋子，双眼神采奕奕，站在九华扇之间，让人忘神。张伟望头戴乌纱帽，身穿飘逸的长衫，秉持礼节站在右边。这一天，风和日丽，山清水秀，当地的乡民及瑶、僮各部族人都来观看，男男女女围了数百层，都以为是神仙在唱歌。两人作揖谦让三次，张伟望唱起了《芝房烨烨》曲（取灵芝无根的意思赞扬刘三妹的美丽），三妹回唱《紫凤》歌（取紫凤的文采赞美张伟望），在场的观众对二人的歌才赞叹不已。张伟望又唱《桐生南岳》（他将刘三妹比为凤凰，用梧桐自比，期待刘三妹来栖息的意思）；三妹用《蝶飞秋草》唱和（遗憾两人相遇太晚，三妹已许配林氏，如果蝴蝶错过了春天的花只能看到秋天草了）。张伟望忽然改变唱调，唱起了《朗陵花》，歌词悲伤，三妹则唱《南山白石》，用白石山的石头自比贞节，更加悲哀激动，周边的群众都为他们两人感到唏嘘。从这里开始你唱我答，来回数次，不沿用旧的歌词，不约束形式，由心而发，随口而唱。根据现场群众的声音和音调，随口唱出他们的意思，虽然在场的都是唱歌能手，但都为二人的歌才着迷。于是现场观看的人越来越多，大家都忘了回家。三妹对大家说："这个歌台太低，人声嘈杂，山上有歌台，我想登上歌台为大家连唱七天。"于是换了件衣服，化了淡妆。少年穿着白衣黑裳，登上高山与三妹相对而歌。在高山上唱歌不容易辨认歌词，声音更加清亮悠长，好像听到天上的仙乐。七天后，远看两人好像站着对歌，但听不到歌声，乡人派两个童子上去查看，回来禀报："两个人已经变成石头！"大家不相信，一起登山去看，果然只有两块石头相互对望，好像在对歌，于是大家都相信他们成仙离去了，相互围着仙石下拜。此时正是玄宗开元十三年乙丑正月中旬。现在民间歌圩非常热闹，大概是当时三妹对歌的遗风。

有人说：粤地的美丽，都集中在女子身上。博白的绿珠，容县的杨玉环，都列入正史，天下闻名。绿珠因为石崇而传奇；杨玉环因为唐玄宗而出名。唯独三妹没有依附，凭借歌声而奋起，当时和她对歌的秀才反而依附三妹才得以流传。虽然三妹的名声只在岭南一带流传，但粤人爱唱歌，世代祭拜传唱不衰，因此不是徒有虚名。又有人说，粤地的女子，以歌声出名的不只有三妹。之前有祝英台、龙师的女儿，后面有千金、比品、娄十娘。北方人只知道祝英台，因元杂剧创作《梁山伯与祝英台》的同窗传奇故事，同窗读书的说法，大概是读书人改编了故事。英台家在藤江，祖祠就在浔江，我曾经去过。英台将要成年时，在江边摆下歌台，前来对歌的人成千上百，只有梁山伯能和她对歌，但是英台的父母已经接受马文才的聘礼。两个人夹江对唱，废寝忘食，最后化为蝴蝶飞走了。三妹的故事和英台的故事相似，但没有人传播她的神奇，以至于不如祝英台的故事家喻户晓，妇孺皆知，实在太可惜了！

解读：引文出自清代吴淇编撰的《粤风续九》。刘三姐是流传在华南地区民间传说中的人物，在壮、汉、苗、瑶、仫佬、毛南等多个民族中都有刘三姐的传说，她美丽动人、善良聪慧、勤劳勇敢，她以歌言志，用山歌唱出情感、唱响生活，民间尊称她为“歌仙”。刘三妹、刘三姐、刘三太、刘仙姑等称谓都是不同地区百姓对她的爱称，本文以目前常用的“刘三姐”为统称。关于刘三姐是哪里人，最早的文献记录是南宋王象之《舆地纪胜》卷九十八的《三妹山》：“刘三妹，春州人，坐于岩石之上，因名。”文献古籍中刘三姐出生地的说法有广西贵县、平南、宜州，广东新兴、阳春、吴川等。刘三姐的传说圈辐射到广东、福建、湖南、海南、台湾等地。目前有较多文献表明“贵县西山有刘三妹”，如《粤风九续》中收录的这篇由清初上古郡孙传芳撰写的《歌仙刘三妹》，从文人视角详细讲述了刘三妹在贵县的成长经历以及与张伟望对歌成仙的故事。《古今图书集成·方舆汇编·职方典》卷一四四收录《刘三妹歌仙传》，记录作者访友西山仙女寨时听到歌仙刘三妹传说，与孙传芳《歌仙刘三妹》内容相似，文笔相近。《粤述》记载：“贵县西山有刘三妹者，与朗宁白鹤书生张伟望歌，酣化石于山巅。”① 《池北偶谈》道：“有刘三妹者，居贵县之水南村，善歌，与邕州白鹤秀才登西山高台，为三日歌。”② 清代广东阳春人谭敬昭在《游通真岩并序》中写道：“刘仙不产于阳春，仙经所称，白石山女仙刘三妹者，是白石山为三十六洞之二十一，乃西粤贵县人。”③ 清代《尔尔书屋诗草》《桂留山房诗集》《岭南群雄》《带经堂诗话》《簃石斋诗文集》等文集均提及刘三姐在贵县的传奇故事，这些都是贵县有刘三姐传说的有力佐证材料。

---

① （清）闵叙：《粤述》，27 页，上海，中华书局，1951。

② （清）王士祯：《池北偶谈》，45 页，上海，新文化书社，1935。

③ （民国）余棨谋、张启煌：《民国开平县志》卷 45，68 页，民国二十二年（公元 1933 年）铅印本。

（二）民间传说中的刘三姐

原文：贵县石卡山乡西山圩东边，有几座大山。其中有一座小山叫唱歌山，距离西山圩有二里，位于横贵公路旁北面，与方竹村相邻。唱歌山南面山脚处是方竹小学。山上东侧有两个像人形一样的大石笋对面而立，好像两个人站在那里对歌。传说这是刘三姐和秀才张伟望对歌七日七夜后仙化后的形象。

传说刘三姐和张秀才在歌台对歌三天后，张秀才不服输，刘三姐也不服输，来听歌的人越来越多，歌台四周很拥挤，有些人甚至看不到而且听不闻声音，刘三姐和张秀才两人就移上山对歌。这件事轰动了九州岛八府的歌男歌女，他们都要来听歌。刘三姐和张秀才在山上连续对歌七日七夜，忽然仙化为石。但是，四方八面的歌男歌女还不断到来。刘三姐和张秀才化为石人后，两个石人还分别发生对歌声，在山下，日日夜夜都能听到犹如真人对歌一样的声音。这件神奇的事更加吸引了八方百姓，纷纷到来听歌。听歌的人听到了动听的歌声，总不愿回家，来一个留一个，两个留一双，甚至家里派人来叫回家，连派的人都留下来听唱歌。唱歌山的歌声吸引了众多的听众，因而影响了生产和家庭生活，当时惹起了西山村一些妇女的怨恨，她们偷偷地担狗血和马尿到山上，把狗血和马尿泼到两个石笋上。自此，唱歌山的对歌声就停止了。

唱歌山的歌声虽然停止了，许多年来，这两个像人形的石笋凭日晒、风吹、雨打都没有留下什么痕迹，也没有一点泥尘。每当太阳照射时，还发出光亮，同周围灰色的山石对比，唱歌山的对歌石人更显得独特神奇。自此，唱歌山就由此成了名。①

解读：引文出自《贵县故事集》。刘三姐的故事不仅记载在史料里，还流传在口耳相传的民间故事里，广西、广东多地都有刘三姐在当地生活、劳动、传歌的故事。《壮族民间故事资料》中记录了多则贵港刘三姐的民间故事，如《刘三姐成为歌仙》唱道："刘三姐、秀才郎，我请你来坐上堂，我请你来坐上位，歌声不出望你帮。人们称刘三姐为歌师，是歌仙。"《善耕勤织又能唱》讲述三姐曾在南山种田纺织，是个劳动能手，因为西山风景秀美就从南山搬到西山居住。《千里追寻张伟望》讲张秀才和李秀才到西山找三姐对歌，张伟望对输后很惭愧将书和船都丢在河里，成了一座覆船山。《刘三姐一歌难倒三秀才》讲述刘三姐在大茶江与三位秀才对歌的故事。桂平

① 广西贵县民间文学三套集成办公室编印：《中国民间文学三套集成·贵县故事集》，47 页，1988。

民间传说《刘三姐》讲了刘三姐与小牛对付财主，唱歌请来仙姑多次帮助农民插完几条山冲田、耘田、收割稻谷的神奇故事。还有《石人涌出在山岗》《歌声越禁越响亮》《伏船山》《方竹村茶辣屯的传说》《脚迹石》等记录了刘三姐在贵港生活劳动的传说故事。[①] 文人笔下的刘三姐通晓经史、知书达理、谨守礼教，这是封建文人对刘三姐形象的美化；民间传说中的刘三姐机智聪颖、顽强不屈，身上有股野性，唱出劳动人民的心声，因此在民间自发传唱刘三姐歌谣，祭祀刘三姐，将其尊称为“歌仙”。2014 年 11 月，笔者有幸与广西骆越文化研究会专家一同考察贵港市覃塘区石卡乡方竹村，聆听当地歌手吟唱刘三姐歌谣，考察刘三姐歌亭、对歌山、刘三姐洗衣潭、刘三姐庙、和秀才对歌的大茶江、覆船山等三姐足迹遗存点。笔者的故乡贵港市平南县官成镇思回石山有刘三姐织麻洞，每年正月十一、十五和二月初一，周边的群众都登山到刘三姐洞祭拜，在山下对歌交友，热闹非凡。

（三）爱神与歌仙

原文：刘三姐所唱的歌词是来自仙女麻姑手，麻姑是一位歌唱能手，出口成歌，但可惜是，她自己不会记录。适遇有一个月姑，她和麻姑恰恰相反，识字能写，但却不会唱歌，因此她就把麻姑所唱的歌词记录下来。但却又奇妙，当她刚刚录完的时候，就不明不白地遗失了。传说这本歌词三姐拾得。后人歌云：刘三姐，本实贤，插尽南山九垌田，歌词便是麻姑出，三姐拾得来传言。[②]

解读：引文出自《刘三姐纵横》。这是一则在贵港收录的民间故事，讲的是麻姑创造了山歌，刘三姐捡到歌本，学会了唱山歌。广西骆越文化研究会罗宾老师 2014 年在贵港市方竹村现场采录到山歌：“歌词就是麻姑造，麻姑造了二姑抄。二姑抄了冇执拾，三姐执得又传名。”说的是麻姑创造山歌，三姐从麻姑那里学歌而成名。[③] 麻姑是中国道教神话中的一位女神，葛洪《神仙传・麻姑传》里记载，麻姑自称“接侍以来，已见东海三为桑田”。她成仙后目睹了大海三次变成陆地，是女寿星，民间流传有麻姑献寿的故事。刘三姐从麻姑那里学会唱歌，可见刘三姐的故事随着时代的发展，在传播时受到了道教文化的影响，吸收了道家仙术等内容，让刘三姐会法术，神化成仙。这体现了民间故事传播的嬗变性，也展示了壮汉文化

① 覃桂清：《刘三姐纵横》，286~312 页，南宁，广西民族出版社，1992。
② 覃桂清：《刘三姐纵横》，287 页，南宁，广西民族出版社，1992。
③ 梁庭望、厉声主编：《骆越方国研究》，191 页，北京，民族出版社，2017。

的相互融合。刘三姐的歌自然不是向麻姑学的，那是谁教的呢，还是她本身就是造歌者？

原文：三界三王置，四界四王造，额九头造河，龙九头造泉，嘹三妹造友，鸟九头造果……①

译文：天地水三界由三王安置，天地水森林四界由四王创造，九头额创造了河流，九头龙创造了泉水，嘹三妹创造了爱情，九头鸟创造了果实……

解读：引文出自壮族《麽经布洛陀》。壮族《麽经布洛陀》是壮族民间麽经经文，是壮族先民的创世史诗，唱诵天地万物的形成、人类起源、农作物栽培等内容，其中记录了众神创造万物的故事，如"嘹三妹造友"，"嘹"在壮语中是玩耍、玩乐的意思，"友"是爱情、爱恋的意思，可以理解成三妹通过歌唱和玩乐的方式拉近了男女间的距离，彼此间萌发了爱情。壮族民间仍保留着倚歌择配的婚恋习俗，在歌圩上通过对歌相互了解，用歌声唱出心声，用情意打动对方。刘三姐创造的唱歌交友方式，成就了千百年的男女姻缘，她是名副其实的爱神。

刘三姐的歌哪里来，"三姐骑鲤飞上天，留下山歌万万千，如今广西成歌海，都是三姐亲口传"。《粤风续九》中《始造歌者刘三妹遗迹》由怀城（贵县）名士曾光国讲述："刘三妹，不知何时何许人，相传为始造歌者。生而聪慧，解音律，游戏得道，尝往来两粤间。两粤蹊峒，种类最繁，所过之处，咸识其语。遇某种人，即依某种声音作歌，与之唱和，某种人永奉为式焉。"② 民间传说刘三姐是始造歌者，是她创造了山歌，能根据不同人的歌声作歌应答，人们记录下歌词作为歌本传播。刘三姐歌谣不应是某个人的特定作品，而是壮族人民的智慧结晶，是集体诗性思维的表达。著名民俗学家钟敬文教授认为"刘三姐是歌圩风俗的女儿"，刘三姐是粤人好歌的典型代表。刘三姐从民间来，她唱出人民对美好生活的向往，寄托了勤劳勇敢、坚毅不屈的民族性格。民众对刘三姐从喜爱到崇拜，从传唱到祭祀，刘三姐成为大众偶像，成为人们心目中的歌仙。

---

① 张声震主编：《壮族麽经布洛陀影印译注》第四卷，1244页，南宁，广西民族出版社，2004。

② （清）吴淇：《粤风续九》，26页，清康熙二年（公元1662年）刻本。

四、三界神的传说

（一）贵港贵地出仙人

原文：冯克利，贵县东莹村人，尝往北山采香，遇八仙对弈，分得仙衣一袭，无缝线痕。及回，则子孙易世矣。闻之官，赴省勘问，将克利与仆冯远覆洪钟内，绕以薪，焚之。及启，则克利坐，而冯远已灰化矣，遂信为仙。表闻，敕封游天得道三界。比回，至苍梧江口，遂羽化。①

译文：冯克利是贵县东莹村人，经常到北山采集沉香，遇到仙人正在下棋，得到神仙送的一件仙衣，衣服没有缝纫的痕迹。冯克利回到家中，发现子孙已经不在人世。官府知道这件事后，派人前来查问，把冯克利和仆人冯远抓起来用洪钟罩住，并绕着大钟堆放柴火烧死他们。等到打开大钟，只见冯克利端坐其中，而冯远早已化为灰烬，人们都相信冯克利成仙了。皇帝知道后，敕封冯克利为“游天得道三界圣爷”。冯克利云游到苍梧江口，羽化成仙。

解读：引文出自《广西通志》。广西方志和典籍中多有记载，认为民间祭祀的三界神，是贵港东莹村人冯克利，而他祖籍“浙江山阴东湖村，生而有异相，好读书参禅，人多奇之”②。三界祖祠在县城三界巷，一在孝子里③。每年农历四月初八三界神诞时，周边乡镇的三界庙都要派人到贵港登龙桥三界庙请印，接回三界神。登龙桥三界庙门前对联道：“山中方七日，世上几千年”，点明了冯克利遇仙的神奇经历。他遇到仙人的北山上仍保留着仙人棋盘，北岭仙棋成为贵港八景之一。对于三界神是谁，明代邝露《赤雅》中提及“三界姓许，平南人”④；《乾隆梧州府志》道：“三界庙在三河渚，万历时建，神姓冯名克利，贵县人，一曰平南人。”⑤ 少量典籍提及三界神是平南人，多是引用《赤雅》说法，贵县与平南同为浔州府，可能是同一个区域的传说有偏差。《宣统东莞县志》说：“相传袁崇焕为三界神托生儿。”⑥ 这是为袁崇焕增加神力色彩，真实性存疑。忻城有三界公是神医的传说，毛

---

① （清）金鉷：《雍正广西通志》，3835页，南宁，广西民族出版社，2009。
② （民国）欧仰义：《梁鼎崇纂·贵县志》18卷，159页，民国二十四年（公元1935年）铅印本。
③ （民国）欧仰义：《梁鼎崇纂·贵县志》18卷，204页，民国二十四年（公元1935年）铅印本。
④ （明）邝露撰，蓝鸿恩考释：《赤雅》，169页，南宁，广西民族出版社，1995。
⑤ （清）史鸣皋：《乾隆梧州府志》17卷，290页，清同治十二年（公元1873年）刊本。
⑥ （民国）叶觉迈修，民国陈伯陶纂：《宣统东莞县志》，266页，民国十年（公元1921年）铅印本。

南族、仫佬族、瑶族等民间传说也说三界神是祖先神或本地神，说明三界神在广西的影响非常大，各地纷纷把三界神转化成当地的神灵。

（二）三界神灵佑岭南

原文：冯真君庙，灵爽颇著。小青蛇十余，金色灿然，长尺许，盘结栋宇及侍从腰领间，竟日不动，去来莫知其踪。士大夫经此必祷祠下，或云神能遣蛇相护，遇险滩疾风，可无恙。[①]

译文：冯真君庙，以非常灵验著称。庙里有十多条小青蛇，金色的表皮，大概一尺多长，爬行在房屋四周及侍从的腰领之间，有时整天都不动，青蛇来去自如，没有人知道它的踪迹。士大夫经过三界庙必到庙里祷告，有人说神能派蛇相护保佑，遇到险滩和大风，可以安然无恙。

解读：引文出自《粤西偶记》。冯克利偶遇仙人获得仙衣和法力，帮助民众化解纠纷，求风祈雨，除去虫灾，保航行顺利，实实在在为百姓谋福利，自然受到百姓爱戴，纷纷立庙祭祀，在桂平、梧州、南宁、玉林等地均设有三界庙。三界庙又名青龙庙，青蛇作为三界神的化身，应该是蛟龙（蛇）图腾崇拜的显示。据统计，三界庙在郁江、左江、北流江、黔江流域分布比较集中，其中郁江两岸分布最为密集。[②] 三界庙多位于江边、河口交汇处，此乃骆越古城的建城选址地，也是岭南风水学派所推崇的龙母点兵地。贵港是桂林郡郡治布山县所在地，“居于珠江古水道的黄金分割点上，是古骆越水事文化的中心”[③]。从三界庙的分布及选址可见，三界神崇拜从贵港沿着郁江向四周扩散，逐渐形成了岭南地区的信仰文化圈。随着三界神的影响逐渐扩大，受到明清两朝政府的关注和认可，清代时多次加封，三界神从民间祭祀的地方神灵升级成为国家祭祀神灵。但是三界庙不管怎么演变，古骆越蛇图腾崇拜的文化基因都磨灭不了。

（三）三界神形象溯源

原文：三界三王置，四界四王造。[④]

---

① （清）陆祚蕃：《粤西偶记》，3 页，北京，中华书局，1939。
② 滕兰花、袁丽红：《清代广西三界庙地理分布与三界神信仰探析》，载《广西民族研究》，2007（4）
③ 梁庭望、谢寿球：《古丝路上的骆越水都》，1 页，南宁，广西教育出版社，2016。
④ 张声震主编：《壮族麽经布洛陀影印译注》，10 页，南宁，广西民族出版社，2004。

译文：三界由三个王管理，四界由四个王创造。

解读：引文出自《壮族麽经布洛陀影印译注》。壮族民间传说认为，世界分为天界、地界和水界，分别由雷王、布洛陀和水神图额管理。后来又加上森林界，由老虎管理。这应该是岭南三界神的最早形态。

冯克利为三界神是从明代才开始流行，到了清代成为正统神灵。那明代以前的三界神又是什么样的呢？壮族麽经《布洛陀诗经》经文常以“三界三王开”开头，三王指的是雷部落、鸟部落、蛟龙部落。[①] 雷部落崇拜的雷王，掌管天上雷电和雨水，即“天公”；鸟部落崇拜的稻神，掌握稻作生产技术，即“地母”；蛟龙部落崇拜的龙王，管理大江大海、航行安全及海洋开发，即“水君”。“天公”“地母”“水君”应是民间崇拜的三界神原貌。到了明代，远古的三界神崇拜对象的记忆逐渐模糊，加上当时政府的推波助澜，三界神的信仰崇拜与特定的个体联系在一起，即冯克利成了三界神。“三界神的形象由水（蛇）神、瑶人祖公到地域保护神、冯氏宗族家族祖先的演变与叠加，并最终成为国家祀典神明的过程。”[②] 此说法表明了三界神形象的演变过程，但还不够准确，应该是三界神的形象由天神、稻神、水神的综合体，到民族的祖先神、地域保护神与冯氏宗族家族祖先的演变与叠加。冯克利的形象得到当时中央王朝的渲染与宣传，逐渐合理化，更接地气，成为维系地方稳定，保佑一方安宁的国家级守护神。

---

① 梁庭望、厉声主编：《骆越方国研究》，71页，北京，民族出版社，2017。

② 唐晓涛：《三界神形象的演变与明清西江中游地域社会的转型》，载《历史人类学学刊》，2008（6）。

后　记

《文献中的古桂林郡》一稿在补齐了古桂林郡民间防治瘟疫的内容，增加了“吉利草”“冷石”“蛇黄”等古桂林郡特色药物在岭南医药史中的重要影响后，终于可以付梓了。

阅读整本书，读者可以发现我们提供了一个不同于以往广西历史记述的文本，在一定程度上还原了古桂林郡和古郁林郡的历史真面貌。我们补充了许多史家忽略的历史信息，提出了一些不同于以往论著中关于古桂林郡和古郁林郡历史文化和民族文化的新观点。对于这些新观点，读者们尽可以仁者见仁，智者见智。我们的目的是能够抛砖引玉，以就正于方家就很满足了。

本书编著人员是谢寿球（广西骆越文化研究会会长）、徐亚娟（国家图书馆副研究馆员、中国社会科学院世界历史所博士后）、蓝武（广西师范大学历史文化与旅游学院副院长、教授、中国古代史博士）、蓝磊斌（南宁职业技术学院旅游学院副院长、编审）、谢中国（广西文旅厅信息中心策划部主任、广西骆越文化研究会执行会长）。

本书序言和各章节的编撰人员如下：

序言：梁庭望（中央民族大学原副校长、博士生导师）

绪言：谢寿球

第一章　地名“桂”“林”“郁”“布”释义：谢寿球

第二章　古桂林城——骆越故地的重要中心：谢寿球

第三章　古桂林郡的设立：谢寿球　徐亚娟

第四章　古桂林郡独特的自然环境与物产：谢寿球　徐亚娟

第五章　古桂林郡的首府布山：谢寿球　蓝武

第六章　古桂林郡的历史文化遗址：谢寿球　蓝武

第七章　古桂林郡的主要族群：蓝磊斌

第八章　古桂林郡的民俗与宗教：蓝磊斌
第九章　古桂林郡的主要历史事件和人物：谢中国
第十章　古桂林郡的历史传说与民间故事：谢中国
后记：谢寿球
全书由谢寿球统稿。

编撰人员简介

谢寿球简介

谢寿球，1946年生，壮族，广西马山县永州镇人。曾下乡插队、担任过中小学教师、县文化馆专业创作员、县文艺队长、中共南宁地委宣传科副科长、中共南宁地委办公室工作通讯副主编、南宁日报副总编、左江日报调研员。现任广西骆越文化研究会会长，中央民族大学壮侗学研究所特聘研究员，广西民族医药协会专家顾问委员会副主任，南宁少数民族联谊会副会长。

主要研究方向为民族文化研究、民族文化旅游策划和民族医药养生文化开发。主要有布洛陀文化遗址、龙母文化发源地、骆越古都、稻作文明发源地、骆越古文字的发现等民族文化研究的重大成果，其中龙母文化发源地的发现曾获南宁市文化重大发现奖。2017年7月荣获全国社科联优秀社会组织工作者奖；担任副主编的专著《骆越方国研究》2019年3月获广西社会科学优秀成果专著类一等奖。主要专著有《神奇大明山》《大明山龙母揭秘》《骆越古国历史文化研究》《大明山骆越养生》《武鸣骆越文化探秘》《古丝路上的骆越水都》《骆越方国研究》等。

徐亚娟简介

徐亚娟，1975年生，汉族，吉林白山人，国家图书馆古籍馆副研究馆员，中国社会科学院世界历史所博士后，中外关系史学会理事。主要研究方向为中外关系史、西方书籍史、西文善本版本学，发表《揄扬与贬抑——明清之际英国学人的中国观》《龙母传说中的壮民族文化因子》《珠江流域龙母传说的展演》《从〈编年史之书〉看十五世纪末德国印刷业》等多篇学术论文，承担并参与“羌族释比及释比文化研究”“壮族原生型宗教研究”等多项省部级科研项目，出版《羌族释比唱经》（合著）、《壮族原生型宗教调查研究》（合著）、《西江流域龙母传说的嬗变》等著作。

2008年入职国家图书馆以来，先后从事国家图书馆古籍馆外文善本古籍采编及古籍数字化新媒体项目建设工作，组织并参与了“国家图书馆馆藏西文文献提善工作（2008—2011）”。2013—2017年进入中国社会科学院世界历史所博士后流动站，主攻西方书籍史相关研究，期间发表多篇学术论文，其中《乾嘉之际英人的中国经验——以马戛尔尼使团成员的“中国著述”为中心》一文被《新华文摘》（2017年23期）推介转载，出站报告《“中学西传”在英国的回应——以近代早期“中国印本”为中心》被评定为“优秀”。

蓝武简介

蓝武，1970年出生，壮族，广西马山县人，广西师范大学历史文化与旅游学院副院长、教授、博士，博士生导师。长期从事岭南教育史、区域文化史、西南边疆民族史研究。兼任中华炎黄文化研究会土司文化研究分会常务理事、中国古代铜鼓研究会理事、广西地方志学会副会长、广西骆越文化研究会顾问等职。曾获广西师范大学“拔尖人才”“教学能手”等荣誉称号。主持国家社科基金年度项目3项，主持全国高校古籍整理研究项目1项。出版学术著作三部，发表学术论文近百篇。专著《从设土到改流：元明时期广西土司制度研究》（独著），荣获中南地区大学出版社优秀学术著作一等奖；《广西考试史：中华人民共和国成立前》（合著），荣获广西社科研究优秀成果三等奖。

蓝磊斌简介

蓝磊斌，1979年生，瑶族，马山县人，编审，曾在南宁方志办、广西方志办、广西人社厅工作，现任南宁职业技术学院健康与旅游学院党委副书记，广西骆越文化研究会副会长兼秘书长，兼任广西社会科学优秀成果奖评选委员会委员、广西地方志学术委员会委员、广西作家协会会员、广西摄影家协会会员、广西发展战略研究会特聘专家。获得南宁市第九批专业技术拔尖人才称号。已经出版的个人专著有《广西摄影史》《平夷大夫禤纯旺》《木棉花开》等，主编《南宁市第六人民医院志》《南宁市第九人民医院志》等，参与编写的著作有《广西北部湾经济区志》《广西节庆志》《广西通志·照片志》《广西通志·扶贫志》等六十多部。其中，《广西摄影史》《广西通志·照片志》获得广西社会科学优秀成果奖二等奖，《广西节庆志》获广西优秀出版物二等奖，获得其他省级以上奖项二十多部。主持教育部人文社科课题一项，主持厅级课题五项。此外，公开发表论文五十多篇，撰写的剧本《孤岛》获广东优秀电影剧本比赛入围奖。

谢中国简介

谢中国，1975年生，汉族，广西平南县人。曾任南宁日报记者、南宁国际民歌艺术研究院副院长、广西艺术学院客座讲师。现任广西骆越文化研究会执行会长、广西群众艺术馆宣传策划。2010年，因参与上海世博会广西活动周策划荣获“广西参与2010上海世博会优秀个人”荣誉称号。多年来，参与策划、实施“北京·广西文化舟”“世界瑶都”金秀县文化旅游、“新时代广西山歌颂党恩——深入学习宣传贯彻落实党的十九大精神广西山歌巡演活动”等系列大型文化活动。近年与大型实景演出《印象刘三姐》执行公司合作，在桂林成功创办了刘三姐文化印象博物馆，填补了我国没有刘三姐文化主题博物馆的空白。

图书在版编目(CIP)数据

文献中的古桂林郡/谢寿球等编著.—北京:民族出版社,2023.5
ISBN 978-7-105-16953-5

Ⅰ.①文… Ⅱ.①谢… Ⅲ.①广西—地方史—史料 Ⅳ.①K296.7

中国国家版本馆CIP数据核字(2023)第090024号

策划编辑:虞　农
责任编辑:张亦芃
封面设计:金　晔
出版发行:民族出版社
地　　址:北京市和平里北街14号
邮　　编:100013
网　　址:http://www.mzpub.com
印　　刷:北京盛通印刷股份有限公司
经　　销:各地新华书店
版　　次:2023年6月第1版　2023年6月北京第1次印刷
开　　本:787毫米×1092毫米　1/16　字数:271千字
印　　张:15.25
定　　价:50.00元
ISBN　978-7-105-16953-5/K·2924(汉1682)

汉文编辑一室电话:010-64271909　　发行部电话:010-64224782